www.ingramcontent.com/pod-product-compliance
Lightning Source LLC
Chambersburg PA
CBHW080841160726
47999CB00009B/2968

ספר
עֵץ חַיִּים
לרבינו
חַיִּים וִיטאל ז"ל
שֶׁקִיבֵּל ממרן האר"י זלה"ה
שַׁעַר עִגּוּלִים וְיוֹשֶׁר
שַׁעַר א' עָנָף ד'
די"ג ע"ב – די"ד ע"ג
תשע"פ
SimchatChaim.com
בהוצאת
שִׂמְחַת חַיִּים

בס"ד

הקדמה

ירפא **ה**מאציל **ו**יושיע **ה**בורא את כל חולי בני ישראל, וישלח להם רפואה שלימה, רפואת הנפש ורפואת הגוף, בכל אבריהם ובכל גידיהם לעבודתו יתברך.

בי"ב במנחם אב תשס"ה, הובהלתי לבית החולים, הרופאים לא נתנו לי סיכוי לחיות יותר מכמה שעות בגלל מספר תסבוכות. עם כל זאת בזכות התפילות של בני ישראל הקדושים, ברחמיו הרבים, ריחם עלי הקדוש ברוך הוא, ונשארתי בחיים.

עם כל זאת, הובחנה אצלי מחלה קשה בכליות, ונאמר לי שהצטרך למכונת דיאליזה. בשבילי זה היה שוק!!! אף פעם לא הייתי אצל רופא, או בבית חולים. כך בעל כרחי התחברתי למכונת דיאליזה, ומכונה זאת הייתה[1] קשורה בי ככלב במשך שמונים חודשים בדיוק, כמנין **יסוד**, במשך 10-12 שעות ביום.

בשבת פרשת **ויחי יעקב** י"ב טבת תשע"ב, בזכות בני ישראל, שכולם אהובים כולם ברורים כולם גיבורים כולם קדושים... וכולם פותחים את פיהם באהבה שלוש פעמים ביום, ואומרים - **ברוך אתה... רופא חולי עמו ישראל**, וכללותם כל האברכים, תלמידי הישיבות, רבנים וחכמים, חסידים, מקובלים עם תינוקות של בית רבן, זקנים עם נערים, בחורים וגם בתולות, בארץ הקודש ובעולם. ומצד שני בנות ישראל היקרות מפז, שהתפללו וקבלו עליהם כל מיני קבלות, מהפרשת חלה עד צניעות וכיסוי הראש, עם הרבנים, המנהלים, המורים, המורות **והתלמידות של בית יעקב דטורונטו** שכל יום התפללו, וכללו בתפילתם שבקעה את כל הרקיעים אותי, ונושעתי אני הקטן. הושתלה בי כליה. והתנתקתי ממכונת הדיאליזה.

אמר המלך דוד - לולי[2] תורתך שעשעי אז אבדתי בעניי. מה שנתן לי חיות היא התורה הקדושה, בשעות הרבות שהייתי מחובר למכונת הדיאליזה)כ12 שעות ביום(, ערכתי סדרתי וכתבתי במחשב את הקונטרסים שלמדתי במשך שנים. וקונטרסים אלו הפכו לחיבור, ואחרי התלבטויות ובקשות מבני גילי, החלטתי בעזרתו יתברך להדפיס קונטרסים אלו.

ידוע הוא כי כל דברי האר"י זלל"ה ותלמידו נאמן ביתו, רבינו חיים ויטאל הם סתומים וחתומים באלפי שרשראות ומנעולים, והרב ז"ל גלה טפח וכיסה אלפים אמה, וכלל דבריהם הוא משלים, עם כל זאת העוסק במשל פועל בעלמות העליונים בנמשל. לכן צריך זהירות גדולה לא להגשים את המשלים, בסוד המבואר בספר הזוהר הקדוש - **ועלייהו אתמר** ועליהם נאמר - **ארור האיש אשר יעשה פסל ומסכה וגומר, ושם בסתר, מאי בסתר** מהו בסתר - **בסתרו דעלמא** בסתר העולם. ובגין דא אמר קודשא בריך הוא לא תעשון **אתי** ומפני זה אמר הקדוש ברוך הוא לא תעשון אתי **אלה"י כסף ואלה"י זהב, והכי אוקמוה חבריא לא תעשון אתי כדמות שמשי שמשמשין אותי** וכך העמידוהו החברים לא תעשון אתי כדמות שמשי שמשמשים אותי במרום, **לצייריא בסתר דילי שום ציור או דמיון** לצייר בסתר שלי שום ציור או דמיון, **דכל מאן דצייר לעיל לקודשא בריך הוא** שכל מי שמצייר למעלה לקדוש ברוך הוא, **בסתר**)דאיהי שכינתיה, כלילא מעשר

---

[1]

גמרא סוטה ד"ג ע"ב – רבי אלעזר אומר, **קשורה בו ככלב**, שנאמר - ולא שמע אליה לשכב אצלה להיות. עמה לשכב אצלה בעולם הזה. להיות עמה לעולם הבא.

[2]

תהלים קי"ט צ"ב

ספיראן שהיא שכינתו, כלולה מעשר ספירות(, **שום ציור, וצלם, ודמות**, כגוונא דמצייירין בשמשין דיליה שמציירים בשמשים שלו, **נשמתיה אתלבשא בההוא צלמא** נשמתו מתלבשת באותו צלם....

וכן הוא בסוף ענף ד' דשער א' בספר עץ חיים שער ההקדמות, וז"ל הטהור - ואמנם דבר גלוי הוא כי אין למעלה גוף ולא כח גוף חלילה. וכל הדמיונות והציורים אלו לא מפני שהם כך חס ושלום. אמנם **לשכך את האוזן** לכשיוכל האדם להבין הדברים העליונים, הרוחניים, בלתי נתפסים, ונרשמים בשכל האנושי. לכן ניתן רשות לדבר לבחינת ציורים ודמיונים, כאשר הוא פשוט בכל ספרי הזוהר. וגם בפסוקי התורה עצמה כולם כאחד עונים ואומרים בדבר הזה, כמו שאמר הכתוב עיני הוי"ה המה משוטטים בכל הארץ. עיני הוי"ה אל צדיקים. וישמע הוי"ה. וירח הוי"ה. וידבר הוי"ה. וכאלה רבות. וגדולה מכולם מה שאמר הכתוב - ויברא אלהי"ם את האדם בצלמו בצלם אלהי"ם ברא אותו זכר ונקבה וגו'. **ואם התורה עצמה דברה כך** גם אנחנו נוכל לדבר כלשון הזה, עם היות שפשוטו הוא שאין שם למעלה אלא אורות דקים בתכלית הרוחניות, בלתי נתפשים שם כלל, וכמו שאמר הכתוב - כי לא ראיתם כל תמונה, וכאלה רבות. ואמנם יש עוד דרך אחרת כדי להמשיך ולצייר בה הדברים העליונים, והם בחינת כתיבת צורת אותיות, כי כל אות ואות מורה על אור פרטי עליון, וגם תמונת זו דבר פשוט הוא כי אין למעלה לא אות ולא נקודה, **וגם זה דרך משל וציור לשכך את האוזן** כנזכר.....

ולכן כל המבואר כאן בחיבור זה הוא כדי **לשכך את האוזן**. והתרשימים שבסוף החיבור הם כדי **לשבר את העין**, לכן אין שום ביאור והסבר שלם, ואין שום תרשים שלם בתכלית השלמות.

ידוע כי[3] דברי תורה עניים במקומן ועשירים במקום אחר, **ועל אחת כמה וכמה** בדברי הרב ז"ל, שכל סוגיה חסרה[4] במקומה, וחלקיה מפוזרים במקומות אחרים. **זאת ועוד** הרב ז"ל מערבב בדרוש אחד כמה וכמה סוגיות, כאשר בפשטות דבריו נראה שכל הדרוש הוא דרוש אחד, ולא מחולק לסוגיות שונות, ושמועות שונות, **ביאור** דברי הרב ז"ל כאן הם **בעומק, והוא בעצם ליקוט** עד איפה שידי הקצרה הגיעה, מכל חלקי ספר עץ חיים, ושמונה השערים המצוינים לרב ז"ל, מבוא שערים ושאר ספרי הרב ז"ל, והוא גם על פי הקדמת רחובות הנהר למרן הרש"ש, דרושי פנימיות וחיצוניות, דרוש הדעת, סוגיות ערכין, סוגיות דכללות והתכללות, פרטות וכללות, וסוגיות עובי ואורך, ועל פי ביאור גדולי רבותינו חכמי המקובלים לדורותם זלה"ה זי"ע.

ידוע כי[5] אין בר בלי תבן, כך אין ספר בלי טעויות, ועוד יודע אני כי דל ועני אני, **ואין**[6] **עני אלא בדעה**. לכן מבקש אני בכל לשון של בקשה אם יש לכל אחד שאלות, הערות, הארות, תיקונים, נא לשלוח ל - <u>book@simchatchaim.com</u> והשתדל לענות, ולתקן את הצריך תיקון.

בברכה והצלחה בלימוד התורה הקדושה

ובעיקר בפנימיות התורה, תורת האר"י החי"י.

ורפואה שלימה לכל חולי ישראל.

אח"י

---

[3]

גמרא ירושלמי, ראש השנה פ"ג הלכה ה' די"ז ע"א – דברי תורה עניים במקומן, ועשירים במקום אחר.

[4]

תורת חכם דע"ב ע"ב – חסר לשון הוא, כמו שיראה המעיין.

[5]

גמרא ברכות נ"ה א' - מה לתבן את הבר נאם ה', וכי מה ענין בר ותבן אצל חלום, אלא אמר ר' יוחנן משום ר' שמעון בן יוחאי ,כשם שאי אפשר לבר בלא תבן, כך אי אפשר לחלום בלא דברים בטלים.

[6]

גמרא נדרים מ"א ע"א – אין עני אלא בדעה .

ב"ה

הקדמה קצרה לחיוב לימוד תורת הקבלה

ישמחו ה**ש**מים **ו**תגל ה**א**רץ ירעם הים ומלאו. שזכינו בדור שלנו שפנימיות התורה, שהיא היא תורת הקבלה, מתפשטת לכל, וכל מקום בעולם היום לומדים בתורת הח"ן. הדור שלנו יש הרבה התעוררות ללמוד סתרי התורה הקדושה, הנקראת חכמת הקבלה. בירושלים של המאה ה-18 בישיבת **בית אל** היו בקושי מנין של מקובלים, והיום תורת הקבלה מופצת בכל מקום בארץ ובעולם. לעניות דעתי אחת הסיבות העיקריות לשינוי זה הוא רצונם של בני התורה, החוזרים בתשובה ועמך לדעת את סוד החיים, למה ברא הקדוש ברוך הוא את העולם, ואת טעמי המצות, ר"ל אי אפשר היום בדור שלנו, להסביר על פי הפשט את הסיבה מדוע אסור לאכול בשר וחלב, מדוע צריך להניח תפילין, למה לשמור דווקא שבת ולא יום שלישי, אי אפשר להגיד כל הזמן **זאת גזרת הכתוב, כך רוצה הקדוש ברוך הוא**, האנשים מחפשים הסברים למצות, לסיפורי התנ"ך, לגלגולי נשמות, ועוד. ורק על ידי עסק בפנימיות התורה, אדם מסיג את ההסברים לקושיות שיש לו. **זאת ועוד** חיים אנחנו בדור של חומריות, והאנשים מחפשים את רוחניות שבחיים, אז מה עושים, נוסעים למזרח, להודו, סין, תאילנד למצוא רוחניות, ולא יודעים **ששורש כל הרוחניות בעולם נמצאת בתורה הקדושה**, עם כל זאת כאשר הלומד את פשט התורה, **הוא לא מכיר** את הקדוש ברוך הוא, והוא בלי יראת שמים ושמחה אמתית. כותב הרב המקובל האלוה"י רבינו יהודה פתייה בפרושו הנפלא על עץ חיים - כי לימוד עץ חיים הוא עמוק מאד מאד, כי הוא **מים שאין להם סוף**, והוא קשה מאד גם לחכמים ההוגים בו תמיד, וכל שכן למתחילים. כי הוא חזק מצור, וקשה מברזל, שאי אפשר לחצוב ממנו מאומה, אם לא על ידי כלי מחצב חזקים כציפורן שמיר. וכל המתחיל בלימוד עץ חיים, אם לא יהיה לו רב, או לפחות איזה מפרש המפרש לו כוונת הפרק ההוא לפי פשוטו, נבול יבול, ואינו יכול לעמוד על הפרק כי אם לאחר יגיעה רבה, ושקידה עצומה, וכולי האי ואולי. כי הרבה פעמים יסבור המעיין שהבין הענין ההוא כראוי, ואחר שילמוד עוד איזה פרקים אחרים, ירגיש כעצמו שלא הבין את פרקים הקודמים, והניסיון יעיד על זה, עד כאן דברי קודשו. עם כל זאת חייב כל אדם לעסוק בתורת ה**ח**יים.

צדיק אתה הוי"ה וישר משפטיך. כתב הרב רבינו חיים ויטאל ז"ל בהקדמה לשער ההקדמות - והנה מה שכתב בתחילת דבריו, ואפילו כל אינון דמשתדלי באורייתא כל חסד דעבדי לגרמייהו וכו', עם היות שפשטו מבואר ובפרט בזמנינו זה, בעוונותינו היום אשר התורה נעשית קרדום לחתוך בה אצל קצת בעלי תורה, אשר עסקם בתורה על מנת לקבל פרס, והספקות יתירות, וגם להיותם מכלל ראשי ישיבות, ודיני סנהדראות, להיות שמם וריחם נודף בכל הארץ, **ודומים במעשיהם לאנשי דור הפלגה הבונים מגדל וראשו בשמים**, ועיקר סיבת מעשיהם היא מה שאמר אחר כך הכתוב - **ונעשה לנו שם**... והנה על הכת הזאת אמרו בגמרא כל העוסק בתורה שלא לשמה, נוח לו שנהפכה שלייתו על פניו, ולא יצא לאויר העולם. ואמנם האנשים האלה מראים תימה וענוה באמרם כי כל עסקם בתורה הוא לשמה. והנה החכם הגדול התנא רבי מאיר ע"ה העיד עליהם שלא כך הוא, באומרו לשון כללות - כל העוסק בתורה לשמה זוכה לדברים הרבה וכו', **ומגלים לו רזי תורה, ונעשה כנהר שאינו פוסק**, והולך

וכמעיין המתגבר מאליו, בלתי הצטרכו לטרוח ולעיין בה, ולהוציא טיפין טיפין של מימי התורה מן הסלע, הנה זה יורה שאינו עוסק בתורה לשמה כהלכתה, ומי זה האיש אשר לא יזלו עיניו דמעות בראותו המשנה הזאת, **ורואה חסרונו ופחיתותו,** עד כאן לשונו. לכן כל אחד צריך לטעום מעץ החיים.

חצות לילה אקום להודות לך על משפטי צדקך. כתב רבינו אליהו מני זצ"ל רבו של הרי"ח הטוב, בספרו הקדוש כסא אליהו שער ד' וז"ל - ואם זיכך הוי"ה ללמוד בחכמת האמת, הנה עצה היעוצה היא שכל סדר הלימוד בנגלה תתנהג בו ביום דווקא. **אבל בלילה תלמוד בחכמת האמת, והעיקר הלימוד אחר חצות,** כי זה הלימוד צריך ישוב דעת הרבה, וכשיקוץ האדם אז דעתו מיושבת עליו יותר. גם גה הלימוד צריך הסתר והצנע, **וכל דבר שיהיה בלילה ובפרט אחר חצות יהיה נסתר יותר מן היום.** ותעשה ועד עם החברים בבית המדרש אם הוא צנוע, **או בביתך ותלמדו בכל לילה,** עד כאן לשונו. וישב ללמוד בלילה תחת עץ החיים.

קראתי בכל לב עניני הוי"ה חקיך אצרה. בהקדמה[7] לשער ההקדמות מבאר הרב ז"ל - ואמנם אל יאמר אדם אלכה לי ואעסוק בחכמת הקבלה, מקודם שיעסוק בתורה במשנה ובתלמוד, כי כבר אמרו רבינו ז"ל - אל יכנס אדם לפרדס **אלא אם כן מלא כריסו בבשר ויין,** והרי זה דומה לנשמה בלתי גוף, שאין לה שכר ומעשה וחשבון, עד היותה מתקשרת בתוך הגוף, בהיותו שלם מתוקן במצות התורה בתרי"ג מצות. **וכן בהפך** בהיותו עוסק בחכמת המשנה והתלמוד בבלי, ולא ייתן חלק גם אל סודות התורה וסתריה, כי **הרי זה דומה לגוף היושב בחושך,** בלתי נשמת אדם נר הוי"ה המאירה בתוכה, **באופן שהגוף יבש בלתי שואף ממקור חיים,** אשר זהו ענין אומרו במקום אחר ההוא הנזכר לעיל וז"ל - דאילין אינון דעבדי לאורייתא יבשה, ולא בעאן לאשתדלא בחכמת הקבלה וכו'. באופן כי התלמידי חכמים העוסקים בתורה לשמה, ולא לשמו, לעשות לו שם. צריך שיעסוק בתחילה בחכמת המקרא, והמשנה, והתלמוד, כפי מה שיוכל שכלו לסבול. ואחר כך יעסוק לדעת את קונו בחכמת האמת, וכמו שציוה דוד המלך ע"ה את שלמה בנו - דע את אלה"י אביך ועבדהו. ואם האיש הזה יהיה כבד וקשה בענין העיון בתלמוד, מוטב לו שיניח את ידו ממנו, אחר שבחן מזלו בחכמה זאת, ויעסוק בחכמת האמת. וזה שמבואר כל תלמיד חכם שאינו רואה סימן יפה בתלמוד בחמשה שנים, שוב אינו רואה, עד כאן דברי קודשו. ומזה כל אחד ואחד חייב להדבק במקור החיים.

חסדך הוי"ה מלאה הארץ חקיך למדני. בשער הגלגולים, בקדמה ט"ז כתב הרב ז"ל - עוד צריך שתדע, כי האדם צריך לקיים כל התרי"ג מצות, במעשה, ובדבור, ובמחשבה. וכמו שאמרו ז"ל על פסוק - זאת התורה לעולה ולמנחה וכו', כל העוסק בפרשת עולה, כאלו הקריב עולה וכו'. וכוונו בזה שהאדם מחוייב לקיים כל התרי"ג מצות בדבור, וכן על דרך זה במחשבה. ואם לא קיים כל התרי"ג בשלשה בחינות הנזכרות, מחוייב להתגלגל עד שישלים אותם. **עוד דע,** כי האדם מחויב לעסוק בתורה בארבעה מדרגות, **שסימנם פרד"ס,** והם, פשט, רמז, דרוש, סוד וצריך שיתגלגל עד שישלים אותם. ובהקדמה י"ז כותב הרב ז"ל - שהאדם **מחוייב לעסוק בתורה בארבעה מדרגות שבה,** והיא זאת, דע, כי כללות כל הנשמות

ע"ח ד"א ע"ד.

הם ששים רבוא ולא יותר. והנה התורה היא שרש נשמות ישראל, כי ממנה חוצבו, ובה נשרשו. ולכן יש בתורה ששים רבוא פירושים, וכלם כפי הפשט. וששים רבוא ברמז. וששים רבוא בדרש. **וששים רבוא בסוד.** ונמצא, כי מכל פירוש מן הששים רבוא פרושים, ממנו נתהווה נשמה אחת של ישראל, ולעתיד לבא כל אחד ואחד מישראל, ישיג לדעת כל התורה כפי אותו הפירוש המכוון עם שרש נשמתו, אשר על ידי הפרוש ההוא נברא ונתהווה כנזכר.

וכן בגן עדן אחר פטירת האדם, ישיג כל זה. וכן בכל לילה כאשר האדם ישן, ומפקיד נשמתו ויוצאה ועולה למעלה, הנה מי שזוכה לעלות למעלה, מלמדים לו שם אותו הפירוש, שבו תלוי שרש נשמתו. ואמנם הכל כפי מעשיו ביום ההוא, כך באותה הלילה ילמדוהו, פסוק אחד, או פרשה פלונית, כי אז מאיר בו יותר פסוק ההוא משאר הימים. ובלילה האחרת יאיר בנשמתו פסוק אחר, כפי מעשיו של אותו היום, וכולם על דרך הפירוש ההוא אשר תלויה בו שרש נשמתו כנזכר, עד כאן דברי קודשו. ור"ל שכל יהודי ויהודי חייב להשיג את שורש נשמתו, וללמוד את סוד החיים.

יבאוני רחמיך ואחיה כי תורתך שעשעי. מבואר במדרש משלי - אמר רבי ישמעאל, בוא וראה כמה קשה יום הדין שעתיד יום הקדוש ברוך הוא לדון את כל העולם כולו בעמק יהושפט. בזמן שתלמידי חכמים באים לפניו, אומר לכל אחד מהם - כלום עסקת בתורה, אמר לו הן, אומר לו הקדוש ברוך הוא הואיל והודית, אמור לפני מה שקרית, ומה ששנית בישיבה, ומה ששמעת בישיבה. מכאן אמרו - כל מה שקרא אדם יהא תפוש בידו, ומה ששנה כמו כן, שלא תשיגהו בושה ליום הדין. מכאן היה רבי ישמעאל אומר - אוי הלה לאותה בושה, אוי לה לאותה כלימה, ועל זה ביקש דוד מלך ישראל בתפילה ובתחנונים לפני המקום ואמר - הוי"ה בוקר תשמע קולי בוקר אערך לך ואצפה. בא לפניו מי שיש בידו מקרא ואין בידו משנה, הקדוש ברוך הוא הופך את פניו ממנו, ושרי גיהנם מתגברים בו כזאבי ערב, ונוטלין אותו ומשליכין אותו לתוכה. בא לפניו מי שיש בידו שני סדרים או שלושה, אז הקדוש ברוך הוא אומר לו - בני, כל ההלכות למה לא שנית אותם, ואם אומר הקדוש ברוך הוא הניחוהו, מוטב, ואם לאו עושין לו כמידת הראשון. בא לפניו מי שיש בידו הלכות, הקדוש ברוך הוא אומר לו - בני, תורת כהנים למה לא שנית, שיש בה טומאה וטהרה, וטומאת שרצים וטהרת שרצים, טומאת נגעים וטהרת נגעים, טומאת נתקים ובתים וטהרת נתקים ובתים, טומאת זבים ולידה וטהרת זבים ולידה, טומאת מצורע וטהרתו, סדר ווידוי יום הכיפורים, וגזירות שוות, ודיני ערכים, וכל דין שדנו ישראל לא דנו אלא מתוכו. בא לפניו מי שיש בידו תורת כהנים, אומר לו הקדוש ברוך הוא - בני, חמישה חומשי תורה למה לא שנית, שיש בהם קריאת שמע, ותפילין, ומזוזה. בא לפניו מי שיש בידו חמישה חומשי תורה, אומר לו - בני, למה לא למדת הגדה, ולא שנית, שבשעה שחכם יושב ודורש, אני מוחל ומכפר עוונותיהם של ישראל, ולא עוד אלא בשעה שעונין אמן יהא שמיה רבה מברך, אפילו נחתם גזר דינם אני מוחל ומכפר להם עוונותיהם. בא לפניו מי שיש בידו הגדה, אומר לו הקדוש ברוך הוא - בני, תלמוד למה לא שנית, שנאמר - כל הנחלים הולכים אל הים והים איננו מלא, זה התלמוד, שיש בו חכמות הרבה. בא מי שיש בידו תלמוד, הקדוש ברוך הוא אומר לו - בני, הואיל ונתעסקת בתלמוד, **צפית במרכבה, צפית בגאוה,** שאין הנייה בעולמי, אלא בשעה שתלמידי חכמים יושבים ועוסקים בתורה, מציצין ומביטין ורואין והוגין המון התלמוד הזה - **כסא כבודי היאך הוא עומד. רגל הראשונה במה היא משמשת, שנייה במה היא משמשת, שלישית במה היא משמשת, רביעית במה היא משמשת, חשמל היאך הוא עומד, ובכמה פנים הוא מתהפך בשעה**

אחת, לאי זה רוח הוא משמש, הברק היאך הוא עומד, כמה פנים של זוהר נראין בין כתפיו, לאיזה רוח משמש, כרוב היאך הוא עומד, לאי זה רוח הוא משמש. גדולה מכולם עיון כיסא הכבוד, היאך הוא עומד, עגול הוא כמין מלבן, ומתוקן הוא, כמה גשרים יש בו, כמה הפסק בין גשר לגשר, וכשאני עובר באיזה גשר אני עובר, ובאי זה גשר האופנים עוברים, ובאיזה גשר הגלגלים עוברים. גדולה מכולם מצפורני ועד קודקודי, היאך אני עומד, כמה שיעור בפיסת ידי, וכמה שיעור אצבעות רגלי. גדולה מכולם כיסא כבודי, היאך הוא עומד, לאיזה רוח הוא משמש, באחד בשבת לאיזה רוח הוא משמש, בשני בשבת לאיזה רוח הוא משמש, בשלישי בשבת לאיזה רוח הוא משמש, ברביעי בשבת, בחמישי בשבת, בשישי בשבת לאיזה רוח משמשין, וכי לא זהו הדרי, זהו גדולתי, זהו הדר יופי, שבניי מכירין את כבודי במידה הזאת. ועליו אמר דוד - מה רבו מעשיך הוי"ה, כולם בחכמה עשית, מלאה הארץ קנייניך. עד כאן לשון המדרש. ממדרש זה לומדים על חובת כל אחד ואחד מישראל את לימוד כל חלקי הפרד"ס, ובעיקר את בחינת הסוד שבתורה, הנקרא[8] מעשה מרכבה, ובמעשה בראשית. ומבאר הרב בית לחם יהודה על השינוי שיש בפסוקים במעמד הר סיני, בפסוק אחד כתוב - ויחן שם **ישראל** תחת ההר. ומספר פסוקים יותר מאוחר כתוב וירא **העם** וינועו מרחק. וידוע כי כאשר כתוב בתורה **ישראל**, מדובר **בבני ישראל**, וכאשר כתוב **העם**, מדובר על **הערב רב**. וז"ל הרב בית לחם יהודה - ובזוהר בהעלותך דף קנ"ב ע"א קרי להעוסקים בחכמת האמת, אינון דהוי קיימי בטורא דסיני. וז"ל - חכמין עבדי דמלכא עלאה אינון דקיימו בטורא דסיני, לא מסתכלי אלא בנשמתא, דאיהי עיקרא דכלא אורייתא ממש וכו'. ונראה בעיני אם מותר, משמע אותן שאינן יודעים סודות התורה לא עמדו על הר סיני, עד כאן לשונו. ונראה לי בביאור כוונתו כי בתחילה כשיצאו ישראל לקראת האלהי"ם, היו מתייצבים בתחתית ההר, ואחר כך נאמר וירא העם וינועו ויעמדו מרחוק, כי היו יראים פן תאכלם האש הגדולה הזאת וימיתו. והיה מקצת מהעם שהיו ששים ושמחים לקראת השכינה, ולא רצו לזוז ממקומם הראשון, ולעמוד מרחוק, אפילו אם ימיתו ממש. ועליהם הוא מה שכתב בזוהר הנזכר - אינון דקיימו בטורא דסיני, כלומר ולא נעו ועמדו מרחוק, אלא עמדו בטורא דסיני מתחלה ועד סוף, ולכן הם זוכים לחכמת האמת. ואותם הנשמות אשר נעו עם העם ועמדו מרחוק, כן הם עושים גם עתה, שנסים ועומדים מרחוק לחכמת האמת מיראתם, פן תאכלם האש הגדולה הזאת. ולכן על כל אחד ואחד מבני ישראל הקדושים מחויב לעמוד תחת עץ החיים.

יראיך יראוני וישמחו כי לדברך יחלתי. בספר הזוהר הקדוש מבואר מדוע התפילות של בני ישראל לא נענות, וז"ל תיקוני הזוהר תיקון מ"ג - **בראשית תמן את"ר יב"ש** במלת בראשית יש אותיות את"ר יב"ש, **ודא איהו ונהר יחרב ויבש** היסוד הנקרא נהר יחרב ויבש ממי השפע, ואין לו מה להשפיע למלכות, **בההוא זמנא דאיהו יבש** באותו הזמן שהיסוד הוא יבש, **ואיהי יבשה** המלכות הנקראת יבשה, היא יבשה כי לא מקבלת שפע מהיסוד, אז כאשר **צווחין בניין לתתא** מתפללים וצועקים בני ישראל, **ביחודא ואמרין** וביחוד שאומרים בני ישראל **שמע ישראל** שיבא ז"א הנקרא ישראל להתיחד עם נוקבא בשעת התפילה דעמידה, עם כל זאת **ואין קול** של התפילה או הקריאת שמע שעוזרים לזיווג דזו"ן **ואין עונה** ואין מי שיענה וימלא את הבקשות בתפילתם. **הדא הוא דכתיב** וזהו שכתוב - **אז בני ישראל יקראונני**

גמרא חגיגה די"א ע"ב

בני ישראל בעת צרתם בקריאת שמע ובתפילה, **ולא אענה** ואני לא אענה אותם בתפלתם, מפני שלא לומדים ומתעסקים בפנימיות התורה. **והכי מאן דגרים דאסתלק** וכל מי שגורם הסלקות פנימיות תורת הקבלה **וחכמתא מאורייתא דבעל פה ומאורייתא דבכתב** מהתורה שבעל פה והתורה שבכתב, **וגרים דלא ישתדלון בהון** וגורמים גם לאחרים שלא יתעסקו וילמדו את חכמת הקבלה, **ואמרין דלא אית אלא פשט באורייתא ובתלמודא** ואומרים שאין בתורה ובתלמוד אלא פשט התורה, בלי פנימיות הסוד, **בודאי כאלו הוא יסלק נביעו מההוא נהר** בודאי נחשב לו כאילו הוא מסתלק את נביעת שפע החכמה והבינה מן היסוד, **ומההוא גן** ומן הנוקבא הנקראת גן, **ווי ליה** לאותו יהודי **טב ליה דלא אתברי בעלמא** טוב לו שלא היה נברא, **ולא יוליף ההיא אורייתא דבכתב ואורייתא דבעל פה** ולא היה לומד תורה שבכתב ותורה שבעל פה, כי דינו כעם הארץ שלא למד כלל, ועוד **דאתחשב ליה כאלו אחזר עלמא לתהו ובהו** שנחשב לו כאילו החזיר את העולם לתהו ובהו, ר"ל לסוד שבירת הכלים לפי שמגביר הקליפות כאשר הנהר והגן יבשים, **וגרים עניותא בעלמא ואורך גלותא** וגורם עניות בעולם ומאריך את הגלות השכינה וביאת המשיח. עד כאן דברי הזוהר הקדוש. וכותב רב חיים ויטאל זלה"ה בהקדמה וז"ל - אמנם שעשועות של הקדוש ברוך הוא בתורה, והיותו בורא בה את העולמו, היתה בהיותו עוסק בתורה בבחינת הנשמה הפנימית שבה, הנקרא - רזי תורה, הנקרא מעשה מרכבה, **היא חכמת הקבלה** כנודע אל היודעים, וטעם הדבר הוא להיותו עולם האצילות העליון מאד, טוב ולא רע, דלא יכיל להתערבא עמיה קליפה, ועליה אתמר - וכבודי לאחר לא אתן, כנזכר בספר התיקונין דף ס"ו תיקון י"ח, וכן בספר הזוהר בפרשת בראשית דף כ"ח ע"א עיין שם. ולכן גם התורה אשר שם [**אח"י** - בעולם האצילות] איננה רק מופשטת מכל לבושי הגופנים, מה שאין כן למטה בעולם היצירה, עולם דמטטרו"ן, הנקרא עבד טוב, והוא הנקרא עץ הדעת טוב מסטרא, ומסטרא דסמא"ל שהוא קליפין דיליה, **נקרא עבד רע**, כי התורה אשר שם, הם שית סדרי משנה **הנקראים שפחה** כנזכר לעיל, וכנזכר בפרשת בראשית שם דף כ"ז ע"א. ולכן נקראת משנה, לפי ששם יש שינויים הפוכים **טוב מסטרא דעבד טוב**, היתר, כשר, טהור. **רע מסטרא דעבד רע**, איסור, טמא, פסול. גם הוא מלשון כי מרדכי היהודי משנה למלך, שהיה שפחה הנקרא עבד מלך, מלך גם נקרא מלשון שינה, כנזכר בפרשת פינחס דף רמ"ד ע"ב - קם זמנא תנינא ואמר, מארי מתניתין נשמתין ורוחין ונפשין דילכון אתערו כען ואעברו שינתא מניכון דאיהו, ודאי משנה אורח פשט, דהאי עלמא ואנא לא אתארנא בכו, אלא ברזין עילאין דעלמא דאתי דאתון בהון, לא ינום ולא ישן. וזה יובן במה שמבואר יותר למעלה שם - **ורבנן דמתניתין ואמוראי, כל תלמודא דלהון על רזין דאורייתא סדרו ליה**. ונמצא כי המשנה והש"ס הם הנקרא גופי תורה. והנה דבריהם כחלום בלי פתרון, **ורזיה וסתריה הפנימים הנקרא נשמת התורה, הם הם פתרון החלום הנפתר בהקיץ**, בסוד - אני ישנה ולבי ער, וכמו[9] שאמרו חכמים ז"ל - **במחשכים הושיבני כמתי עולם, זה תלמוד בבלי**, אשר איננו מאיר אלא על ידי ספר הזוהר, **הם הם רזי תורה וסתריה** אשר עליהם נאמר - ותורה אור. ואין ספק כי כמו שהיוצר נקראת עבד ושפחה בערך האצילות, ונקרא קליפין ולבושין דחול, כנזכר בהקדמת ספר התיקונין ד"ג ע"ב וז"ל - וביומי דחול לביש עשר כתות דמלאכיא דמשמשי לעשר ספירות דבריאה. ואם כן אין לתמוה כי התורה אשר שם שהיא המשנה, תהיה נקרא שפחה וקליפין דתורה דאצילות, וזה סוד כל הבשר חציר הנזכר

סנהדרין דכ"ד ע"א.

לעיל במאמר הראשון, כי כמו שהחטה שהיא בגימטריא כמנין כ"ב אותיות התורה, הגנוזה תוך כמה קליפין ולבושין שהם הסובין והמורסן והתבן והקש והעשב, הנקרא חציר, כן המשנה אצל סודות התורה נקרא חציר, וזה נרמז בספר הזוהר פרשת כי תצא ברעיא מהמנא דף רע"ה ע"ב - **אצל רבנן ווי לאינון דאכלין תבן דאורייתא, ולא ידעי בסתרי אורייתא, אלא קלין וחמורין דאורייתא, קלין אינון תבן דאורייתא, וחמורין אינון חטה דאורייתא, ח"ט ה' אלנא דטוב ורע וכו'**. ואלו באתי להרחיב דרוש זה לא יספיקו מאה קונטרסין בלי ספק בלי שום גוזמא, האמנם החכם החכם עיניו בראשו כי דברי אמת אני אומר, ואל יתמה האדם בראותו ספר הזוהר איך קורא אל המשנה שפחה וקליפין, כי עסק המשנה כפי פשטיה, **אין ספק שהם לבושין וקליפין חיצונים בתכלית אצל סודות התורה הנגנזים**, ונרמזים בפנימיותה כי כל פשטיה הם בעלם הזה בדברים חומרים תחתונים..... על כן על כל בני ישראל לאכול מעץ החיים.

מה אהבתי תורתך כל היום היא שיחתי. ומבאר הרב ז"ל בהקדמה לשער המצות, כי עסק לימוד פנימיות התורה הוא חלק בלתי נפרד מתלמוד תורה, וז"ל - גם בענין עסק התורה שהיא אחת מרמ"ח מצות עשה, אם לא השלים אותה, **שהוא ענין עסקו בפרד"ס התורה**, שהוא ראשי תיבות פשט רמז דרש סוד, בכל בחינה מהם כפי אשר יוכל להסיג, **עד מקום שידו מגעת**, לטרוח ולעשות לו רב שילמדנו. ואם לא עשה כן, הרי חסר מצוה אחת של תלמוד תורה, שהיא גדולה ושקולה ככל המצות, וצריך **להתגלגל** עד שיטרח הארבעה בחינות של פרד"ס כנזכר. וכן מבאר הרב בית לחם יהודה בהקדמתו הקדושה, וז"ל - ומה מאד נמלצו [**אח**"י - מלשון מליצה] בזה דברי הנביא ירמיה)סימן כ"ב(באומרו - אל תבכו למת וכו'. שהוא מדבר עם הציבור המתקבצים להספיד על איזה צדיק הנפטר רח"ל, על שנחסר צדיק אחד מהדור שהיה מנין בזכותו עליהם. וקאמר להו הנביא אל תבכו וכו', **לפי שרובם של צדיקים אינם זוכים לעסוק בכל ארבעה חלקי הפרד"ס, ואם כן מוכרחים הם לחזור ולבוא בגלגול כדי להשלים לימודם בארבעה חלקים**, כי אפילו הוא עסק בשלוש חלקי הפרד"ס, לא יצא ידי חובתו, ועליו נאמר הן כל אלה יפעל א"ל פעמים שלש עם גבר, להחזירו בגלגול. ואם כן הוי פסידא דהדרא. ואפשר שבו ביום שנפטר הוא חוזר ומתגלגל, כנזכר בזוהר ריש פרשת אמור, יעו"ש. ואם כן אין לכם פסידא כל כך. אמנם בכו בכו להלך. לאותו צדיק שכבר עסק בארבעה חלקי הפרד"ס. כי תיבת להלך היא חסר ו', ואם תחשוב תיבת להלך ארבעה פעמים עם ארבעה הכוללים, שהם כנגד ארבעה חלקי הפרד"ס, הם בגימטריא פרד"ס. **שזה הצדיק לא ישוב עוד וראה את ארץ מולדתו, כי על ארבעה לא אשיבנו**. שזהו פסידא דלא הדרא באמת, ונחסר לגמרי מן העולם הזה, עד כאן לשונו. ולכן חובה על כל אדם לעסוק בכל חלקי הפרד"ס, ובפרט בחלק הסוד, הנקרא פנימיות התורה, כמבואר בזוהר הקדוש כמובא בזוהר הקדוש פרשת נשא דף קכ"ד - **בהאי חבורא דילך דאיהו ספר הזוהר יפקון ביה מן גלותא ברחמי**, בזכות הלימוד בספר הזוהר הקדוש, יצאו בני ישראל מהגלות **ברחמים**. ועוד כל מי שחשקה נפשו ללמוד, אסור למנוע זאת ממנו, בסוד הפסוק[10] - אל תמנע טוב מבעליו, ועל כל אדם להיכנס לפרד"ס החיים.

אשרי האיש אשר לא הלך בעצת רשעים ובדרך חטאים לא עמד ובמושב לצים לא ישב. דע כי

משלי ג' כ"ז – אל תמנע טוב מבעליו בהיות לאל ידך לעשות.

יהיו הרבה אנשים רשעים, שינסו למנוע מבני ישראל הקדושים ללמוד בכללות תורה, ובפרט את תורת הקבלה, מכל מיני סיבות ומניעות, והשטן מדבר מגרונם של אלו הרשעים. ואלו דברי קודשו של בעל שבט מוסר רבינו אליהו הכהן האתמרי זצלה"ה - ובהביטך בן אדם מה שעבר על אחרים למה תרדוף אתה אחר כל אלה הדברים הזרים, להשביע נפש מרורים ולמוסרה ביד צרים המה המקטרגים הצוררים, ולמה לא תחמול על נפשך ועל נועם תבנית צלם גופך למוסרו בידן ולהשליכו בתוך גחלי רתמים בטיט היון של גיהנם, להשחירכו ולהתיכו כאשר ניתך הזפת בפני האש, אשר על כן תן עצה בנפשך **לברור בדרך החיים בעסק התורה והמצות,** וגם להצטער עצמך זמן קצוב הם חיי עולם הזה, כדי שתתענג זמן רב בלתי סוף ותכלית, ואל יעלה על דעתך כאשר עלה בדעת הרבה שנאבדו בידם באומרם כיון שמכיר אני בעצמי שאין בי בדעתי להבין ולהשכיל, איני עוסק בתורה, טועה הוא בדבר, שהרי הוא מחוייב לעשות מה שנצטוה לעשות, ואם יבין יבין, **שהרי והגית בו יומם ולילה כתיב** ולא כתיב ותבין בו, וכן תמצא בדברי התנא אם למדת תורה הרבה נותנין לך שכר הרבה, ואינו אומר אם הבנת הרבה, אלא למדת אמרו, ותשתדל להבין ואם תבין תבין, ואם לא שכר לימודך בידך, וכמאמר התנא לפום צערא אגרא, ומה גם שאמרו האדם אינו לומד מפני שאיני מבין, **הוא פיתוי היצר,** יתמיד בלימודו וסוף הבינה לבא, שבראות קדוש ברוך הוא **חשקו בתורתו ודבקותו בה, פותח לו מעייני החכמה,** דכתיב - כי הוי"ה יתן חכמה מפיו דעת ותבונה. והנני מוסר לך דבר אשר תרדוף אחריה, ויהיה חיים לנפשך ועניקים לגרגרותיך, **לעולם יהיה עיקר לימודך בדבר של תורה שליבך חפץ יותר,** אם בגמרא גמרא, ואם בדרוש דרוש, ואם ברמז רמז, **ואם בקבלה קבלה,** ורמז לדבר כי אם בתורת הוי"ה חפצו, כלומר תורת הוי"ה תלויה בדבר שלבו חפץ לעסוק, וכמו שמבאר האר"י זלה"ה בספר דרושי הנשמות והגלגולים פרק שלישי, וז"ל - יש בני אדם שכל חפצם ועסקם בפשטי התורה, ויש שעסקם בדרוש, ויש ברמז, ויש גם כן בגימטריות, **ויש בדרך האמת,** הכל כפי מה שעליו נתגלגל בפעם ההוא, כיון שהשלים פעם אחרת בשאר העניינים, אין צורך לו שבכל גלגול יעסוק בכולם, עד כאן לשונו. **ואל תביט ותשגיח לדברי המתנגדים על מה שחשקת לעסוק בתורה** בגמרא או בפשט או בדרוש וכו', באומרם לך למה אתה מוציא כל ימיך בפרט זה של תורה ולא בפרט זה, משום שעל מה שחשקת ללמוד, על דבר זה זה באת לעולם, ואם תשים דעתך לדבריהם, יכריחוך להתגלגל בזה העולם פעם אחרת ולעבור נפשך בחרב חדה של מלאך המות ולטעום טעם מיתה, ולכן לא תשמע לדברי המשחית נפשך, **כי דע שהשטן מתלבש באלו האנשים לדאוג ולהצטער ולהכאיב נפש הלומד ועוסק בתורה,** בחלק שֶׁאָֽוָתָה נפשו לעסוק, כדי להבדילו משם שלא ישלים נפשו, על מה שבא להשלימה, ולהכריחו גלגולים אחרים, וכשם שבדבר שחושק יותר האדם ללמוד, משם יבין שעל דבר זה נתגלגל להשלים, כך צריך האדם שידע שורש נשמתו ומהיכן נמשך ועל מה בא לתקן ולהשלים, כמו שאמר בזוהר שיר השירים על הגידה לי את שאהבה נפשי וכו'. **וכדי שיבין יראה באיזה מצוה תקיף יצרו יותר לבטלה יתחזק בה לקיימה, כי בוודאי על מצוה זו נתגלגל,** וכדי שלא ישלים חוקו מנגדו יצרו לבטלה להוציאו מן העולם בידים ריקניות... ולכן לא תשמע לדברי רשעים אלו, אלא תשמע לדברי חיים.

חבר אני לכל אשר יראוך ולשמרי פקודיך. בסוף[11] עץ חיים מובא מספר כללים למהרח"ו,

---

ע"ח ח"ב דקי"ט ע"א.

וז"ל - להאר"י זלה"ה. הרמב"ן וחבריו ודברי ראשונים כמו רבי נחוניא בן הקנה לא הזכירו רק עשר ספירות, ולא גילו ענייני פרצוף כלל. **ודע שהרמב"ן והראשונים היו יודעים בפרצוף**, אלא שדברו בהעלם גדול, לרוב הגלות שלא ניתן רשות לגלות, ולהתפשט האורות הגדולים, מאחר שגברו הקליפות, וכל זר לא יאכל קדש. **אמנם בעקבות משיחא כמו בדורינו זה התחילו האורות להתפשט להיות כבראשונה**, כמו שהיה בזמן העולם מתוקן ולהתתקן מעט. ומתחלה היו האורות סתומים, היה העולם מקולקל, וכל מה שנתקלקל נסתם בגלות, ולא היו משיגין אלא עשר ספירות בסתום, בסוד הנקודות, כל אחד כלול מעשר, ובעניין הפרצופים לא נתגלה להם כלל, לפי שמצאו בדברי הראשונים סתומים, ולא ידעו עומק הדברים, וחשבו שכך הוא ודברו בעשר ספירות כל אחד כלול מעשר ובחינות הרבה, ולפי שראיתי מי שחולק על דברים אלו לאמור שלא מצינו אלא עשר ספירות, ומהיכן יש לשלוט כח לאמור כמה פרצופים שנמצא יותר מעשר ספירות, ומספר רב והלא הראשונים כתבו בספר יצירה - עשר ולא תשע, עשר ולא י"א, לזה באתי לפתוח לך כחודא דמחטא, אולי תזכה להבין מקצת, וכולו לא תשורנו עין, וזהו. ובהקדמתו[12] הקדושה כותב הרב ז"ל - והנה אין בכל דור ודור שלא נמצאו בו אנשים יחידי סגולה ששרתה עליהם רוח הקודש, והיה אליהו הנביא ז"ל נגלה עליהם, **ומלמד אותם סתרי החכמה הזאת**, וכמו שנמצא כתוב בספרי המקובלים, גם בעל ספר הרקנטי כתב בפרשת נשא בפרשת ברכת כהנים..... ואנשי לבב שמעו לי, אל יהרסו אל הוי"ה, **לראות בספרי האחרונים הבנויים על פי השכל האנושי**, ושומע לי ישכון בטח ושאנן מפחד רעה. ולכן אני הכותב הצעיר חיים וויטאל, רציתי לזכות את הרבים **בהעלם נמרץ והמשכילים יבינו**, וקראתי שם החבור הזה על שמי **ספר עץ חיים**, וגם על שם החכמה הזאת העצומה, חכמת הזוהר, הנקרא עץ חיים, ולא עץ הדעת כנזכר לעיל, בעבור כי בחכמה הזאת טועמיה חיים זכו, ויזכו לארצות החיים הנצחיים, **ומעץ החיים הזה ממנו תאכל, ואכל וחי לעולם**. ואשכילך ואורך דרך זו תלך דע מן היום אשר מורי זלה"ה החל לגלות זאת החכמה, **לא הזה ידי מתוך ידו אפילו רגע אחד**, וכל אשר תמצא כתוב באיזה קונטריסים על שמו ז"ל, ויהיה מנגד מה שכתבתי בספר הזה, **טעות גמור הוא, כי לא הבינו דבריו, ואם יש בהם איזה תוספות שאינו חולק עם ספרינו זה, אל תשית לבך בקבע אליו, כי שום אחד מהשומעים את דברי קדשו, לא ירדו לעומק דבריו וכוונתו, ולא הבינום**, בלי שום ספק. ואם יעלה בדעתך לחשוב שתוכל לברור הטוב ולהניח הרע, אל בינתך אל תשען, כי אין הדברים האלו מסורים אל לב האדם כפי שכל אנושי, והסברא בהם סכנה עצומה, ויחשב בכלל קוצץ בנטיעות חס ושלום, לכן הזהרתיך ואל תסתכל בשום קונטרסים הנכתבים בשם מורי זלה"ה, זולתי במה שכתבנו לך בספר הזה, **ודי לך בהתראה זאת**, אלו הם דברי קודשו. ועלינו ללמוד אך ורק בתורת מורינו חיים.

אני קראתיך כי תעניני אל הט אזנך לי שמע אמרתי. עוד כתב הרב ז"ל בהקדמתו תנאים כדי לזכות לחכמה הקדושה הזאת, וז"ל - אני הכותב משביע בשמו הגדול יתברך, לכל מי שיפלו הקונרטסים אלו לידו, שיקרא הקדמה זאת, ואם אותה נפשו לבוא בחדרת החכמה זאת, יקבל עליו לגמור ולקיים כל מה שאכתוב עליו יוצר בראשית, שלא יבוא אליו היזק בגופו ונפשו, ובכל אשר לו, ולא לאחרים. תחת רודפו טוב והבא לטהר ולקרב. **ראשית הכל יראת**

12

ע"ח ד"ד ע"ב.

הוי"ה, להשיג יראת העונש, כי יראת הרוממות, שהוא יראה הפנימית, לא ישיגוהו רק מתוך גדלות החכמה, ועיקר מגמתו בידיעה הזה יהיה לבער קוצים מן הכרם, כי לכן נקראים העוסקים בחכמה הזאת מחצדי חקלא. **ובודאי שיתעוררו הקליפות נגדו לפתותו ולהחטיאו, לכן יזהר שלא לבוא לידי חטא אפילו שוגג**, שלא יהיה להם שייכות בו, לכן צריך ליזהר מהקלות, כי הקדוש ברוך הוא מדרדק עם הצדיקים כחוט השערה, לכן צריך לפרוש עצמו מבשר ויין כל ימות השבוע, **וצריך הזהרת סור מרע ועשה טוב**, ובקש שלום. בקש שלום צריך להיות רודף שלום, ולא להקפיד בביתו על דבר קטן וגדול, וכל שכן שלא יכעוס ח"ו.

<u>וצריך להתרחק בתכלית הריחוק סור מרע.</u>

א. ליזהר בכל דקדוקי מצות, ואפילו בדברי חכמים, שהם בכלל לא תסור.

ב. לתקן המעוות קודם שיבא לעולם הבא.

ג. יזהר מהכעס, אפילו בשעה שמוכיח את בניו, לא יכעוס כלל ועיקר.

ד. גם צריך ליזהר מהגאוה, ובפרט בענין הלכה, כי גדול כחה והגאוה, בזה עון פלילי.

ה. בכל צער שיבא לו, יפשפש במעשיו וישוב אל הוי"ה.

ו. גם יטבול בעת הצורך לו.

ז. גם יקדש את עצמו בתשמיש המטה שלא יהנה.

ח. שלא יעבור כל לילה ויחשוב בכל לילה מה שעשה ביום, ויתודה.

ט. גם ימעט בעסקיו ואם אין לו פרנסה כי אם על ידי משא ומתן, יכין יום שלישי ויום רביעי, מחצי היום ואילך, ובכוונה שהוא לעבודת קונו.

י. כל דבור שאינו של מצוה והכרחי, יהיה זהיר ממנו, ואפילו דבר מצוה ימנע בשעת התפלה.

<u>ועשה טוב</u>

א. לקום בחצי הלילה, ולעשות הסדר בשק ואפר ובכי גדול, ובכוונה כל אשר יוציא בשפתיו. ואחר כך יעסוק בתורה כל זמן שיוכל להיות בלי שינה, ובלבד שחצי שעה קודם עלות השחר יתעורר לעסוק בתורה.

ב. ילך לבית הכנסת קודם עלות השחר, קודם חיוב טלית ותפילין, להיזהר שיהיה מעשרה ראשונים.

ג. קודם שיכנס, ישים אל לבו מצות עשה ואהבת לרעך כמוך, ואחר כך יכנס.

ד. להשלים רמז צדיק בכל יום. שהוא צ' אמנים, ד' קדושות, י' קדשים, ק' ברכות.

ה. שלא להסיח דעתו מהתפילין בעת התפילה, זולת בעת העמידה ועסק התורה.

ו. צריך שיהיה עוסק בתורה, מעוטף בטלית ותפילין.

ז. לכוין בתפלה הכוונות, כמו שנבאר בע"ה.

ח. שישים תמיד נגד עיניו שם בן ארבעה אותיות הוי"ה, ויזדעזע ממנו, כמו שכתוב - שויתי הוי"ה לנגדי תמיד.

ט. שיכוין בכל הברכות, בפרט בברכת הנהנין.

י. צריך שיהיה עמל בתורה פרד"ס, שנאמר או יחזיק במעוזי, ואל יחשוב שיגלו לו רזי התורה בהיותו ריק, כדכתיב - יהב חכמתא לחכימין, וצריך ליזהר שלא יוציא בשפתיו בחכמה זו, מה שלא שמע מאדם שראוי לסמוך עליו, וכאזהרת רשב"י וחבריו. השגת החכמה תנאי הראשון, צריך למעט דבורו, ולשתוק, כל מה שיוכל כדי שלא להוציא שיחה בטילה, כמאמר רז"ל -

סייג לחחכמה שתיקה. גם תנאי אחר, על כל דבר תורה שלא תבינהו, תבכה עליו כל מה שתוכל. גם עלית הנשמה בלילה לעולם העליון, שלא תשוט בהבלי העולם, תלוי שתישן בבכיה. ומרת עצבות מגונה עד מאוד, ובפרט להשיג חכמה, והשגה אין לך דבר מונע השגה יותר מזה. גם בענין השגת האדם, אין לך דבר שמועיל כמו הטהרה והטבילה, שיהיה האדם טהור, בכל עת ומורי זלה"ה עם היות שהיה לו חולי השבר שהקרור מזיק לו, עם כל זה לא היה מונע מלטבול בכל עת, עד כאן דברי קודשו. ועלינו לקיים את בקשת הרב ז"ל את הבחינות של[13] סור מרע ועשה טוב, כדי לטפס בעץ החיים.

מרן הרש"ש[14] על עצמו, וז"ל - וראיתי מה שכתבו מעלת כבוד תורתם, על ענין עבודת הוי"ה שקצרתי במקום שהיה ראוי להרחיב מעט הדיבור, אמת הוא כי לכתחילה קצרתי בו, **יען ראיתי כמה מהנזק יצא ממה שכתבו בזה המקובלים שקדמו, כי רבים חללים הפילו, וחלול כבוד הוי"ה, וכבוד התורה. הוי"ה יכפר בעדם, כי כל דבריהם לא על פי התורה הם, ואינם מיוסדים על האמת, ומהם יצאו אבות, ומאבות תולדות הריסת יסודי התורה ח"ו**, הוי"ה יכפר. **וכל זה לא שלמדתי בדבריהם ח"ו**, אלא שפעם אחת הוכרחתי בעל כרחי לעיין בדף אחד שכתוב בו קצור מה שכתבו בענין זה, **וכמעט שקרעתי בגדי לראות דברים אשר לא כן על הוי"ה.** הוי"ה יכפר, וכבר מילתי אמורה להם, **כי עידי בשמים כי כל עסקי ולמודי, אינו רק בדברי האר"י זלה"ה, ותלמידו מהרח"ו ז"ל לבדם, ובלעדם אין לי עסק בשום ספר מספרי המקובלים ראשונים ואחרונים, ואפילו בדברי שאר תלמידי האר"י ז"ל לא למדתי, וכשיזדמן לפני דבר מדבריהם, אני מדלגו.** כי על כן איני כמזהיר, אלא כמזכיר, למען הוי"ה אל יהי לכם מגע יד בדבריהם, ובפרט בענין זה, השמרו לכם פן יפתה לבבכם, **אלא כל לימודם לא יהיה אלא בעץ חיים ובספר מבוא שערים ובשמונה שערים המפורסמים**, שכולם דברי אלהי"ם חיים. ואני קצרתי בענין זה כל מה שאפשר, כי יראתי פן יפלו אלו דפים ביד מי שעדיין לא למד דברי האר"י ז"ל כראוי, **ויחשידני שלמדתי בספרים אחרים, ולא כן הוא כאמור**, ולכן קצרתי בו, ופיזרתי בהקדמה, עד כאן דברי קודשו של מרן הרש"ש. ואנחנו תפילה שיתגלה משיח צדיקנו במהרה בימינו, ומלאה[15] הארץ דעה את הוי"ה כמים לים מכסים, דעת תורת החיים.

13

תהלים ל"ד ט"ו – סור מרע ועשה טוב בקש שלום ורדפהו.

14

נהר שלום דף ל"ד ע"א.

15

ישעיהו י"א ט' – לא ירעו ולא ישחיתו בכל הר קדשי כי מלאה הארץ דעה את הוי"ה כמים לים מכסים.

כתב רבינו גאון הקבלה רבי אליהו מני, רבו של הרי"ח הטוב, רבי יוסף חיים בעל הספר "בן איש חי", בספרו הקדוש **כסא אליהו** כי על הלומד ללמוד כל מאמר ומאמר ארבעה חמשה פעמים בלי המפרשים, וינסה להבין את המאמר בעצמו. ואחר כך ילך לראות אם כיוון לדעת המפרשים.

וכן אני הקטן מבקש בכל לשון של בקשה, ללמוד את הדרוש כמו שהוא מובא בספר עץ חיים, ארבעה חמישה פעמים, כדי לנסות להבין את הדרוש. וכל דרוש מובא בתחילת הספר במלואו.

אחר כך יכנס ללמוד את הדרוש עם ביאור הדברים, עוד ארבעה חמישה פעמים, ואחר כך יראה את המקורות להגהות, ודברי רבותינו הקדושים, עם התרשימים וטבלאות.

ואז יעלה ויצליח בלימוד תורת האר"י הח"י.

כתב רבינו **השד"ה** רבי שאול דוויק הכהן, בהקדמת ספרו איפה שלימה, על אוצרות חיים וז"ל - וכדי שיוכל לעלות לימודו למעלה, ריח ניחוח לה'. קודם כל לימוד ימסור עצמו על קדושת ה', כי זה מועיל מאוד, כמו שכתוב בשער הכוונות דף כ"ד ע"ב, כי עתה בזמנינו בעוונותינו הרבים אין יכולת לעשות זווג כתיקונו למעלה, ולסיבה זו הקץ מתארך וכו'. אמנם עם כל זה יש קצת תיקון במה שנמסור נפשינו על קידוש ה' בכל הלב, כי על ידי כן אפילו אין בנו שום מעשים טובים, והרשענו עד להפליא. הנה על ידי מסירת נפשינו להריגה, מתכפרים עוונותינו כולם, ויש בנו יכולת לעלות עד אימא עילאה, כמו שאמרו חז"ל - גדולה תשובה שמגעת עד כסא הכבוד, שנאמר - שובה ישראל עד ה' וכו', עד כאן דבריו.

וזה הסדר

יקבל עליו ארבע מיתות בית דין, מארבעה אותיות הוי"ה וארבעה אותיות אדנ"י, וליחדם על ידי ארבעה אותיות אהי"ה ועל ידי עסמ"ב

יוד֗ ה֗י ויו ה֗י	סקילה י **א** וליחדם על ידי **א**
יוד֗ ה֗י ואו ה֗י	שרפה ה ד֗ וליחדם על ידי ה
יוד֗ ה֗א ואו ה֗א	הרג ו נ֞ וליחדם על ידי י
יוד֗ ה֗ה וו ה֗ה	וחנק ה י וליחדם על ידי ה

לְשֵׁם יִזזּוּד
קֻדְשָׁא בְּרִיךְ הוּא וּשְׁכִינְתֵּהּ

יאהדונהי

בִּדְזזּילוּ וּרְזזּימוּ   וּרְזזּימוּ וּדְזזּילוּ

יאההויהה   איההיוהה

לְיַזזְדָּא אוֹתִיוֹת י"ה בּו"ה, בְּיזזּוּדָא שְׁלִים

יהו"ה

בְּשֵׁם כָּל יִשְׂרָאֵל, לַאֲקָמָא שְׁכִינְתָּא מֵעַפְרָא, הָרֵינִי לוֹמֵד בַּסֵּפֶר קַבָּלָה פְּלוֹנִי שֶׁהוּא כְּנֶגֶד תִּפְאֶרֶת דז"א בְּעוֹלָם הָאֲצִילוּת שֶׁבּוֹ שֵׁם מ"ה כָּזֶה יוֹ"ד הֵ"א וָא"ו הֵ"א לַעֲשׂוֹת מֶרְכָּבָה. וִיהִי רָצוֹן מִלְפָנֶיךָ ה' אֱלֹהֵינוּ וֵאלֹהֵי אֲבוֹתֵינוּ שֶׁתְּזַכֵּךְ רוּחֵנוּ וְנַפְשֵׁינוּ שֶׁיִּהְיוּ רְאוּיִם לְעוֹרֵר מַיִן תַּתָּאִין עַל יְדֵי קְרִיאַת סֵפֶר הַקַּבָּלָה הַזֹּאת. וִיהִי נֹעַם יְהֹוָה אֱלֹהֵינוּ עָלֵינוּ וּמַעֲשֵׂה יָדֵינוּ כּוֹנְנָה עָלֵינוּ וּמַעֲשֵׂה יָדֵינוּ כּוֹנְנֵהוּ.

בָּרוּךְ ה' לְעוֹלָם אָמֵן וְאָמֵן, נָצֵזז, סֶלָה, וָעֶד.

שער א' ענף ד'

אחר שכתבנו בענפים הקודמים לזה בדרך קצרה ודרך כלל ענין הי"ם בכל מקום איך יש בהם
כמה וכמה בחי' וכמה בחי' נדבר בענף זה בקיצור ג"כ בחי' מדרגות העולמות אשר נבראו תוך מקום החלל הריקני
הנ"ל שאין דבר חולה לו מן המקום הזה וכל העולמות כולם הם תוך המקום הזה. ואל יעלה בדעתך כי
הי"ם הנקרא אלקינו בס"ה י"ש דאצילות אל תטעה לחשוב שהם יותר ראשונים וגבוהים מכל מה
שנאצלו כי כמה עולמות קדמו עליהם ולרוב העולמים לא שלחו בהם יד להזכירם בס"ה אלא ברמז נפלא
כאשר עיניך לנוכח יביטו ג' מאמרים מס' התיקונים בענין ח"ק לכל הקדומים כמ"ש בע"ה בענף זה.
וכאשר כתוב בס"ה פ' בראשית דכ"ג וגם בתיקונים דקל"ו ד' וז"ל ת"ח כמה עולמות אינון סתימין דאינון
מתלבשין ומתרכבין בספירואן כו' וגם מאמר א' הובא בפ' נח דס"ה גם בפ' פקודי דרכ"ו ע"א ודף
רס"ח ע"ב וז"ל מר"ש אריימת ידי בצלו לעילם כו' ומרזא דמחשבה עילאה דלתתא מיכרו ח"ס
כו' ואם תשים עיני שכלך לדייק היטב כל המלות המיותרות והכפולים והרמזים הנרמזים אל המבין
במאמרים הנ"ל תפליא ותשתומם בראותך כמה מדרגות על מדרגות לאין קץ ומספר קדמו להי"ס
הנקרא אלקינו בשם י"ש האצילות והמעיין בחיבורינו זה אם יזכה ידע ויבין ויעמוד על מתכונתם וכמ"ש
בענף זה בסוף.

והנה הגאונים הסתירום במתק לשונם וקרלאום עשר לחלחות על [גבי] כתר עליון וכיוצא בדברים אלו
ועם היות כי אין קצבה אל העולמות שבמקום הזה כי הם אלפים ורבבות עכ"ז נבאר קלת מה שיש
בידינו יכולת לבאר במקום הזה דרך קצרה. ובראשונה נתחיל לבאר פרט א' אשר פרט זה כולל ותופס כל
מקום החלל הזה אשר מן פרט זה מתפשטים כל העולמות כולם ובו נתלים ונאחזים וממנו הם יוצאים
ונתגלים בתוך כמ"ש בע"ה. אמנם הפרט הזה הוא נק' בשם ח"ק לכל הקדומים אשר הוא קודם לכל
הנמצאים כמ"ש בע"ה ולרוב מעלות הח"ק לרוב גודל מעלתו והעלמו לא שלחו בו יד להתעסק בס"ה
כ"א בקלת מקומות מועטים ואף גם זה היה בדרך העלם גדול וזכור ומזכיר קלתם בתיקונים סוף תיקון י"ט
דמ"א ע"ב וז"ל אי הכי דמשתמודע דאית ח"ק לכל הקדומים ואית אדם כו' גם ריש תיקון ע'
דקי"ט וז"ל אמון מופלא רכס ועייר ליורא בהיכליה דח"ק לכל הקדומים דאית אדם כו' גם בתיקונים
הנ"ל דקל"ב וז"ל אשכחנא ברזא דמתניתין בסתרא דסתרא טמירין דעמירין דאדם דבריאה דאיהו
קדמון לכל הקדומים.

ונתחיל לבאר הענין דע כי האורות הראשונים אשר נאללו תוך המקום ההוא דרך הקו היושר המתפשט
מן הח"ם הסובב את הכל כנז' בענף ב' הם בחי' הי"ם אשר חיבור כללותם נק' ח"ק לכל הקדומים
הנ"ל. והנה י"ש דאדם קדמון הכוללים כל בחי' הנז' בענף ב' ג' הלא הם אלו כי בתחילה ילאו ונתגלו
י"ש אלו בבחי' עיגולים שהם בחי' נפש דח"ק הזה ויש להם בחי' י' כלים בצורת עיגולים ובכל כלי מהם
יש פנימיות וחיצוניות והכל הוא בחי' כלים ובתוך כל כלי מהם יש בתוכו עלמות חו"פ הנקרא נפש
מתלבש בתוכו ממש ועוד יש בחי' או"מ סביבו וגם הוא בחי' נפש ובכל בבחי' עיגולים והעיגול החיצון
שבכולם אשר כל שאר העיגולים בתוכו הוא דבוק וקרוב אל הח"ם. והח"ם סובב עליו ומקיף סביבו
והעיגול הזה החיצון מכולם הוא המעולה והגדול שבכולם כנז' בענף ג' והוא בחי' עיגול כתר דח"ק
ותוך עיגול זה מתעגל עיגול ב' הנקרא עיגול חכמה דח"ק וכן עד"ז י' עיגולים זה תוך זה עד עיגול
הי' הפנימי שבתוך כולם והוא נקרא עיגול מלכות דח"ק נמצא כי אלו הי' עיגולים דח"ק הם מקיפים
כל החלל הזה בתוך הח"ם הקרובים אליו והח"ם מקיף עליהם סביב. ואמנם בהמלע י' עגולים אלו

נשאר מקום חלל מויר פנוי לעולך שאר הנאצלים ושאר העולמות אשר גם הם בחי' עיגולים זה תוך זה כנ"ל בענף ג' וכבר נתב' ג"כ שם מליחות היות הכלים איך היתה כי ע"י למקום שלמקס הא"ס עצמו נתמעט האור ונתגלו הכלים ומח"כ חזר האור להתפשט תוך הכלים ההם דח"ק. וזה אל תטעה חלילה כי בא"ק יש בחי' כלים ממש ח"ו כי הנה בחי' כלים לא נתגלו רק מן עולם הנקודים ואילך כמ"ש בע"ה ומה שאנו מכנים אותם בשם כלים הוא בערך האור והעולמות אשר בתוכם. ואמנם הכלים בעולמן הם אור זך בתכלית הזכות ודקות והזהר ואל תטעה עוד בענין זה.

והנה לאחר שנתגלו ויצאו בראשונה אלו הי"ס דח"ק בחי' נפש [בתמונת עגולים] עוד יצאו י"ס מהרות בבחי' רוח דח"ק הזה בבחי' יושר כדמות אדם בעל קומה וקופה זקופה כלול מרמ"ח אברים בציור קומה ראש וזרועות וכפות ידים גוף ורגלים והוא מתחיל להמשך מן הא"ס המקיף דרך קו הנ"ל ומשם ולמטה בציור אדם כנ"ל כולל ג' קוים ימין ושמאל ואמלע ובהם נכללים י"ס יושר שבו כנ"ל בענף ב' והנה אע"פ שלראשית קו הזה שהוא לורת יושר דח"ק מתחיל להתפשט מן הא"ס ובוקע ונכנס בין כל העגולים מלד גגותיהם העליונים אל תחשוב כי כן הקו הזה נמשך ונתפשט למטה עד סיום כל העגולים מלד תחתיהם המתעגלים מתחת רגלי ח"ק דיושר. אמנם שעור התפשטותו אינו רק עד התחלת הקרקעית העיגולים דע"י שהוא בחי' פרלוף כתר דעולם האצילות כמ"ש במקומו כמ"ש העיגולים הנ"ל דע"י מתעגלים תחת רגלי היושר ח"ק עלמו בלבד כמ"ש. והנה נתבאר איך ח"ה הזה ממלא איך בעיגול ויושר שלו את כל מקום החלל והאויר הפנוי שבתוך הא"ס כנ"ל. אמנם נשאר מקום פנוי בין אור יושר שבו אל הכלים ואו"פ דיושר שבו ושם נתהוו ושם נתאצלו ונאצלו כל העולמות אשר כולם נתלים ונאחזים בזה הח"ק וממנו יצאו כנ"ל.

והנה אבאר לך עתה דרך קיצור מופלג כללות כל העולמות אשר במקום החלל הזה שבין או"מ דיושר של ח"ק ובין הכלים שלו דיושר כנ"ל והנה זה ענין זה נתבאר במ"א באריכות גדול בכמ"א לדבר ודבר בפ"ע ושם במקומו יתבאר לך איך מבחי' היושר דח"ק ונתגלו ונתגלו רבים אשר כללותיהם הם האורות הבוקעים ויוצאים מן האחנים שבו ולחוץ מח"כ יוצאים אורות החוטם ומח"כ אורות הפה הנק' עקודים וכל אלו האורות הם בדרך יושר לבד ואין להם בחי' עיגול כלל ומח"כ יצאו אורות עינים דח"ק הזה ואלו נקרא עולם הנקודים ויש בהם ב' בחי' עיגולים ויושר. ומקום מלבן ומעמדן הן מהטיבור דח"ק הזה עד סיום רגליו שהמקום הזה נקרא כללות נה"י דח"ק. וזהו סדרן כי בתחלה יצאו י' עגולים דנקודות ונתעגלו סביב הכלים דנה"י דח"ק בבחי' היושר שלו ובתוך הכלים מתלבש או"פ שלהם כנ"ל. ואלו העיגולים דנקודות שהם בחי' נפש הם סובבים על הכלים ואו"פ של נה"י דיושר דח"ק. ואלו העיגולים של הנקודים כבר נתבאר לעיל שהם כוללים או"פ דנפש וכלים ואו"מ על הכלים וכללות זה נקרא עגולים דנקודים ועל אלו הנקודים [נ"א העיגולים] עוד או"מ מבחי' דיושר דח"ק ועל או"מ דיושר דח"ק עיגולים הי' עיגולים דח"ק עלמו הכוללים או"פ וכלים ואו"מ שלהם כנודע וזה היה בתחלה. אמנם כאשר נאצלו מח"כ גם הי"ס דיושר דעולם הנקודים שהוא בחי' רוח שלהם אז הלבישו הי"ס דיושר דנקודים הכוללים או"פ וכלים ואו"מ דיושר ע"ג הכלים דנה"י דח"ק ועל היושר דנקודים הלבישו אותם העיגולים עלמן שלהם ועל העיגולים דנקודים או"מ דיושר דח"ק ועליהם היו העיגולים דח"ק עלמו והנה יתבאר למטה בחיבורינו זה בענין עולם הנקודים איך ז' מלכי אדום שמלכו ומתו ומח"כ נתקנו וכאשר נתקנו נעשו מהם בחי' ד' עולמ' אבי"ע וכל עולם מהם כולל ו' פרלופים כוללים לבד מפרלופים אחרים פרטים שהם נעשים ענפים היולאים מאלו הו' פרלופים הם עתיק וא"א ואו"א וזו"ן.

ונבאר עתה בקיצור מצב ומעמדן ונתחיל מלמעלה למטה הנה הא"ס הוא סובב ומקיף ע"ג י' עגולים דא"ק בכל ג' מיני בחי' חו"ב דנפש וכלים דנפש וחו"מ דנפש וכולם בצורת עיגולים כנ"ל. וכיוצא בזה בשאר כל העיגולים שבשאר הפרטים ולא נצטרך להזכיר ענין זה בכל המקומות וי' עיגולים דא"ק הם מקיפין וסובבין על חו"מ דיושר דא"ק עצמו, וחו"מ דיושר דא"ק ע"ג י' עיגולים דעתיק וי' עיגולים דעתיק סובבים על אור מקיף דיושר דעתיק עצמו וחו"מ דיושר דע"י מקיפים על י"ע דא"א. וי"ע דא"א מקיפים על חו"מ דיושר דא"א עצמו, וחו"מ דיושר דא"א מקיף על י"ע דאבא, וי"ע דאבא מקיף על חו"מ דיושר דאבא עצמו, וחו"מ דיושר דאבא מקיף על י"ע דאימא וי' עיגולים דאימא סובבים על חו"מ דיושר דאימא עצמה. ואור מקיף דיושר דאימא מקיף על י' עיגולים דז"א וי' עיגולים דז"א מקיפים על חו"מ דיושר דז"א עצמו וחו"מ דיושר דז"א מקיף על י"ע דנוקבא וי"ע דנוקבא מקיפין על חו"מ דיושר דנוקבא עצמה וחו"מ דיושר דנוקבא דז"א דאצילות מקיף על י"ע דבריאה וגם היא נחלקת לכל הפרטים הנ"ל וי"ע דבריאה סובבים על חו"מ דיושר דבריאה עצמה וחו"מ דיושר דבריאה מקיף על י"ע דיצירה הנחלק גם הוא לכל הפרטים הנ"ל וי"ע דיצירה על חו"מ דיושר דיצירה עצמה וחו"מ דיושר דיצירה על עיגולי העשיה הנחלקת גם היא לכל הפרטים הנ"ל ועיגולי עשיה על חו"מ דיושר דעשיה עצמה. והנה נשלמו דרך כללות כל בחי' העיגולים והאורות המקיפים דיושר של כל העולמות אלו כולם מלמעלה למטה ומכאן ולהלאה (נתבאר) ילאו בחי' הכלים וחו"מ שלהם דיושר של כל העולמות אשר בחי' אלו הם הפוכים מן הנ"ל כי פי שאלו לפי שהוה כל מי שהוא גרוע במעלה מחבירו מלביש את חבירו המעולה ממנו ומקיף אותו כנ"ל בענף ג'. וז"ס חו"מ דיושר דעשיה מקיף על הכלים וחו"מ דיושר דעשיה עצמה ולא יצטרך לכפול זה בכ"מ לפי שנתבאר לעיל כי חו"מ דיושר לעולם קשור ודבוק עם הכלים דיושר שלהם עצמם והוא בתוכם ממש. וכלים וחו"מ דיושר דעשיה על כלים וחו"מ דיושר דיצירה וכלים ואור פנימי דיושר דיצירה על כלים וחו"מ דיושר דבריאה וחו"מ דיושר דבריאה על כלים וחו"מ דיושר דנוקבא דז"א דאצילות וכלים וחו"מ דיושר דנוקבא על כלים וחו"מ דיושר דז"א וכלים וחו"מ דיושר דז"א על כלים וחו"מ דיושר דאימא וכלים וחו"מ דיושר דאימא על כלים וחו"מ דיושר דאבא וכלים וחו"מ דיושר דאבא על כלים וחו"מ דיושר דא"א וכלים וחו"מ דיושר דא"א על כלים וחו"מ דיושר דעתיק וכלים וחו"מ דיושר דעתיק על כלים וחו"מ דיושר דנה"י דא"ק וכלים וחו"מ דיושר דנה"י דא"ק על חו"מ היולא מאור א"ס המתלבש בתוכו דרך קו היושר המתפשט מן הא"ס להאיר ולהחיות כל העולמות כולם כנ"ל. והרי נתבאר היטב סדר התלבשות העולמות ורואית בעיניך איך א"ס מתעלה בתוך כל העולמות והמקבל ממנו תחילה הוא א"ק ואחר כך עתיק עד שנמצא כי כלים דיושר דעשיה הם יותר חיצונים ורחוקים מאוד מן אור א"ס הפנימי בתכלית הריחוק שאין ריחוק גדול ממנו וכן בערך א"ס הסובב מבחוץ על כל העולמות נמצאו כלים דעשיה רחוק ממנו בתכלית הריחוק שאין רחוק ממנו. לכן הכלים דיושר דעשיה הם היותר גרועים במעלה מכל העולמות כולם ושם בעולם העשיה נתהווה עולם השפל החומרי בתכלית הגסות והעביות שאין כמוהו נמצא כי כדור הארץ שאנו עומדים בו הנה הוא הנקודה האמצעית שבכל העולמות כולם כעין גרעין התמרה שהוא באמצע האוכל והאוכל מקיפו מכל צדדיו. וזהו בערכנו אנחנו בנו אדם היושבים בו אבל בערך א"ס הסובב הכל אדרבה עולם העשיה הוא הקליפה החופפת על כולם וכל מה שנתקרב אל הא"ס הוא יותר פנימי עד שנמצא י' עגולים דא"ק הקרובים אל הא"ס יותר מכל העולמות וכן בבחי' אור א"ס הפנימי נמצא כי עולם העשיה הוא קליפה לכל העולמות וכל מה שמתקרב אל הא"ס הפנימי הוא היותר פנימי עד שנמצא י"ס דיושר דא"ק הם פנימים מכולם הם מקבלים אור א"ס הפנימי ממש תחילת הכל.

והנה אחר שביארנו דרושי העגולים והיושר בקלירה בסדר התלבשות כל העולמות צריכים אנו לבאר עתה עד היכן הגיע התפשטות רגלי א"ק (נ"ח האדם) היושר שבכל עולם ועולם כאשר התחלנו לבאר

ענין זה בתחילת ענף זה. והנה מוכרח הוא כי קו היושר יהיה דבוק ממש בא"ס הסובב וממנו מתפשט ויורד ומתלבש תוך פנימיות א"ק כנ"ל ונמשך ומתפשט עד סיום רגלי א"ק היושר כנ"ל שהוא ממש עד חלאי עיגולי עתיק יומין הסובבים תחת רגליו עד שם מסתיימין רגלי היושר דא"ק. כי אם נאמר שרגלי א"ק הם מגיעים ומתפשטים עד למטה בתוך עיגולי עצמו עד סיומם וסופם נמצא שחוזר ומתדבק עם עיגול הא"ס בחלקי התחתון אשר תחת רגלי א"ק והוא כך נמצא כי הא"ס יאיר בו ממש ולמטה דרך קו היושר ולא יהיה בחי' מעלה ומטה מושפעים ומקבלים וע"כ לא נמשך רלם הקו למטה כנ"ל בענף ב'. והנה הכלל העולה בקיצור הוא זה כי רגלי א"ק דיושר הנה הם מתפשטים ונמשכים עד חלויים התחתונים של עיגולים דע"י מלד מטה בחופן כי עיגולים ע"י מקיפים סביב רגלי יושר דא"ק. אמנם כל שאר הרגלים דיושר כגון רגלי עתיק ורגלי א"א ורגלי ז"א ורגלי נוקבא כולם מסתיימים בהשוואה ח' והוא עד חלאי התחתונים של עיגולי א"א מלד מטה בחופן כי עיגולי א"א הם מקיפים וסובבים מתחת כל רגלי הנ"ל כולם. אמנם יש בחי' פרלופיס שאינם גבוהים קומתם כגון או"א שיעור קומתם מהגרון דא"א עד הטיבור של א"א בלבד וכן פרלוף לאה שהיא מתחלת מהדעת דז"א עד החזה שלו כמ"ש במקומו ואלו הפרלופיס אין רגליהם נוטים עד רגלי א"א כי הם קלרי קומה וכל אחד יתבאר במקומו בפרטות.

והנה פעם אחרת שמעתי ממו"ר זלה"ה בענין דרוש תיקון מרוך אנפין מיד נולד וילא ויב מב' פרקין תתאין דרגלי עתיק יומין ושם ביארנו מיד ב' פרקין תתאין הנקרא עקבייס דע"י הם מתפשטים יותר למטה מרגלי א"ק והם נכנסים בגבול עולם הבריאה כנזכר שם. ואפשר לומר כי לא היה כך מלא קודם תיקון אצילות ואחר התיקון לא הודרך לזה שחזר העתיק לאסוף רגליו לאסוף למעלה בהשוואה אחת עם רגלי א"א ול"ע.

עוד דבר א' לא נתבאר לנו בעניני עיגולי א"ק ויושר שלו מיד הם מתחברים יחד. אמנם בענין ע"י נתבאר במקומו כי אלו י' עיגולים שלו כולם נמשכים ומתפשטים סביב ג' רמשונות לבד דיושר שלו ע"ש. ואולי כך יהיה בעניני עיגולי אדם קדמון ול"ע.

וז"ל שער הקדמות דף ה' ע"א.

ואמנם דבר גלוי הוא כי אין למעלה גוף ולא כח גוף חלילה. וכל הדמיונות והציורים אלו לא מפני שהם כך חם ושלום. אמנם לשכך את האוזן לכשיוכל האדם להבין הדברים העליונים הרוחנים בלתי נתפסים ונרשמים בשכל האנושי לכן ניתן רשות לדבר בבחי' ציורים ודמיונים כאשר הוא פשוט בכל ספרי הזוהר. וגם בפסוקי התורה עצמה כולם כאחד עונים ואומרים בדבר הזה כמו שאמר הכתוב עיני ה' המה משוטטים בכל הארץ. עיני ה' אל לדיקים. וישמע ה'. וירח ה'. וידבר ה'. וכאלה רבות וגדולה מכולם מ"ש הכתוב ויברא אלהים את האדם בצלמו בצלם אלהים ברא אותו זכר ונקבה וגו'. ואם התורה עצמה דברה כך גם אנחנו נוכל לדבר כלשון הזה עם היות שפשוטו הוא שאין שם למעלה אלא מורות דקים בתכלית הרוחניות בלתי נתפסים שם כלל וכמו שאמר הכתוב כי לא רמיתס כל תמונה וכאלה רבות ואמנם יש עוד דרך אחרת כדי להמשיך בה הדברים העליונים והם בחינת כתיבת צורת אותיות כי כל אות ואות מורה על אור פרטי עליון וגם תמונת זו דבר פשוט הוא כי אין למעלה לא אות ולא נקודה וגם זה דרך משל ולציור לשכך את האוזן כנזכר ולכן נבאר עתה ההקדמה הנזכר על דרך ליור האותיות גם כן ובבחי' ליורים אלו הן ליור האדם והן ליור אותיות שתיהן מוכרחים להבין ענין האורות העליונים כאשר תרמה ספרי הזוהר בנוים על שתי בחי' הליורים האלה עכ"ל.

[די"ג ע"ב 25]

עָנָף ד'

דרוש זה מקורו מספר אדם ישר וצריך לכתוב מ"ב בראש הדרוש.

בדרוש זה מבאר הרב ז"ל את העולמות, הפרצופים והספירות ביותר פרטות אשר מתחת לא"ק, והוא כי עד עכשיו הרב ז"ל ביאר בעיקר את השיעור קומה דא"ק. ועתה מבאר בפרטות את בחינת הספירות שלמטה מא"ק.

אזֵר[16] שכתבנו בענפים הקודמים לזה בדרך קצרה, ודרך כלל וּבדרך הפרט **עִנין**[17] העשר ספירות בכל מקום שֶׁהם אם בא"ק או אם בעולמות אבי"ע, **אֵיך יש בהם כמה וכמה בְּזִינֹת** של עיגולים ויושר, אורות וכלים, אור פנימי ואור מקיף, וכלי פנימי וחיצון. עד עכשיו נתבארו בפרטות העשר ספירות דא"ק, ולא נתבארו הבחינות דאבי"ע, **נְדַבּר**[18] בְּעָנָף זֶה בקיצור גם כֵן בְּבזִינֹת מדרֵגֹת הָעֹולָמוֹת שלמטה מא"ק, **אֲשֶׁר** גם הם **נִבְרְאוּ תוך מקום הזֶכֶל הָרֵיקָני** שהתהווה על ידי הצמצום **הַנֹזְכָּר לעֵיל, שֶׁאֵין דבר זֹוּצָה כּל מן הָמֵקֹום** החלל הזֶה, **וכל הָעֹולָמוֹת כולם** דא"ק ואבי"ע **הם תוך הָמֵקֹום** החלל הזֶה.

כבר נתבאר לעיל כי א"ק הוא לא הבחינה הראשונה שנאצלה, אלא[19] יש עולמות קודמים לא"ק ואבי"ע, **וצריך לדעת** כי[20] אלפי אלפי רבוא רבבות של עולמות נבראו, וחלקם יצאו מא"ק עצמו, וחלקם מעל א"ק, כמו שמבאר הרב ז"ל לקמן, עם כל זאת אסור לנו להתעמק בהם, ולכוון בתפילה בהם.

16

כרם שלמה ש"א ענף ד' אות א' – אחר שכתבנו בענפים הקודמים לזה, בדרך קצרה ובדרך כלל כל ענין העשר ספירות בכל מקום שהם. ר"ל בין בא"ק ובין באצילות, ובין בבריאה ויצירה ועשיה, לבד מן העולמות דאוזן וחוטם ופה. שכל הבחינות יש בהם חוץ מבחינת העיגולים, שאין בהם כי אם יושר בלבד כמבואר במקום אחר.

17

כרם שלמה ש"א ענף ד' אות א' – מה שכתב ענין העשר ספירות בכל מקום שהם, איך יש בהם כמה וכמה בחינות. פירוש, כלים ואורות, והאורות נחלקים לאור מקיף ואור פנימי, והכלים לחיצוניות ולפנימיות הכלים. וכנגדם ביושר, כלים ואורות של אור מקיף ואור פנימי, וחיצוניות ופנימיות הכלים. והעיגולים הם בבחינת הנפש, והיושר היא בחינת רוח וכו'.

18

כרם שלמה ש"א ענף ד' אות א' – ומה שכתב **נדבר בענף זה בקיצור וכו'**. פירוש, המדרגות שהם מן הכתר של א"ק, בין בעיגולים ובין ביושר, עד סוף מלכות דעשיה של עיגול ויושר, כמו שמסדר אותם לקמן בסוף פרקין.

19

שערי גן עדן, פתח ט' דרך ד', בו יתבאר סדר התלבשות העולמות דרך כלל דמ"ח ע"ד – אור אין סוף הוא עילה לכל העילות, וסיבה לכל הסיבות, ובתוכו היו כל השרשים של כל העולמות, מעלה ומטה, ואין דבר יוצא חוץ ממנו. ובשורש נקודת המלכות שהיתה גנוזה באין סוף, שהוא סוד נקודה אמצעית, שם ניתק האור מן נקודה האמצעית לצדדים, ונעשה מקום פנוי לעמידה העולמות. וזה המקום פנוי נקרא **טהירו עילאה**, שהוא שמ"ו במספר השוה, והוא ושמו אחד כמו שנתבאר. והנה סדר השתלשלות עד שנעשה **עולם המלבוש**, שהוא

וְאַל יַעֲלֶה בְדַעְתְּךָ,[21] כִּי הָעֶשֶׂר סְפִירוֹת הַנִּקְרָא אֶצְלֵינוּ בְּסֵפֶר הַזוֹהַר בשם **עֶשֶׂר סְפִירוֹת דַאֲצִילוּת** אשר רוב הסוגיות בספר הזוהר ובתורת האר"י זלה"ה עוסקים בהם, **אַל תִּטְעֶה לַחְשׁוֹב שֶׁהֵם יוֹתֵר רִאשׁוֹנִים וּגְבוֹהִים מִכָּל מַה שֶׁנֶּאֶצְלוּ, כִּי כַּמָּה עוֹלָמוֹת קָדְמוּ עֲלֵיהֶם** שהם עולם הנקרא טהירו עילאה, עולם המלבוש, טהירו, ועוד ועוד, וכן[22] אלפי

סוד מעשה בראשית, כבר נתבאר גם כן דרך כלל בקיצור נמרץ בסוף שער א'. ועתה נבאר דרך כלל רק סדר עולם התיקון, שנקרא מעשה מרכבה, והוא כי בזו הטהירו עילאה נתקנו האורות, שהם סוד עולם המלבוש, על ידי הרל"א שערים פנים ואחור, והם סוד המקיפים. ואור הפנימי של זה העולם הם סוד ארבעה מלואים ע"ב ס"ג מ"ה ב"ן, שיש בהם ט"ל אותיות, שהוא סוד הטל הנוטף ממוחא סתימאה, סוד שורש החכמה כמו שהיתה גנוזה באין סוף, וירד דרך היסוד שהיה גנוז בא"ס, ונתלבש במלכות שהיתה סביב זה הטהירו, בסוד **שפה**. ונפתחה הפתח למעלה בזו הטהירו, וירד זה הטל דרך קו יושר עד חצי טהירו עילאה, ועוד למטה בשיעור מרכז השני של קו היושר, כמו שכתבתי כבר, שהוא סוף עולם אצילות..... אבל עתה שלא הגיע זה הקו רק רק נפסק בנתים, ונסתיים למטה מחצי טהירו עילאה, אם כן יש בזה הטהירו בחינת סת"ר, והוא ראשית הגילוי, בסוד - אתה סתר, כי מלת אתה רומז אל הגילוי, וזה נעשה על ידי סת"ר, שהוא סוף תוך ראש, והבן זה. **הרי כי האין סוף הוא מקיף את כל העולמות, וגם הוא מוקף מכולם**, והבן זה. והנה באשר שזה עולם המלבוש שנעשה בזו הטהירו עילאה, ומלאה את כל הטהירו עילאה אור גדול, ולא יכלו להצטייר בזה שאר העולמות, כי כל ציור הוצרך להיות מוגלם. לכן הוכרח זה העולם המלבוש להמקפל גם כן, חציו בחציו, האחור אחורי הפנים כמו שנתבאר, ואז נעשה החצי טהירו מקום פנוי לעמידת העולמות, והוא נקרא **טהירו סתם**. והנה ספירת המלכות של עולם המלבוש, שהיא עמדה למטה בראש זו הטהירו, בהתלבש בתוכה אור החכמה, שהוא רזא דמחשבה על ידי היסוד כמו שמבואר, מזה פלטה אור גדול. ומה שהלך האור סביב זו הטהירו, נעשה ממנו **עשרה גלגלים**, ונקראו עשרה גלגלים של **אדם קדמאה סתימאה**, והוא נקרא לפעמים **אדם דבריאה**, לפי שהוא עולם שני אל עולם המלבוש, ועולם המלבוש הוא בערך אצילות נגדו. ומן האור שירד בתוך הטהירו נאצל ממנו עשר ספירות, וספירת הכתר מאלו העשרה ספירות נתתקן ממנו א"ק לכל הקדומים, ונתתקן בסוד דיוקנא קדישא דאדם, לפי שנעשה מן אור בחינת היושר, מה שאין כן אדם קדמאה סתימאה שנעשה מבחינת אור העגולים, ולכן נעשה בבחינת עגולים. וזה הא"ק הוא נקרא לפעמים אדם דיצירה, והוא כולל שלוש עולמות, שראשו מגיע השמימה, שהם סוד עגולים דאדם קדמאה סתימאה, ותוכו בתוך הטהירו, ורגליו מתפשטים למטה עד סוף עולם אצילות, שעולם אצילות הוא בערך עשיה לגבי עולמות שלמעלה. וזה הא"ק ממנו יצאו אורות למעלה, דרך השערות שבראש, והוא בחינת מלוי ע"ב שבו, **ונעשה מהם עולמות לאין מספר**. וגם יוצאים אורות מהם דרך הפנים על ידי הנקבים שבראשו ובגופו, ונעשה מהם גם כן כמה עולמות, וכולם נקראים לבושין דיליה. ומלכות של זה הא"ק.....

20

תרשים ד – א.

21

כרם שלמה ש''א ענף ד' אות ב' – ואל יעלה בדעתך כי העשר ספירות הנקרא אצלנו וכו'. ר"ל הואיל ומעשנו הפגם והתיקון שלהם נראה באצילות, מפני שיש שם גילוי הכלים ושורש הדינין, לכן לא הזכירו בספר הזוהר ברוב המקומות כי אם מעולם האצילות ולמטה, ולא מאצילות ולמעלה, והייתי טועה וחושב כי לא יש ח"ו עוד עולמות למעלה מן האצילות, לזה בא הרב ז"ל להשמיענו, אל תטעה לחשוב כך כי הם היותר גבוהים, והם היותר ראשונים, ואין עוד עולמות למעלה מהם, **כי כמה עולמות קדמו להם, והם גבוהים מהם**, כמו האבי"ע דא"ק, ועולם העקודים, ועולם החותם, ושל האוזן, ועולם הא"ק עצמו. **אבל מפני שהם נעלמים וגבוהים**, ואין שם גילוי הכלים והדינין, **ואין מעשינו פועלים שם פעולתם מיד**. לכן לא הזכירום בספר הזוהר, כי עיקר כוונתנו נכוון בפרצוף דבאצילות, והם פועלים למעלה מהם. והגמר על ידם נעשה, לכן לא הזכיר כי אם באצילות, **אבל נרמזו ברמז נפלא ובקיצור, כדי שנדע שיש עולמות למעלה מן האצילות**, ונכוון בהם דייקא, ולא נכוון דרך פרטות, כמו שאנחנו מכוונין בפרצופי האצילות, ופשוט.

22

רבבות של עולמות נאצלו מא"ק עצמו, **ולרוב הַעְלְמָם** של עולמות אלו **לֹא שָׁלְטֹו בהם יד להזְכּירם** החכמים בפירוש ובביאור **בְּסֵפֶר הַזֹּוהַר** הקדוש ובתיקונים **אֶלָּא בְּרֶמֶז** דק מאוד **וְנִפְלָא, כאשר עיניך לנֹכַח יַבִּיטוּ שָׁלֹוש מאמרים מספר הַתִּיקוּנִים** ר"ל בתיקוני הזוהר, **בָּעִנְיָן א"ק לכל הַקְּדֹומִים** ר"ל לעולמות האח"פ והאצילות, הנקראים קדומים בערך בי"ע, **כמו שֶׁנְבֹאַר בְּע"ה בָּעֶנָף זה.**

הרב ז"ל מביא מספר מאמרים מספר הזוהר הקדוש על בחינת א"ק והעולמות העליונים. **צריך לדעת** כי המאמרים האלו שבזוהר הם עמוקים מאוד, ואין ביד אדם **לפרש אותם כראוי**, להתבונן ולהבין מאמרים אלו צריך ללמוד את כל סדר התפשטות המדרגות והפרצופים המפורשים בעץ חיים מהתחלה עד הסוף, ובעיקר דרושי א"א, שהם אלפים ורבבות של מדרגות על גבי מדרגות, פרצופים על גבי פרצופים, וכולם נרמזים במאמרים אלו.

וכאשׁר כתוב בסֵפֶר הַזּוהַר הקדוש **בְּפָרָשַׁת**[23] **בְּרֵאשִׁית דף כ"ג** ע"א. **וְגַם בְּתִיקֹונִים** ר"ל בתיקוני הזוהר **דף**[24] לא גורסים **קְל"ד** אלא צריך לגרוס קל"ה ע"ב, וז"ל - **תָּא חֲזִוא** בו וראה **כַּמָּה עֹולְבֹות** ואורות **אִינֹון סְתִימִין** הם סתומים, **דְּאִינֹון מִתְלַבְּשִׁין וּמִתְרַכְּבִין בִּסְפִירָאֹן** שהם מתלבשים ומרכבים בספירות שתחתיהם, **כו'. וְגַם מֵאמָר אַזֹוד הֹובָא** בספר הזוהר **בְּפָרָשַׁת**[25] **נֹחַ דף ס"ה** ע"א. **גָּם** בספר הזוהר **בְּפָרָשַׁת**[26] **פְּקֹודֵי דף רכ"ו ע"א,**

ע"ח ש"ג פ"א מ"ב דט"ז ע"ב – וזה **הא"ק נחלק לאלפים ולרבבות עולמות**, ותחלת התחלקותו הם ארבעה עולמות הנקרא ראיה, שמיעה, ריחא, דיבור............
[23]

ספר הזוהר פרשת בראשית דכ"ג ע"א עם ביאור ותרגום – **תָּא חֲזִי** בא תראה, **כַּמָה עֲלֹות אִינֹון סְתִימִין** כמה ספירות שהם עלות לספירות שתחתיהם הם סתומים, **דְּאנֹון מִתְלַבְּשִׁין וְאִינֹון מֹורְכָּבִין** שהם מתלבשים ומורכבים בספירות שתחתיהם כנשמה בתוך הגוף. הזוהר הקדוש נקט **בְּשלושה לשֹונֹות** שהם סתמין מתלבשים מורכבין כנגד שלוש כלים של הפרצוף העליון המתלבש בתחתון, **וּסְפִירִין מַרְכְּבָה לְגַבַּיְיהוּ** והספירות התחתונות הם מרכבה לעליונות, **דְּאנֹון טְמִירִין מִמַּחֲשַׁבְתָּא דִּבְנֵי נָשָׁא** ספירות אלו טמירות ואין מחשבת בני אדם יכולה לתפוס אותם, **וַעֲלַיְיהוּ אִתְמָר כִּי גָבֹוהַ מֵעַל גָּבֹוהַ שֹומֵר וְגֹומֵר**, עליהם נאמר - כי גבה מעל גבה שמר, כלומר יש הרבה מדרגות על גבי מדרגות, מעל המדרגות שאנחנו מכירים, **נְהֹורִין מְצוּחֲצָחִין אַלֵּין עַל אַלֵּין** אורות מצוחצחים אלו על גבי אלו, **וְאַלֵּין** ואלו התחתונים **דִּמְקַבְּלִין** שמקבלים שפע מהעליונים, **אֲנֹון חֲשֹוכִים מֵאֲחֳרָנִין דַּעֲלַיְיהוּ דִּמְקַבְּלִין מִנַּיְיהוּ** הם נחשבים חושך בערך העליונים שמקבלים מהם, **וְעָלַת עַל כָּל הָעִלֹות** שהוא א"ק בערך העולמות והפרצופים שמתחתיו, **לֵית נְהֹורָא קַיְימָא קַמֵיהּ** אין אחד שיכול לקבל ממנו, **דְּכָל נְהֹורִין מִתְחַשְּׁכָן קַמֵיהּ** כל המאורות אינם יכולים לסבול את אורו הגדול, אלא על ידי צמצומים רבים, ומסכים.
[24]

תיקוני הזהר תקון ע' דקל"ה ע"ב עם ביאור ותרגום – **תָּא חֲזִי** בא וראה, **כַּמָה עֲלֹות סְתִימִין** כמה אורות סתומים, **דְּאִינֹון מִתְלַבְּשִׁין וְאנֹון מֹורְכָּבִין בִּסְפִירָן** שהם מתלבשים ומרכבים בספירות שתחתיהם, **וּסְפִירָן מַרְכָּבָה לְגַבַּיְיהוּ** והספירות הם מרכבה אל האורות, **דְּאִינֹון טְמִירִין מִמַּחֲשָׁבֹות בְּנֵי אָדָם** האורות האלו הם נסתרים ולא מוסגים למחשבות בני האדם.
[25]

ספר הזוהר פרשת נח דס"ה ע"א עם ביאור ותרגום – **אָמַר רַבִּי שִׁמְעֹון, אַרְמִית יְדַאי בִּצְלֹותִין לְעֵילָא** הרימותי ידי למעלה בתפילה, רשב"י התפלל שגלוי הסודות יהיה מקובל לפני הקדוש ברוך הוא, **דְּכַר רְעֹותָא עִלָּאָה לְעֵילָא** שכאשר הרצון העליון למעלה למעלה, שהוא רצון הא"ס ב"ה שהוא למעלה מא"ק, **קַיְימָא עַל הַהֹוא רְעֹותָא דְּלָא אִתְיְדַע וְלָא אִתְפַּס כְּלָל לְעָלְמִין** הוא עומד על אותו רצון שלא נודע ולא נתפס כלל

ודף[27] **רס"ז ע"ב וז"ל – אמר רבי שמעון ארימת ידי בצלו לעילא** הרימותי ידי למעלה בתפילה **כו', ומרזא**[28] **דבמזשבה עילאה** מסוד המחשבה העליונה, לא גורסים **ולתתא**[29] אלא צריך לגרוס ולעילא **כולהו איקרו** כולם נקראים **א"ס כו'.**

לעולם, כלומר הא"ס ב"ה האציל את א"ק הנקרא גם כן רצון שלא נודע, ושלא מוסג, ולא נתפס, אפילו על ידי פרצוף עתיק יומין, וכל שכן על ידי הפרצופים היותר תחתונים, **רישא דסתים יתיר לעילא** א"ק הוא ראש של כל האצילות, **וההוא רישא אפיק מאי דאפיק ולא ידיע** וא"ק הוציא והאציל מה שהאציל, ולא נודע מהו הא"ק הזה, **ונהיר מאי דנהיר** וא"ק האיר מה שהאיר ומאיר לתחתונים, **וכלא בסתימו** וכל האורות הם סתומים מהתחתונים.

26

ספר הזוהר פרשת פקודי דרכ"ו ע"א עם ביאור ותרגום – **באלין קיימין כל רזי מהימנותא** באלו, כלומר בעולמות א"ק ובעולמות שמעל א"ק, נמצאים כל סודות האמונה, כי בהם מתלבש אור הא"ס ב"ה, **וכל אינון נהורין** כל אותם האורות, **מרזא דמחשבה עילאה** מסוד המחשבה העליונה, **כלהו אקרון אין סוף** כולם נקראים בשם אין סוף ביחס לעולמות והפרצופים שתחתיהם, **עד הכא מטון נהורין** עד כתר דאצילות מגיע אור הא"ס ב"ה בהעלם גדול, **ולא מטון** וזה נחשב כאילו לא הגיע אור הא"ס אליהם, **ולא אתיידיעו** לא נודע מהות האור הא"ס, **לאו הכא מחשבה ולאו רעותא** כי אין השגה של התחתונים לא במחשבה, ולא ברצון של הא"ס ב"ה, כי התחתונים לא יכולים להשיג באור היורד אליהם.

27

ספר הזוהר פרשת פקודי דרס"ח ע"ב עם ביאור ותרגום –)מאמר זה עמוק, עמוק, ויש פרטים ומוסגים שהרב ז"ל ידרוש אותם בשערים הבאים של עץ חיים(. **אמר רבי שמעון, ארימית ידי בצלותין לעילא** הרימותי ידי למעלה בתפילה, רשב"י התפלל שגלוי הסודות יהיה מקובל לפני הקדוש ברוך הוא, **דכר רעותא עלאה לעילא** שכאשר הרצון העליון למעלה למעלה, שהוא רצון הא"ס ב"ה שהוא למעלה מא"ק, **קיימא על ההוא רעותא דלא אתידיע ולא אתפס כלל לעלמין** הוא עומד על אותו רצון שלא נודע ולא נתפס כלל לעולם, כלומר הא"ס ב"ה האציל את א"ק הנקרא גם כן רצון שלא נודע, ושלא מוסג, ולא נתפס, אפילו על ידי פרצוף עתיק יומין, וכל שכן על ידי הפרצופים היותר תחתונים, **רישא דסתים יתיר לעילא** א"ק הוא ראש של כל האצילות, **וההוא רישא אפיק מאי דאפיק ולא ידיע** וא"ק הוציא והאציל מה שהאציל, ולא נודע מה הוא, ר"ל גם הרדל"א שהם ג"ר דעתיק, לא מוסגים לתחתונים, ופרצוף עתיק יומין הוא רק הארת המלכות דא"ק, על אחת כמה וכמה שאי אפשר להסיג את הא"ק עצמו, **ונהיר מאי דנהיר** וא"ק האיר מה שהאיר, והאציל את א"א, שהוא הכתר דאצילות, **וכלא בסתימו** וכל הבחינות האלו, שהם א"ק, עתיק יומין, וא"א, כולם סתומים מהעולמות והפרצופים היותר תחתונים מהם, **רעו דמחשבה עלאה אבתריא ולאתנהרא מניה** רצון המחשבה העליונה של הרדל"א דעתיק לרדוף אחרי א"ק כדי לקבל הארה ממנו, והדרך שקבל עתיק יומין הארה מא"ק היא. שכאשר הרצון העליון למעלה למעלה, **חד פריסו אתפרס** נפרס מסך באמצע גופו של א"ק, ומתחת המסך הזה מתחיל להתגלות הרדל"א דעתיק, **ומגו ההוא פריסא** ומתוך המסך הזה של א"ק, **ברדיפו דההיא מחשבה עלאה** על ידי רדיפת המחשבה דרדל"א, שרוצה להשיג ולקבל הארה מא"ק, **מטי ולא מטי עד ההיא פריסא** מגיע ולא מגיע עד אותו מסך, כי הרדל"א עולה לקבל הארה מא"ק, אבל לא מגיע אלא עד המסך, **נהיר מה דנהיר** האיר מה שהאיר, כלומר פרצוף עתיק קיבל הארה מועטת כפי כמה שהוא ראוי לו, **וכדין ההוא מחשבה עלאה** ואז קבלה המחשבה העליונה של פרצוף עתיק הארה מועטת מא"ק, **נהיר בנהירו סתים דלא ידיע** היה הפרצוף דעתיק מאיר בנוקבא דעתיק באור סתום, שאינו ידוע על ידי הארת היסוד והעטרה דא"ק הסתומים בתוך פרצוף עתיק, ולא נודע גודל הארת הא"ק בפרצוף עתיק יומין, **והאי מחשבה לא ידע** והמחשבה של פרצוף עתיק יומין עצמה, לא יודעת ולא משיגה את גודל האור של היסוד והעטרה דא"ק, **כדין בטש האי נהירו דמחשבה דלא אתידע** אחרי תיקון עתיק ונוקבא דעתיק, אז הכה אור ההוא של א"א שנתקן מהארת הרדל"א דעתיק שהיא סוד המחשבה שלא נודעת מהותה, **בנהירו דפריסא דקיימא** וכמו שיש לא"ק מסך באמצע גופו, כך גם לפרצוף עתיק יומין, א"א, וכן לכל שאר הפרצופים, קיבל א"א הארה גדולה מרדל"א דעתיק, ונתקן מוחא סתימאה של א"א, **וכדין דא נהירו דמחשבה דלא אתיידע** ואז אור א"א נתקן מהארת

עוד מביא[30] הרב ז"ל ראיות[31] לעולמות שקדמו לא"ק ולעולם האצילות, מהגאונים הראשונים, ובהם הרב האי גאון ואבותיו. **עם כל זאת** הזהיר[32] אותנו הרב ז"ל לא לסמוך על הכתבים של שאר התלמידים, ולכן[33] שב ואל תעשה עדיף.

הרדל"א, שנקרא מחשבה שלא נודעת מהותה, **בטש בנהירו דפריסא** הכה בהארת המסך שעומד באמצע גוף עתיק, **ונהיר כחד** האירו פרצופי עתיק וא"א ביחד, כי שבעה תחתונות דפרצוף עתיק יומין מתלבשים בכל פרצוף א"א, ואז א"א נתקן כראוי **ואתעבידו תשעה אכלין** נעשו ונתקנו התשע ספירות דא"א, הנקראות היכלות, כי הם היכלות לשבעה תחתונות דעתיק יומין, **והיכלין לאו אינון נהורין** היכלות אלו לא מאירים בבחינת אור הנפש, **ולאו אינון רוחין** ולא בבחינת אור הרוח, **ולאו אינון נשמתין** ולא בבחינת אור הנשמה, **ולא אית מאן דקיימא בהו** ואין מי שעומד עליהם לדעת אם הם בחינת אור החיה, לפי שהם בחינת אור היחידה, **רעותא דכל תשע נהורין** הרצון של כל תשע ספירות דא"א, **קיימי כלהו במחשבה** כולם קיימים בכח המחשבה של פרצוף עתיק יומין המתלבשת בהם, **דאיהי חד מניהו בחושבנא** כאשר שבעה תחתונות דעתיק יומין מתלבשים בפרצוף א"א, הרי הוא בחשבון עשר ספירות דא"א, **כלהו למרדף אבתרייהו** התשע ספירות דפרצוף א"א, כל רצונם לרדוף ולהשיג את המחשבה דפרצוף עתיק יומין, **בשעתא דקיימי במחשבה** בשעה שפרצוף א"א עומד ביחד עם המחשבה עם פרצוף דעתיק יומין, **ולא מתדבקן ולא אתיידיעו** אין א"א מסיג את עתיק, ועתיק לא נודע לא"א. **ואלין** הרדל"א דעתיק **לא קיימי לא ברעותא** לא מתלבשות בכתר דא"א הנקרא רצון, **ולא במחשבה עלאה** ולא במחשבה העליונה דא"א הנקראת מוחא סתימאה, **תפסין בא** תופסים מעט מהארת הרדל"א, **ולא תפסין** ולא תופסים, כלומר לא משיגים את הרדל"א, **באלין קיימין כל רזין דמהימנותא** ברדל"א דעתיק יומין קיימים כל סודות האמונה, **וכל אינון נהורין** כל אותם האורות, **מרזא דמחשבה עילאה** מסוד המחשבה העליונה שהוא הרדל"א, ומה שלמעלה מהרדל"א דעתיק, **כלהו אתקרון א"ס** כולם נקראים עולמות הא"ס, **עד הכא מטון נהורין** עד הרדל"א דעתיק מגיעים אורות הא"ס בהעלם גדול, **ולא מטון** וזה נחשב כאילו לא הגיעו, **ולא אתיידיעו** לא נודע מהותם אלו, **לאו הכא רעותא ולא מחשבה** אין השגה לא ברצון דא"א, שהוא הכתר ולא במחשבה, שהיא מוחא סתימא דא"א, ולא ברדל"א דעתיק.

28

בית לחם יהודה ש"א פ"ד ד"ג ע"ד – ומרזא דמחשבה עלאה ולתתא. כן תניא בשלוש מקומות הנזכרים בזוהר, ועו"ש. אומנם בהגוב"י הגיה משם הגר"א ז"ל שצריך לגרוס עלאה ולעילא, יעו"ש.

29

הגהות ובאורים)א(– הגר"א בתקוני זוהר חדש)י"ח ד'(הגיה שצריך לגרוס **ולעילא**, עיין שם, וכן הוא העיקר ופשוט הוא. ה"ר שב"ח **)אח"י** - הרב בעל הלשם(.

30

שערי קדושה, חלק ג' פרק א' – הנה המאציל העליון אשר האציל כל העולמות, נקרא אין סוף, ואין בו שום תמונה, לא בשם, ולא באות, ואפילו בקוצי האותיות כלל, ולכן אפילו ההרהור אסור בו. והאציל חמשה עולמות, זה נשמה לזה, וזה לזה, והן אדם הקדמון הנזכר בספר התיקונים)בתקון י"ט ובריש תיקון ע' ובכמה מקומות(. **ובלשון הגאונים נקרא צחצחות**, השני עולם האצילות, השלישי עולם הבריאה, הרביעי עולם היצירה, החמישי עולם העשיה. ואלו החמשה עולמות נקראו הוי"ה אחת, כי קוצו של יו"ד הוא א"ק, והיו"ד אצילות, וה"א ראשונה בריאה, וה"א יצירה, וה"א אחרונה עשיה. ולפי שא"ק לרוב העלמו אין לו תמונת אות, אלא קוצו של יו"ד, כי האין סוף אפילו תמונת קוץ אין לו, לכן אין אנו מזכירין לעולם אלא ארבעה עולמות, אצילות בריאה יצירה עשיה. כי הם אותיות גמורות, וארבעתם יחד נקראים שם הוי"ה.

31

שמן ששון ש"א ענף ד' אות א' דף ב' ע"ג – תפליא ותשתומם בראותך כמה מדרגות על מדרגות לאין קץ ומספר, קדמו לעשר ספירות דאצילות וכו'. וכמו שכתב בענף זה בסוף)צריך לגרוס סוף ענף ה'(. והנה הגאונים וכו', קראום עשר צחצחות על כתר עליון וכו', עד כאן. והוא א"ק כנזכר לעיל. ועיין שער הקדושה למוהרח"ו חלק ג' שער א' דף כ'. **גם דע דיש** כמה בחינות אחר הצמצום, עד שיצא בחינת אדם קדמון, שהוא אויר קדמון, טהירו, ואחר כך אדם קדמון. ועיין בדרוש המלבוש, ומרוב היותו מקום עליון, לא גילה רבינו כאן, ואין דרוש הנזכר מצוי אלא ביד יחידי סגולה. ורצוני היה לכותבו כאן, **אבל יראה ורעד יבוא** בראות סודות נעלמים כאלו, ועל כן לא שלחתי ידי להעתיק הדברים כאן, ואם יהיה אלהי"ם עמך, בהיותך תמים לו, אז תזכה לו, ולא ימנע טוב להולכים בתמים.....

ולכן[34] מותר לנו ללמוד ולבאר מבחינת א"ק ולמטה, כאשר שהם בכללות נקראים העולמות א"ק ואבי"ע, כאשר כל אחד מהם מתחלק לאלפים ורבבות של עולמות, ובכל עולם ועולם יש בכללות עשר ספירות, שמתחלקים לי"ז אלף ריבוא ספירות פרטיות ((170,000,000)) 170 פרטי ספירות, ר"ל 170 מליון פירטי ספירות!!!)

ואם[35] תשים עיני שכלך, לדייק היטב כל המלות המיותרות, והכפולים, והרמוזים הנרמזים אל המבין במאמרים הנזכרים לעיל אם האלהי"ם יהיה עמך, מפני שהרב ז"ל לא גילה בחינות אלו בכתביו הקדושים, תפלא ותשתומם בראותך כמה מדרגות על מדרגות עולמות על גבי עולמות ופרצופים על גבי פרצופים לאין קץ ומספר קדמו להעשר ספירות, הנקראים אצלנו בשם עשר ספירות דעולם האצילות, והמעיין בזיבורינו זה, אם יזכה, ידע, ויבין, ויעמוד על מתכונתם כי[36] לא ימנע טוב להולכים בתמים, וכמו שיתבואר בענף ה' דשער זה, בסוף הדרוש[37].

32

ע"ח סוף הקדמת רבי חיים ויטאל – להרח"ו, דע כי קצת מחברינו כתבו להם ספרים, מה ששמעו ממורי זלה"ה וזולתו על שמו, וכולם כתבו הדברים בתוספת וגרעון, כפי בחינת הכותבים, וידיעתן, ובהבנתן, הניחו מקום למה קושיות. **לכן אין לסמוך על אותן הספרים וצריך להרחיק מהם**. ודע כי כל מה שכתבתי כאן הכל שמעתי ממורי זלה"ה, לכן כתבתי הכל בחיבור אחד, לבד ומה ששמעתי מהחברים משם מורי זלה"ה, מה שדרש וגילה להם קודם שלמדתי עמו, הכל כתבתי גם כן לבדו, ועל שם אמרו **מפי מורי זלה"ה**.

33

גמרא ערובין ד"ק ע"א – שב ואל תעשה עדיף.

34

כרם שלמה ש"א ענף ד' אות ד' – ומה שכתב ועם היות כי אין קצבה וכו' וכו'. מה שאמר שאין קצבה, הוא על הפרטות שלהם. דהיינו **בא"ק עצמו יש אלפים ורבבות עולמות דא"ק**, וכולם נקראים הכללות של העולמות בשם א"ק. וכן באצילות יש **אלפים ורבבות**, וכולם נקראים עולמות דאצילות. וכן בבי"ע. אבל השמות של הכללות שלהם אינם אלה חמשה מיני שמות, והם **א"ק, ואצילות, ובריאה, ויצירה, ועשיה**. כי הואיל וכל וכל ספירה מהם נפרטת לי"ז אלף ריבוא, ודאי הוא שאין להם מספר וקץ, וכולם של א"ק, וכן אין מספר וקץ, וכולם של אצילות. וכן בבי"ע.

35

כרם שלמה ש"א ענף ד' אות ג' – ואם תשים עיני שכלך לדייק היטב כל המלות וכו', האמת הוא שהרב ז"ל כך כתב, אבל לנו לא גלה בע"ח, כי אם עולמות אח"פ, וא"ק עצמו, והעולמות האין מספר לא גילה אותם לנו, ולא אמר לנו היכן מקומם, ומה שמם, והיכן יושבים, אם הם קודם א"ק, או ממנו ולמטה, כי ממנו מסתעפים הם. ובשער ההקדמות כתב - **שא"ק נקרא ז"א לגבי הקודם אליו**, משמע שיש קודם לו עולמות. ולכן מה שכתוב לגבי עליות העולמות בשער הכוונות, ובשער מאמרי רשב"י פרשת קדושים, שא"ק עולה כמה מעלות אילו לא חטא אדם הראשון, משמע שיש מקומות. והמקובלים, שהם תלמידי האריז"ל אומרים, שהרב ישראל סרוג קבל פה אל פה מהאריז"ל, **שיש עולמות למעלה מא"ק**, והם אדם קדמאה סתימא, והטהירו, ואויר קדמון. וכן מורינו הרב מאיר פפירס כך סידר בהאילן שלו. ועיין בספר עמק המלך, כמה וכמה דרושים באורך ורוחב על עולמות האלו. **אבל אנחנו אין לנו רשות לדבר בהם ולהזכירם**, ואין אנחנו יודעים ממנה מאומה. הואיל ואינם כתובים על ידי מוהרח"ו ז"ל, ולכן האדם המבין והשומע דברי רבינו מוהרח"ו ז"ל, **אשר צוה אותנו אזהרה מפי רבו, ששאר התלמידים אינם בעלי סמכא לסמוך עליהם**, לכן שב ואל תעשה עדיף, ואין לנו רשות לדבר בהם.

36

וְהִנֵּה [38] [39] **הַגְּאוֹנִים** [40] הָרִאשׁוֹנִים הִסְתִּירוּם בִּתְשׁוּבוֹתֵיהֶם **בְּמֶתֶק לְשׁוֹנָם, וּקְרָאוּם עֶשֶׂר צַחְצָחוֹת** [41] **עַל** [צריך לגרוס גַּבֵּי] הַכֶּתֶר **הָעֶלְיוֹן**, שהוא עתיק יומין דאצילות, ומעליו עומדים עשר ספירות דא"ק, הנקראים צחצחות, **וְכַיּוֹצֵא בַּדְּבָרִים אֵלּוּ. וְעִם הֱיוֹת כִּי אֵין קִצְבָה אֶל** פירוט פרטים של **הָעוֹלָמוֹת שֶׁבַּמָּקוֹם הַזֶּה, כִּי הֵם** נפרטים **לַאֲלָפִים וּרְבָבוֹת** עולמות. **עִם כָּל זֹאת נְבָאֵר** במקום גבוה זה **קְצָת מַה שֶׁיֵּשׁ בְּיָדֵינוּ יְכֹלֶת** להשיג **וּלְבָאֵר בַּמָּקוֹם הַזֶּה**, הגבוה הַזֶּה, והוא מבחינת א"ק ולמטה, וכל זה **דֶּרֶךְ קְצָרָה.**

כְּבָר נִתְבָּאֵר כי הנאצלים לא יכולים לקבל את אור הא"ס, אלא אך ורק דרך בחינה ממוצעת, הנקראת [42] **כֶּתֶר**, שיש בו גם בחינת המאציל, וגם מבחינת הנאצל. וכן [43] בבחינת כללות העולמות, א"ק הכולל הוא בחינת כתר של העולמות, הנרמז בקוצו של י' דהוי"ה.

תהלים פ"ד י"ב — כי שמש ומגן הוי"ה אלהי"ם חן וכבוד יתן הו"ה לא ימנע טוב להלכים בתמים.
37

ע"ח ש"א ענף ה' מ"ק דט"ו ע"א — עוד צריך להבחין פרטי פרטים, אם מדבר בעשר ספירות דעיגולים, או בעשר ספירות דיושר, ואם במקיף, ואם באור פנימי, ואם בעצמות, או בכלים. וגדולה מכולם צריך להבחין כי אופני העשר ספירות, ומצבן, ומעמדן, חסרונם, ומילואם עצמו מספר. אם בעת שנאצלו. אם בעת קיטרוג הלבנה. אם בעת בריאת אדם הראשון. ואם בעת שחטא, שנשתנו כל העולמות. אם בדור המדבר. אם בבית ראשון, ואם בעת חורבנו. ואם בבית שני, ואם בעת חורבנו. גדולה מכולם אם בחול, אם בשבת, או ביום טוב. אם ביום, ואם בלילה. ולא עוד אלא שבכל שעה ושעה משתנים העולמות, ואין שעה זו דומה לשעה זו, ומי שמסתכל בענין הילוך המזלות וכוכבים, ושינוי מצבן ומעמדן, ואיך ברגע אחד הם באופן אחר, והנולד בו יקרה לו מאורעות שונות, מהנולד ברגע שקדם לזה. **ומזה יסתכל ויבין בעולמות העליונים שאין להם קץ ומספר**. ואם תפקח עיני שכלך, תדע ותשכיל זו ממוצא דבר, כי אין שכל בלב אדם לעמוד על כל פרטים. ועל זה אמר דוד המלך ע"ה - גל עיני ואביטה נפלאות מתורתיך. ושלמה המלך ע"ה, שכתוב בו ויחכם מכל אדם, אמר - אמרתי אחכמה והיא רחוקה ממני. ולך וראה מה שכתוב בספר התיקונים, תיקון כ"ב דף ס"א במה שכתב - קם רבי שמעון ואמר, סבא סבא כו', ולבושין דאיהו לביש בצפרא, לא לביש ברמשא, ולבושא דלביש ביומא דא, לא לביש ביומא תנינא. ובזה תבין איך משתנה מעמד ומצב העולמות, שהם הלבושין של א"ס, לכמה שינויין בכל עת ורגע, וכפי השינויין ההם כך נשתנו בחינת המאמרים של ספר הזוהר.
38

בית לחם יהודה ש"א פ"ד ד"ג ע"ד — והנה הגאונים וכו'. הם רב האי גאון ז"ל ואבותיו, כנזכר בפרדס, בפרק א' דשער הצחצחות, יעו"ש.
39

הפרדס לרמ"ק)עסיס רמונים(שער צחצחות פ"א ד"ל ע"ג — המגלה הראשון בענין הצחצחות הוא הגאון רב האי ז"ל.
40

הַשְּׁמֵשׁ]א[– הראשונים.
41

כרם שלמה ש"א ענף ד' אות ד' — והנה הגאונים הסתירום במתק לשונם וקראום עשר צחצחות על גבי כתר עליון וכו'. פירוש, **כתר עליון הוא עתיק יומין דעולם האצילות הידוע**. והעשר ספירות של א"ק, הם על גבי עתיק יומין, ונקראים בשם צחצחות על גבי כתר עליון, ופשוט.
42

ע"ח ח"ב שמ"ב פ"א מ"ת דפ"ט ע"ב — וביאור הדבר, כי הנה בהכרח הוא שתהיה מדרגה אמצעי בין המאציל אל הנאצל, כי יש הרחק ביניהן כרחוק השמים מן הארץ, ואיך יאיר זה בזה, ואיך יברא זה את זה,

ובראשונה נתחיל לבאר **פרט אחד** מכל פרטי העולמות והפרצופים, והוא בחינת א"ק הכולל, **אשר הוא כולל** בבחינת העיגולים שלו **ותופס** בבחינת היושר שלו **כל מקום החלל הזה, אשר מן פרט זה** הנקרא א"ק שהוא שורש ומקור לכל מה שמתחתיו, וממנו **מתפשטים כל העולמות כולם** והם ענפיו, **ובו נתלים** העולמות דבחינת ע"ב דע"ב שאין לנו רשות להתבונן בהם, ובחינת עולמות האח"פ, הנקראים ע"ב דס"ג, ובחינת עולם הנקודים הנקרא פנימיות סמ"ב דס"ג וחיצוניות ב"ן דעסמ"ב דב"ן היוצאים דרך העינים דא"ק, ועסמ"ב דמ"ה היוצא דרך המצח דא"ק לתיקון העולמות, **ובו הם נאחזים** לקבל חיותם **וממנו, הם יוצאים ונתגלים בזיווג** ומלבישים אותו, **כמו שנבאר בע"ה.**

אמנם הפרט הזה הוא נקרא **בשם א"ק לכל הקדומים** משום שהוא קודם לכל הנאצלים שנאצלו אחריו, **ואשר הוא קודם לכל הנמצאים** והם עולמות אבי"ע **כמו שנבאר בע"ה. ולרוב מעלות** בחינת **הא"ק, לרוב גודל** מעלתו והעלמו, **לא שלזו בו** יד **להתעסק בספר הזוהר, כי אם בקצת מקומות מועטים, ואף גם זה היה בדרך העלם גדול, ואזכיר קצתם בתיקונים** ר"ל בתיקוני הזוהר הקדוש, ולרב ז"ל

שהם שתי קצוות, אם לא היה דבר ממוצע ביניהן, ומחברם, **ויהיה בחינה קרובה אל המאציל**, וקרובה אל הנאצל. והנה בחינה זו הוא **כתר**, הנקרא תהו, כי אין בו שום יסוד, כי על כן אינו נרמז בשם הוי"ה כלל, רק בקוצו של יו"ד. **אמנם הוא בחינת אמצעי כנזכר לעיל.** והוא, כי הנה כתר הוא דוגמת החומר הקודם הנקרא היול"י, שיש בו שורש כל הארבעה יסודות בכח ולא בפועל, ולכן נקרא תהו, כי הוא מתהא מחשבות בני אדם, באמרם הנה אנחנו רואים שאין בו צורה כלל, ועם כל זאת אנחנו רואים שהוא נאצל, ויש בו כח הארבעה צורות. נמצא כי אפשר לקוראו א"ס ומאציל, כמו שהוא דעת קצת המקובלים, שהא"ס הוא הכתר, ואפשר לקוראו בשם נאצל, כי ודאי א"ס גדול ממנו. ועל כן הזהירו בו חכמים - במופלא ממך אל תדרוש. אמנם תכלית מה שאנו יכולים לדבר בו הוא, כי הכתר הוא **בחינה ממוצע ממאציל ונאצל**, והטעם הוא כי הבחינה היותר האחרונה מכל האפשר בא"ס, הוא אשר האציל בחינה אחת אשר בה שורש כל העשר ספירות בהעלם ודקות גדול, שאי אפשר להיות לנאצל יותר דקות ממנו, כי תהו אשר למעלה ממנו, אין עוד זולת האפס המוחלט כנזכר לעיל. ונמצא כי יש בבחינה זו שני מדרגות, אחת הוא הבחינה היותר תחתונה ושפלה מכל בחינת א"ס, וכאלו נאמר דרך משל שהוא בחינת מלכות שבמלכות, ואף על פי שאינו כך, כי אין שם דמות וספירה ח"ו כלל, רק לשכך האזן נדבר כך. והנה בזו המדרגה התחתונה שבא"ס, יש בה כללות כל שלמעלה ממנו, ומקבלת מכולם, כנודע שהמלכות מקבלת מכולם, מדרגה זו התחתונה היא האצילה את בחינה השנית, שהיא המדרגה העליונה מכל מה שבכל הנאצלים, ויש בה שרש כל הנאצלים, והיא משפעת לכולם, **באופן שהיותר קטן מכל המאציל, האציל היותר מובחר שבכל הנאצלים, ואין ביניהן מדרגה אחרת כלל**, כי אחר המאציל הזה אין נאצל יותר קרוב אליו, ודומה לו כזה. וכללות שתים אלה הבחינות היא בחינה אחת הנקרא **כתר**, שבערך בחינה הראשונה אשר בה, קראוה קצת מקובלים א"ס, ובערך בחינה שניה שבה, קראו קצת המקובלים כתר, שהוא במנין העשר ספירות. אבל אנחנו סברתינו לא כדברי זה, ולא כדברי זה, **אלא היא בחינה אמצעית בין א"ס לנאצלים**, ויש בה בחינת א"ס ובחינת נאצלים, ושתי בחינות אלו הם הנקרא עתיק וא"א, ושניהן נקרא כתר כנודע אצלינו, והבן זה מאד.

43

כרם שלמה ש"א ענף ד' אות ה' – כי אי אפשר לאור א"ס להתגלות בהנאצלים, ויוכלו העולמות לקבל אורו, בלי שיהיה ביניהם בחינת אמצעי, אשר כולם נשפעים על ידו, והוא הכתר. והכתר של כללות העולמות כולם הוא **א"ק הכולל**, אשר אורכו ורוחבו כל כך הוא גדול, עד שהוא תופס כל גדלות המקום החלל הזה. הואיל וכל העולמות מתפשטים ממנו, והואיל ומתפשטים ממנו, לכן כולם הם נאחזים בו.

יש שלוש מקורות לדברי קודשו. **הראשון**, בתיקוני הזוהר **סוף תיקוּן י"ט דף** מ"א ע"ב[44] וז"ל –
אמר ליה אמר לו **אי הכי אשתמודע דאית** אם כן נודע מזה שיש **א"ק לכל הקדומים**
אדם קדמון לכל הקדומים **ואית אדם אזור** ויש אדם אחר **כו'.** **השני גם ריש תיקון ע' דף** לא
גורסים **קי"ט** אלא צריך לגרוס[45] ק"כ ע"א וז"ל[46] – **אמון** אמון)שהוא בחינת אומן(**מופלא** נעלם **רקם**
וצייר צייורא בהיכליה צייר ציור בהיכל, שהוא המלכות **דא"ק לכל הקדומים** דאדם קדמון
לכל הקדומים, **דאית אדם** יש אדם **כו'.** **והשלישי גם בתיקונים** ר"ל תיקוני הזוהר תיקון ע'
הנזכר לעיל בדף לא גורסים **קל"ב** אלא צריך לגרוס[47] קל"ג ע"א, וז"ל – **אשכוזנא ברזא**

44

תקוני הזוהר, תיקון י"ט דמ"א ע"ב עם ביאור ותרגום – **אמר ליה** אמר לו רבי אלעזר לרבי שמעון, **אי**
הכי אם כן שיש שם אהי"ה בא"ה שהוא כתר דאצילות, **אשתמודע דאית** נודע מזה שיש **אדם קדמון לכל**
קדומים יש פרצוף שהוא למעלה מא"א שהוא כתר דאצילות, שהוא בחינת קוץ של י' דהוי"ה, והוא לא נתפס
באות בכלל, **ואית אדם אחרא** ויש אדם אחר שהוא כללות עולם האצילות, **אמר ליה** אמר לו רבי שמעון לרבי
אלעזר, **ברי**, **הכי הוא ודאי** בני, כך הוא ודאי שיש עולם מעל עולם האצילות, והוא **אדם דברא ליה עלת**
העילות ועולם האצילות נברא מעולם א"ק, **בדיוקנא דיליה** בצורה שלו, ובחותמו **סתים וגניז** עולם האצילות
סתום וגנוז מכל השגה, **האי גרם דאסתלק עלת העילות** פגם האדם הראשון שאכל מעץ הדעת טוב ורע גרם
להסתלקות אור עילת העילות, שהוא א"ק, מעולם האצילות.

45

תקוני הזוהר, תיקון ע' דק"כ ע"א עם ביאור ותרגום – **א'** אות זאת היא סוד הכתר הרומזת על **אמון** שהוא
א"ק שהוא כתר לכללות העולמות, והוא האומן לתקון עתיק וא"א ושאר העולמות, **מופלא** הוא סתום ונעלם
ומתלבש בעתיק וא"א ושאר העולמות, **וצייר צייורא** א"ק צייר את פרצופי עתיק וא"א, **בהיכלא דאדם**
קדמאה דכל קדומים בהיכל שהוא אדם קדמון לכל הקדומים, שהם הארת שבעה תחתונות דמלכות דא"ק,
מתלבשת בעתיק, ושבעה תחתונות דעתיק שמתלבשים בא"א, **דאית אדם ואית אדם** יש אדם ויש אדם, א"ק
נקרא אדם בערך הא"ס המתלבש בו, כמו הנשמה שמתלבשת בגוף, ובאותו יחס הא"ס נקרא נשמה ביחס
לא"ק הנקרא אדם, **אית אדם** יש אדם בכל עולם ובכל פרצוף ובכל ספירה, **דלית ספירה דלא אתקריאת אדם**
כי אין ספירה שלא נקראת אדם, כי כל ספירה היא פרצוף שלם של עשר ספירות פרטיות. **אבל אדם קדמאה**
עלאה דכלהו אבל אדם קדמון הוא העולם הראשון שברא הא"ס ב"ה, **כתר עליון** כתר עליון דכללות
העולמות, **סתים וטמיר** הוא, ר"ל הארת מלכות דא"ק סתום וגנוז בפרצופי עתיק וא"א דאצילות, שהם כתר
דאצילות, ועולם האצילות מלביש את א"ק מטבורו ולמטה, **סתים דכל סתימין** סתום מכל הסתומים, כי פרצוף
עתיק סתום בתוך א"א, והוא סתום בתוך פרצופי או"א, **עילת העילות** והוא עילת העילות, וא"ס פועל
פעולותיו בעולמות על ידו של א"ק, **קדמון לכל קדומים** קדמון לכל הקדומים, שהם פרצופי האצילות ובי"ע,
בגין האי אדם קדמון **אתמר בעלת העילות** בשביל אדם קדמון הזה נאמר בעילת העילות, שהוא א"א, שהוא
עילת העילות של או"א, **ואהיה אצלו אמון** אצל א"ק נתגדלתי)ר"ל הא"ס(והוא היה האומן שלי, בציור
ובריאת העולמות והפרצופים.

46

הגהות ובאורים)ב(– וז"ל השמ"ש, נ"ב אמון גימטריא מ"ה וב"ן, סוד היושר והעגולים, ושלוש אמון דכתיב
בריש מדרש רבה רומזים לע"ב ס"ג מ"ה, שבכולם יש בחינה זו. ואית דאמרי אף אמון רבתי סוד ב"ן, עיין
בערכי הכינויים, עד כאן.

47

תקוני הזוהר, תיקון ע' דקל"ג ע"א עם ביאור ותרגום – **אשכחנא במתניתין** מצאתי בסודות של הבריתות
בעוסקות **ברזא דשרטוטין וצייורין וגוונין** בסודות של שרטוטי המצח והפנים, ציורי סימני הגוף, וגווני העין,
בסתרא דרזין טמירא דטמירין בסתרי הסודות הטמונים שבטמונים, כלומר בתוך עתיק וא"א שבעולם
האצילות טמון א"ק, **דאדם דבריאה** שהוא הפרצוף הראשון והוא א"ק, בערך לקו הא"ס שנקרא בערכו

דמתניתין מצאתי בסודות של הבריתות **בסתרא דסתרין טמירא דטמירין** בסתרי הסודות הטמונים שבממטונים, **דאדם**[48] **דבריאה**[49] והוא[50] א"ק בערך הא"ס הנקרא אצילות, **דאיהו קדמון לכל הקדומים** שהוא קדמון לכל הקדומים, ר"ל לאבי"ע.

ונתחיל לבאר הענין, דע כי האורות הראשונים אשר נאצלו תוך המקום ההוא של החלל, דרך הקו היושר, המתפשט מן הא"ס הסובב את הכל, כנזכר[51] בענף ב' דשער זה, הם בבחינת העשר ספירות אשר זיבור כללותם נקרא א"ק לכל הקדומים, הנזכר לעיל ר"ל א"ק הקודם לעולמות אבי"ע. והנה[52] עשר הספירות דאדם קדמון הכוללים כל הבחינות הנזכרים בשער א' בענף ב', ובענף ג'. הלא הם אלו, כי בתחילה יצאו ונתגלו עשר ספירות אלו דא"ק בבחינת[53] עיגולים, שהם בבחינת נפש דא"ק הזה, ויש להם בבחינת עשר כלים בערך לאור שבתוכם, אבל בעצמותם הם בתכלית הזכות בערך לאורות דאצילות, והם **בצורת**

אצילות, א"ק נקרא בריאה, **דאיהו קדמון** שהוא קדמון לעולמות אצילות ובריאה, **לכל קדומים** שהם אצילות ובריאה, שהם קודמים לזו"ן.
48

בית לחם יהודה ש"א פ"ד ד"ג ע"ד – דאדם דבריאה דאיהו קדמון וכו'. כן נקרא א"ק בשם בריאה בערך הא"ס, כמבואר בריש פרק א' דשער ג', יעו"ש.
49

הגהות ובאורים)ג(– ונקרא כן לגבי הקו היושר המתפשט בו, ועיין לקמן בקיצור סדר אצילות ריש פרק א'.
50

ע"ח ש"ג פ"א מ"ב דט"ז ע"ב – ובבחינת היותו שניות לא"ס, **נקרא אדם דבריאה**, עם שהוא קודם אצילות.
51

ע"ח שער א' ענף ב' מ"ב די"א ע"ג – ושים לבך בדברים שיתבארו עתה, ומהם תשכיל כל מוצא דבר כי, שני הסברות נכוחות ואמיתים, כי שתי בחינות היו בענין העשר ספירות. אחד, הוא בחינת היותם עיגולים, בציור עשר עגולים זה תוך זה. וגם היה בהם בחינה אחרת, והוא היותם עשר ספירות ביושר, דרך שלוש קוים, כמראה אדם, בעל ראש, וזרועות, ושוקיים, וגוף, ורגלים, כמו שאכתוב היטב כולו בענפים בעזרת השם לקמן.
52

שער ההקדמות, דרוש א"ק ד"ח ע"א – והנה העשר ספירות א"ק הזה, הנה הם כוללים כל הבחינות הנזכרים לעיל, בהקדמות הנזכרים אשר אלו הם, כי הנה בראשונה נאצלו עשר ספירות בבחינת עיגולים, שהם בחינת נפש הא"ק, ויש להם בחינת עשר כלים בציור גלגלים עגולים, ובכל כלי מהם יש פנימותו חיצוניות, והכל נקרא בחינת כלי. ובו תוך כלי מהם יש בתוכו עצמות אור פנימי, הנקרא נפש, ומתלבש ממש בתוכו. ועוד יש בחינת אור מקיף סביב לו מבחוץ, וגם הוא בחינת נפש. והכל הוא בצורת עיגולים, והעיגול החיצון שבכלים אשר כל שאר העיגולים נתונים בתוכו, הנה הוא דבוק וקרוב עם הא"ס, והא"ס סובבו ומקיף עליו. והעיגול הזה החיצון מכולם **הוא המעולה והגדול שבכולם**, כנזכר לעיל. והוא נקרא עיגול ספירת הכתר שבא"ק. ותוך העיגול הזה מתעגל עיגול שני, הוא הנקרא עיגול ספירת החכמה של א"ק, ועל על דרך זה הם עשרה עיגולים זה בתוך זה, עד העיגול העשירי הפנימי, והוא נקרא עיגול ספירת המלכות של א"ק.
53

תרשים ד – ב.

עִגּוּלִים, וּבְכָל כְּלִי וכלי מֵהֶם יֵשׁ פְּנִימִיּוּת הכלי וְחִיצוֹנִיּוּת הכלי, וְהַכֹּל הוּא בִּבְחִינַת כֵּלִים. וּבְתוֹךְ כָּל כְּלִי וכלי מֵהֶם יֵשׁ בְּתוֹכוֹ עַצְמוּת אוֹר פְּנִימִי, הַנִּקְרָא נֶפֶשׁ, ר"ל נר"ן דנפש, הַמִּתְלַבֵּשׁ תוך כל כלי דא"ק, בְּתוֹכוֹ מַמָּשׁ, וְעוֹד יֵשׁ בִּבְחִינַת אוֹר מַקִּיף סְבִיבוֹ עצמות, וְגַם הָאוֹר המקיף הוּא בִּבְחִינַת נֶפֶשׁ ר"ל חיה ויחידה דנפש, וְהַכֹּל בִּבְחִינַת עִגּוּלִים גם פנימיות וחיצוניות הכלים, וגם האור הפנימי והמקיף. וְהָעִגּוּל הַחִיצוֹן שֶׁבְּכֻלָּם שהוא עיגול הכתר דא"ק, אֲשֶׁר כָּל שְׁאָר הָעִגּוּלִים בְּתוֹכוֹ, הוּא[54] דָּבוּק וְקָרוֹב אֶל הָא"ס, ר"ל הַקַּו[55] הַיּוֹרֵד מֵהָא"ס לֶחָלָל, הוּא הַדָּבוּק בָּא"ס, וקו זה מתעגל ועושה את עיגול ספירת הכתר. וָא"ס סוֹבֵב עָלָיו וּמַקִּיף סְבִיבוֹ[56] ר"ל אור הא"ס לספירת הכתר דא"ק דעיגולים מרחק מה של החלל, כלומר אם היה הכתר דא"ק דבוק ממש בא"ס, היה הכתר דא"ק הופך להיות גם כן א"ס, וְהָעִגּוּל הַזֶּה דכתר דא"ק הוא הַחִיצוֹן מִכֻּלָּם, הוּא הַמְעֻלֶּה וְהַגָּדוֹל שֶׁבְּכֻלָּם, כַּנִּזְכָּר [די"ג ע"ג 26 בְּעָנָף ג'[57] דשער זה, וְהוּא בִּבְחִינַת עִגּוּל כֶּתֶר דָא"ק, וכן[58] הוּא בבחינת[59] היושר דא"ק הנקרא רוח.

54

שמן ששון ש"א ענף ד' אות ג' ד"ב ע"ד – והעיגול החיצון שבכולם וכו'. הנה הוא דבוק וקרוב שם הא"ס וכו'. דע דדיבוק קאי על קו, וקרוב קאי על הא"ס דמקיף. דברי שלום שם, ועיין עוד שם.

55

ע"ח ש"א ענף ב' מ"ב די"א ע"ד – והנה אחר הצמצום הנזכר לעיל, אשר אז נשאר מקום החלל ואויר פנוי וריקני, באמצע אור הא"ס ממש כנזכר לעיל, הנה כבר היה מקום שיוכלו להיות שם הנאצלים, והנבראים, ויצורים, והנעשים, **ואז המשיך מן אור א"ס קו אחד ישר, מן האור העגול שלו, מלמעלה למטה**, ומשתלשל ויורד תוך החלל ההוא כזה. **וראש העליון של הקו נמשך מן הא"ס עצמו ונוגע בו**. אמנם סיום הקו הזה למטה בסופו אינו נוגע באור א"ס, ודרך הקו הזה נמשך ונתפשט אור א"ס למטה.

56

ע"ח ש"א ענף ב' מ"ב די"א ע"ד – והנה בהיות אור הא"ס נמשך בבחינת קו ישר תוך החלל הנזכר לעיל, לא נמשך ונתפשט תכף עד למטה. אמנם היה מתפשט לאט לאט, ר"ל כי בתחילה התחיל הקו האור להתפשט שם, ותכף בתחלת התפשטותו בסוד קו, נתפשט ונמשך ונעשה כעין גלגל אחד עגול מסביב, **והעיגול הזה היה בלתי דבוק עם אור הא"ס הסובב עליו** מכל צדדיו, **שאם יתדבק בו יחזור הדבר לכמות שהיה, ויהיה מתבטל באור א"ס**, ולא יתראה כחו כלל, **ויהיה הכל אור א"ס לבד כבראשונה**. לכן העיגול הזה **סמוך אל עיגול הא"ס ובלתי מתדבק בו**. וכל עיקר **התקשרות ודביקות העיגול הנאצל ההוא עם א"ס המאציל, הוא על ידי הקו ההוא** הנזכר לעיל, אשר דרך בו יורד ונמשך אור מן א"ס, ומשפיע בעיגול ההוא, והא"ס סובב ומקיף עליו מכל צדדיו.

57

ע"ח ש"א ענף ג' מ"ב די"ג ע"א – והעגולים הם בבחינת אחת, כי המעולה מחבירו סובב ומקיף על חבירו והעגולים היותר פנימים תוכניים מכולם הם היותר גרועים מכולם, הלא המה הרקיעים והגלגלים הסובבים על עולם השפל שהם נתונים תוך כל העגולי באמצע כולם.

58

תרשים ד – ג.

59

וְתוֹךְ עִגּוּל זֶה של הכתר דא"ק **מִתְעַגֵּל עִגּוּל שֵׁנִי, הַנִּקְרָא עִגּוּל וְחָכְמָה דְּא"ק,** וְכֵן עַל דֶּרֶךְ זֶה עֶשֶׂר עִגּוּלִים דא"ק זֶה תּוֹךְ זֶה, עַד עִגּוּל הָעֲשִׂירִי, הַפְּנִימִי שֶׁבְּתוֹךְ כֻּלָּם, וְהוּא נִקְרָא עִגּוּל דְּמַלְכוּת דְּא"ק. נִמְצָא כִּי אֵלּוּ הָעֶשֶׂר עִגּוּלִים דְּא"ק, הֵם מַקִּיפִים בתוך **כָּל הֶחָלָל הַזֶּה,** הנמצא דרך משל **בְּתוֹךְ** אמצע אור **הָא"ס,** והמר"ל עיגולי א"ק **קְרוֹבִים אֵלָיו** בערך שאר הנאצלים, **וְהָא"ס** האמיתי סובב וּמַקִּיף עֲלֵיהֶם מִסָּבִיב.

צָרִיךְ לָדַעַת כִּי[60] בחינת הצמצום הוא שורש גלוי הדין, וגילוי זה נתן מקום להאציל את הנאצלים. **עוֹד צָרִיךְ לָדַעַת** כִּי הכלים הם בחינה של דין בערך האורות שבתוכם, הנקראים חסד. ובמקום רם ונשגב, שהוא עולמות א"ק, הרב ז"ל לא מזכיר בחינת דין או בחינת כלים בא"ק. אֲבָל **צָרִיךְ לָדַעַת כִּי לְכָל אוֹר שֶׁיִּהְיֶה בְּחִינַת כְּלִי,** כִּי אור בלי כלי הוא בחינת א"ס. **וְלָכֵן נִקְרָא כְּלִי בְּעֶרֶךְ לָאוֹר הַמִּתְלַבֵּשׁ בּוֹ,** כלומר גם לא"ק יש בחינת כלים, שהם בתכלית הזכות, אבל ביחס לאורות א"ק הם נקראים כלים. **וְלָכֵן** אסור לנו התחתונים לדבר על בחינת כלים בא"ק, ואפילו באורות אוזן חוטם היוצאים ממנו, ומלבישים אותו. רק מאורות הפה, הנקרא עולם העקודים, אפשר לדבר על בחינת כלי. ועל בחינת כלים אפשר לדבר מעולם הנקודים.

וְאָמְנָם[61] **בְּאֶמְצַע עֶשֶׂר עִגּוּלִים אֵלּוּ** דא"ק, שהוא[62] עיגול המלכות דא"ק, **נִשְׁאַר מָקוֹם חָלָל אֲוִיר פָּנוּי, לְצוֹרֶךְ שְׁאָר הַנֶּאֱצָלִים** שהוא עולם האצילות, על כל הפרצופים שבו, **וְשָׁאַר**

עֵץ חַיִּים שַׁעַר א' עֶנָף ג' מ"ב דִּי"ב ע"ד – וכן בחינת עשר ספירות דיושר, בציור אדם, יש בו כל הבחינות האלו בעצמם כמו כן. אמנם החילוק שיש בין העגולים להיושר הוא כי עשר ספירות דעגולים הם בחינת האור הנקרא נפש, ויש בהם אור פנימי, ואור מקיף, פנימי וחיצון שיש לה, בחינת עשר ספירות של כלים, ובכל כלי מהם יש בו פנימיות וחיצוניות, וגם יש עשר ספירות של אורות, לכל אור יש בו אור פנימי, ואור מקיף. **אֲבָל הָעֶשֶׂר ספירות דיושר, הם בְּחִינַת הָאוֹר הַנִּקְרָא רוּחַ,** שהוא מדרגה גבוה על מדרגת הנפש כנודע, גם הם כלולים מאור פנימי, ואור מקיף. גם יש להם עשר ספירות דכלים, ובכל כלי מהם יש בו פנימיות וחיצוניות.
60

מְבוֹא שְׁעָרִים שַׁ"א ח"א פ"א ד"א ע"ב – וזהו ענין מה שאמרו רז"ל, כי תחילה ברא השם יתברך העולם במידת הדין, ואחר כך שיתף עמו מידת רחמים. הכוונה, **כִּי בְּעֵת עֲשִׂיַּת הַמָּקוֹם עַל יְדֵי הַצִּמְצוּם, הָיָה הַמְדַּת הַדִּין,** ואחר שנאצלו העולמות בתוך המקום. ואור הא"ס נתלבש בתוכם, כמו שנבאר בע"ה, אז היה מדת רחמים. **וְהִנֵּה גַם אֲשֶׁר צִמְצוּם הַזֶּה הָיָה דִין,** נקרא מקלקל על מנת לתקן, **כִּי הָיָה בְּהֶכְרֵחַ לְהִתְגַּלּוֹת שׁוֹרֶשׁ הַדִּין אַז תְּחִילָה,** כי כל כוונת האצילות העולמות היה לברר העולמות, כנזכר במבוא שערים. והנה זה היה הצמצום הראשון של אצילות כל העולמות. ונראה לעניות דעתי כי הנקודה האמצעית של הא"ס, **שָׁם הָיָה כֹחַ שוֹרֶשׁ הַדִּין,** שנתגלה אחר כך למטה, וממנה נעשה המקום שהוא דוגמת הכלי. וּמַה שֶׁסּוֹבֵב עַל הַנְּקוּדָה הַהִיא, נמשכו חיצוניות העולמות, ומהיותר סובב נמשך פנימיות. **וְדִי בָּזֶה שֶׁלֹא נֶחֱטָא.** והזהר שאל תחשוב כי שם בנקודה ההיא היה גילוי דין ח"ו.
61

כֶּרֶם שְׁלֹמֹה שַׁ"א עֶנָף ד' אוֹת ז' – מה שכתב באמצע עשר עיגולים. פירוש, **הוּא עִגּוּל דְּמַלְכוּת דָּא"ק,** אשר בתוך העיגול הזה יש עשרה עיגולי עתיק דאצילות, ובתוכו עשר עיגולים א"א, ובתוכו עשר עיגולים או"א, וכו', וכו'. עד שבאמצע הכל הוא **עִגּוּל מַלְכוּת דְּעֲשִׂיָה.** נמצא שכל העולמות שמאחר א"ק ולמטה, כולם נאצלו בתוך החלל הזה, שהוא החלל דמלכות דא"ק)שהוא מלכות דא"ק(. ופשוט.
62

תרשים ד – ד.

הָעוֹלָמוֹת והפרצופים[63] דבי"ע, שהם פרצופי עתיק, א"א, או"א, וזו"ן דכל עולם ועולם, **אֲשֶׁר גַּם הֵם בִּבְחִינַת עִגּוּלִים זֶה תּוֹךְ זֶה**, כנזכר לעיל בָּעֶנֶף[64] ג' דשער זה, **וּכְבָר נִתְבָּאֵר גַּם כֵּן שָׁם** בענף[65] ג' דשער זה **מְצִיאוּת הֱיוֹת הַכֵּלִים** הראשונים **אֵיךְ הָיְתָה, כִּי עַל יְדֵי צִמְצוּם** שהוא גילוי שורש הדין **שֶׁצִּמְצֵם הָא"ס עַצְמוֹ** והסתיר את כחו הבלתי תכליתי, שהוא בחינת אור החסד, וגילה את כוחו בעל התכלית, **נִתְמַעֵט הָאוֹר וְנִתְגַּלּוּ הַכֵּלִים, וְאַחַר כָּךְ חָזַר הָאוֹר** דא"ס **לְהִתְפַּשֵּׁט תּוֹךְ הַכֵּלִים הָהֵם דא"ק. וּבָזֶה[66] אַל תִּטְעֶה חֲלִילָה כִּי בָּא"ק יֵשׁ בִּבְחִינַת כֵּלִים** בכח[67] **מַמָּשׁ זז"ו** הרי הם בתכלית הזכות, אלא ביחס האור שבתוכם נקראים כלים, **כִּי[68] הִנֵּה בִּבְחִינַת כֵּלִים לֹא נִתְגַּלּוּ רַק מִן עוֹלָם** העקודים שבו[69] היה כלי אחד, ובתוכו

63

תרשים ד – ה.

64

ע"ח ש"א ענף ג' מ"ב די"ג ע"א – מלבד מה שמאיר בהם עיקר הארה האמיתית גדולה וממשית, דרך קו המתפשט ממנו, ונמשך בתוך כל העולמות האלו כנזכר לעיל. **וכל עולם ועולם מהם, וכל פרט ופרט שבכל עולם ועולם**, יש בו שתי בחינות הנזכרים לעיל, שהם העיגולים והיושר. והעגולים הם בבחינה ראשונה, כי המעולה מחבירו סובב ומקיף על חבירו, והעיגולים היותר פנימים תוכניים מכולם, הם היותר גרועים מכולם, הלא המה הרקיעים והגלגלים הסובבים על עולם השפל, שהם נתונים תוך כל העיגולים באמצע כולם. אבל היושר הוא להפך, כי היותר פנימי הוא עליון ומעולה מכולם, וחיצון שבכולם הוא יותר גרוע מכולם, ויושר זה מלביש לזה, וזה לזה, עד שהגרוע שבכולם הוא מלביש לכולם, והבן כל זה היטב.

65

ע"ח ש"א ענף ג' מ"ב די"ג ע"א – תוכל להבין עתה ענין סיבת הצמצום אשר צמצם הא"ס את עצמו, באמצעית האור שלו, להניח מקום חלל וריק כנזכר לעיל בענף ב'. **והענין הוא כדי לעשות בחינת כלים**. כי על ידי צמצום האור ומעוטו, **יש אפשרות אל הכלי להתהוות ולהתגלות**, ובהתרבות האור יתבטל הכלי ממעוט כחו, לקבל האור הרב והגדול.

66

ע"ח ש"ז פ"א מ"ק ד"ל ע"א – הנה קודם מציאות העקודים, לא היה האור העליון יכול להתלבש בשום כלי, כי לא היה יכולת בכלים לסובלו, ושם היה האור בלתי מתלבש בכלי. עד שהגיע התפשטות האור הגדול ההוא אל בחינת העקודים, ושם נעשה מציאות כלי אחד אל האור הגדול ההוא, ואז התחיל האצילות להיות בו איזה מציאות הגבלת האור, מה שלא היה יכול להיות הדבר עד עתה.

67

דברי שלום ש"א פ"ד דכ"ז ע"א – על ידי צמצום שצמצם הא"ס את עצמו, נתמעט האור ונתגלו הכלים וכו'. והוא כמו שכתב בשער ו' פרק ב', **כי בודאי הוא שבבחינת הכלים היו בכח**, כי היו בבחינת האור היותר עב. וגם רק שהוא מחובר בו בעצם הטב, ולכן לא נתגלה בחינתו. וכשחזר האור לעלות למקומו, הנה אותו בחינת האור הגס קנה עתה עביות יותר, ונשאר בבחינת כלי, יע"ש.

68

בית לחם יהודה ש"א פ"ד ד"ג ע"ד – כי הנה בחינת כלים לא נתגלו רק מן עולם הנקודים ואילך. עיין הגהות מהרב יעקב צמח ז"ל, מאי דקשיא ליה מסוף פרק ד' דשער ט', דהתם כתב רז"ל שלא התחיל בחינת כלי רק בעולם העקודים, ותרץ דכלי אחד לבד היה בעקודים, ולא עשרה כלים. ונראה לעניות דעתי לתרץ והוא כמו שכתב רז"ל בריש פרק א' דשער העקודים וז"ל - והנה כיון שכבר נתחברו אורות המקיפין והפנימים יחד)בפה דא"ק(, לכן מכאן מתחילין להתהוות בחינת כלים,)כלומר ולא למעלה מזה באורות האזן והחוטם(אלא שהם זכים בתכלית הזיכוך, יע"ש. מבואר מזה דכלים דעקודים היו זכים בתכלית הזיכוך וכו', ואינם

עשרה אורות, ועולם **הַנְּקוּדִים** ובו היה גילוי של עשר[70] כלים, והוא עולם האצילות לפני התיקון **וְאֵילָךְ,**
כְּמוֹ שֶׁיִּתְבָּאֵר בְּעָ"ה, עם כל זאת לאורות האח"פ שיצאו חוצה לא"ק, יש[71] בחינת שרשי כלים[72].

וּמַה שֶּׁאָנוּ מְכַנִּים גם הא"ק **אוֹתָם בְּשֵׁם כֵּלִים, הוּא** אַךְ ורק **בְּעֶרֶךְ הָאוֹר**
וְהָעַצְמוּת דנרנח"י **אֲשֶׁר בְּתוֹכָם. וְאָמְנָם הַכֵּלִים** דא"ק **בְּעַצְמָן, הֵם אוֹר זַךְ**
בְּתַכְלִית הַזַּכּוּת וְדַקּוּת וְהַזֹּהַר בערך לעולמות אבי"ע, **וְאַל תִּטְעֶה עוֹד בְּעִנְיָן זֶה,**
ואין לנו רשות לכנותם בשם כלים.

בהגהה זאת לרבי יעקב צמח, יש כאן קושיה, הרי כאן לעיל כתב הרב ז"ל שיש כלים רק מעולם הנקודים ולמטה, אבל
מבואר לקמן שהרי גם בעולם עקודים, שהוא אורות הפה דא"ק יש בחינת כלי. זאת ועוד, כי לא רק בעולם העקודים יש
כלי, אלא[73] גם לאורות האח"פ יש בחינת שורשי כלים.

עוֹד צָרִיךְ לָדַעַת כִּי[74] **יֵשׁ חָמֵשׁ**[75] מוֹצָאוֹת הַפֶּה שֶׁהֵם[76] כ"ב אותיות התורה הם. מוצא הגרון אותיות א – ח – ה – ע.
מוצא החיך אותיות ג – י – כ – ק. מוצא הלשון אותיות ד – ט – ל – נ – ת. מוצא השיניים אותיות ז – ס – ש – ר –

נקראים בשם כלים, כי אם לגבי האורות האזן והחוטם, שלא היה להם אפילו כלים זכים. אבל כלים ממש לא
נתגלו כי אם מעולם הנקודים ולמטה.
69

ע"ח ש"ו פ"א מ"ת דכ"ד ע"ב – אחר כך באו הטעמים התחתונים שמתחת האותיות, והם בחינת אורות
היוצאים דרך הפה של א"ק, משם ולחוץ. והנה בכאן נתחברו האורות חיבור גמור, כי הרי הם יוצאים דרך
צינור אחד לבד. והטעם כי כל מה שהאורות מתרחקים ומתפשטין למטה, כך יש יכולת להשיגם ולקבלם, לכן
אין חשש אם נתחברו המקיפים עם הפנימים יחד. והנה כיון שכבר נתחברו האורות המקיפים ופנימים יחד, לכן
מכאן התחיל להתהוות בחינת כלים, אלא שהם זכים בתכלית הזכות, כמו שנבאר. לפיכך עדיין לא נתגלה כאן
רק בחינת **כלי אחד** לבד, אבל האורות הם נחלקים לעשרה, ואלו האורות נקראו עקודים.
70

ע"ח ש"ח פ"ד מ"ת דל"ח ע"ב – אבל **בנקודים יצאו תחלה עשר כלים**, זה למטה מזה, ונעשה על ידי
הסתכלות העינים בשלוש אורות של אח"פ כנזכר לעיל. לכן אחר שיצאו העשר כלים והונחו במקומן, זה תחת
זה, כל אחד לבדו.
71

ע"ח ש"ד פ"א, דרוש לההר"ר גדליה הלוי די"ז ע"ד – דרוש שכתבתי מענין **שרשי אצילות של עצמות**
וכלים, שנתהוו מאח"פ, ועינים, בסוד ראיה שמיעה ריחא דיבור... לכן לא נמשך ממנו אלא הסתכלות לבד
והיה בו כח לעשות כלים לשלוש בחינות אלו. עשר דנשמה, בהבל אזן. עשר דרוח, בהבל חוטם. עשר דנפש,
בהבל הפה.... וזהו **וירא אלהים** את האו"ר, כי האו"ר הוא בחינת הבל אזן וחוטם, שהוא בחינת נשמה ורוח.
את הוא בחינת הפה, שהוא נפש. ואז כשראה את הנפש, אז ויבדל אלהי"ם, **שהוא עשיית שרשי הכלים.**
72

ע"ח ש"ד פ"ג מ"ק די"ח ע"ד – לכן מסוד ראייה זו נעשה שלושים כלים, שהוא הגוף. עשר כלים להבל
האזן, הנקרא נשמה. ועשר כלים להבל החוטם, הנקרא רוח. ועשר כלים להבל הפה, הנקרא נפש.
73

ע"ח ש"ד פ"א די"ז ע"ד)הגהה דרוש להר"ר גדליה הלוי(– דרוש שכתבתי מענין שרשי אצילות של
עצמות **וכלים** שנתהוו מאח"פ ועינים בסוד ראיה, שמיעה, ריחא, דיבור.
74

ע"ח ח"ב שכ"ה דרוש ב' מ"ב ד"ד ע"ג – דע כי חמש מוצאות הפה, הכוללת כל כ"ב אתוון, שהם אחע"ה,
בומ"ף, גיכ"ק, דטלנ"ת, זסשר"ץ. כל מוצא כלול באות אחת של מנצפ"ך. כיצד אחע"ה מוצא ראשון עליון
שבכולם, וכנגדה אות ץ' האחרונה מכל חמשה אותיות מנצפ"ך.

צ. מוצא השפתים אותיות ב – ו – מ – פ. והם מתחלקים לשיעור קומה של[77] עשר ספירות כמו שיתבאר לקמן, והם[78] סוד הגוף והנפש.

[הגהה] השיכת לרבי יעקב צמח, **אף על פי ש**בעולם[79] **העקודים** יש בהם **בחינת כלי** כמו שבואר בשער העקודים **[שהוא מבחינת אורות הפה, ופה נקרא כלי] כנודע, עם כל זה** כי **בחינת עשר כליס לא נתגלו** בעולם העקודים, **אלא בבחינת הנקודים** ר"ל מעולם הנקודים ולמטה. כי בעולם העקודים היו עשר אורות שהם עקודים בכלי אחד, **ודייק לקאמר** הרב ז"ל שיש בעולם הנקודים **בחינת כליס** שזה **לשון רבים, ולא אמר כלי** אחד, כמו שיש בעולם העקודים, והכלים **שהם** לא גורסים **האותיות**[80] (נ"ל **צריך לגרוס האורות**[81]) **היולאין מהפה, והם כליס** והם האותיות הנקראים מוצאות מהפה, **לק שפס** בעולם העקודים, כל עשרה אורות אורות **היה הכלי אחד, קשורים ועקודים**, כנזכר בשער העקודים. עד כאן ההגה לרבי יעקב צמח.

המשך הדרוש ענף ד' דשער א' דמ"ב מספר אדם ישר.

הרב ז"ל מבאר כאן את **בחינת היושר דא**"ק, והוא בכללות בחינת הרוח, שיצא אחרי העיגולים דא"ק. עם כל זאת באמצע סוגיה זאת יש הגהה לרבינו חיים בענין הספקות שיש בעיגולים שיצאו מא"ק.

75

תרשים ד – ו.

76

ע"ח ח"ב של"ה פ"ג מ"ת דנ"ב ע"ג – אך הענין הוא כי הלא כל האברים כולם השאור שבעיסתן, **הם כ"ב אתוון, שהם סוד האבנים שמהם נבנית הבית**, וכבר ידעת ששיש **בתורה כ"ז אותיות שהם כ"ב אותיות, וחמשה כפולות**. ואמנם כשנצטיירה המלכות ונתן בה הכ"ז אותיות, הנה האירו ונחתמו הכ"ב אותיות ביסוד שלה, ושם נשאר רשומן, ועל דרך זה כ"ב אתוון דדכורא נרשמים ביסוד שלו, כמו שכתב וישכב במקום ההוא וי"ש כ"ב אותיות כנזכר בזוהר, ומשם הטיפה יוצאה כלולה מכ"ב אתוון גם ביסוד דנוקבא, נרשמין כ"ב אתוון דידה, ועל כן יש כח ביסוד שלה לקבל שם הטפה ולציירה שם.

77

תרשים ד – ז.

78

ספר הלקוטים, איוב סימן י"ט דצ"ט ע"א – ואחר עורי נקפו זאת ומבשרי אחזה אלו"ה. **דע לך כי אין גוף או נפש שלא נבראו על ידי כ"ב אותיות התורה**, וכל אחד מאלו הנזכר יש לה כ"ב אותיות בעצמן, והנה כל אלו עומדים בפנים. ועור האדם סוכך עליהם דוגמת רקיע ומסך, ואמנם אדם הצדיק אשר נפשו מזוככת יש בנפשו יכולת להאיר ולעבור דרך המסך ולצאת לחוץ, ומגלות תנועותיה וכחות אותיותיה. אך הרשע אין האותיות ניכרות לחוץ, בסוד - נר רשעים ידעך, כי ראשי תיבות - נ"ר, נ'פש ר'וח. כי נשמה ודאי שאין להם כלל, והקליפה סובבת על נפשו ואינה יכולה להאיר. ואמנם אלו האותיות הם מתגלות חוץ לעור האדם, או במצחו, או בשאר איבריו, כמו שמבואר בספר הזוהר.

79

ע"ח ש"ו פ"א מ"ת דכ"ד ע"ד – והתחיל בעקודים, כי הם האור היוצאים מפה דא"ק, אשר בהם התחיל גילוי הויות הכלים, **להיות עשר אורות פנימים ומקיפים, מקושרים ומחוברים יחד, בתוך כלי אחד**, אשר לסיבה זו נקרא עקודים, מלשון - ויעקד את יצחק, ר"ל ויקשור.

80

הגירסה ספר אדם ישר – **האותיות.**

81

הגירסה בספר אוצרות חיים – **האורות.**

וְהִנֵּה[82] לְאַחֵר שֶׁנִּתְגַּלוּ וְיָצְאוּ בָּרִאשׁוֹנָה אֵלוּ הָעֶשֶׂר סְפִירוֹת דְאָ"ק בִּבְחִינַת נֶפֶשׁ, [גורסים בִּתְמוּנַת עֲגוּלִים].

כאן יש הגהה לרבינו חיים ויטאל. הגהה זאת לרב ז"ל נמשכת במספר פרקים בעץ חיים. הרב ז"ל מסתפק מה יצא בבחינת העיגולים, שהם בחינת הנפש. כי בבחינת היושר שהוא בחינת הרוח אין לרב ז"ל ספקות. האם כל שעור הקומה יצא, והוא ט"ז בחינות, שהם עסמ"ב דעסמ"ב דעיגולים. או רק בחינת הב"ן הכללי יצא, שהוא עסמ"ב דעיגולים, ואיתו יצאו הבחינות של ב"ן דעס"מ, שהם ביחד שבעה בחינות. או יצאו ס"ג וב"ן הכוללים, שהם עסמ"ב ועסמ"ב דב"ן, וגם ס"ג וב"ן דע"ב, וס"ג וב"ן דמ"ה, אשר ביחד הם י"ב בחינות. בהמשך ההגה הרב ז"ל מסביר את הספקות ומכריע בסוף. המשך ההגה הוא בפרק[83] א' דשער טנת"א, ופרק[84] א' דשער התיקון.

[הגהה] **מהרז"ו**[85] ז"ל – **צריך**[86] עיון בדרוש העולמות[87], מס[88] יולאין העעולים ע"ב ס"ג מ"ה ב"ן, בין בכללות** שהם עסמ"ב הכוללים, **ובין בפרטות**[89] שהם עסמ"ב דעסמ"ב, **כל אחד מהם** כל

ע"ח ענף ג' מ"ב די"ב ע"ד – גם יש להם עשר ספירות דכלים, ובכל כלי מהם יש בו פנימיות וחיצוניות. ופשיטא הוא שבחינת הנפש נאצלה תחלה, ואחר כך נאצל הרוח, שהוא מדרגה יותר עליונה כנודע באדם התחתון, שבתחלה קונה נפש, ואחר כך זכה יתיר יהבין ליה רוח, כנזכר בזוהר משפטים דף צ"ד וז"ל - תא חזי בר נש כד איתיליד יהבין ליה נפשא וכו'. וכן היה באדם העליון, שבתחלה נאצלו ונתגלו בחינת העיגולים, שהם בחינת מדרגות הנפש, והכלים שלהם. ואחר כך נאצלו בחינה שניה דיושר, בציור אדם, שהם מדרגות אורות רוח, והכלים שלהם. כנודע כי הרוח נקרא אדם, והבן זה מאד.

ע"ח ש"ה פ"ה פ"ה סוף הפרק הגהת מוהרח"ו – ענין מ"ה וב"ן, אפשר כי ב"ן דע"ב נעשה עגולים לעס"מ)נ"א דע"ב ס"ג מ"ה ב"ן דב"ן(, ועס"מ שיש בכל בחינה מעסמ"ב דב"ן, זה שבפנימיות. ואות לזה שבאלו המקיפים הפנימים יש יותר מחמשה, שהוא מקיף, ומקיף למקיף, ומקיף לשתי המקיפים, כנזכר בפרשת ברכת כהנים)באדרא רבא(. אם כן כל אלו זולת אותן השני א"ק כוללים. בפנימיות א"ק יש הוי"ה אחת אשר א"ק הוא לבוש אליה, ומארבע אותיותה יוצאים ארבעה הוי"ו"ת, ונגלים לחוץ של א"ק, והם הוי"ה דע"ב ס"ג ב"ן מ"ה, והם במצח אח"פ. ומה שקדם הוי"ה דב"ן, להוי"ה דמ"ה. הוא סוד תפילין דר"ת, והוא סוד נקבה תסובב גבר.

ע"ח ש"י פ"ד דמ"ט ע"ד – נסתפק לי שלוש ספיקות באחר התיקון. או דשם ס"ג נשאר עיגולים, וממ"ה לבדו נעשה יושר לבדו דכל אצילות. או שתחלה יצא ס"ג דעיגולים, ואחר כך בעת התיקון אז יצא גם היושר דס"ג ויושר דמ"ה, שהוא מהיטבאל, מלך השמיני, הדר, כלול זו"ן דמ"ה, ונשארו עיגולים מס"ג לבד, ויושר ממ"ה ומס"ג. ועל כן הס"ג דיושר נקרא ב"ן, כי הס"ג דעגולים לא נשתנה שמו, והוא ס"ג כבראשונה, אך היושר דס"ג נקרא ב"ן. או שתחלה יצאו עיגולים דס"ג, ובתיקון יצאו יושר דס"ג הנקרא ב"ן, וגם עיגולים ויושר דמ"ה, ונתחברו עיגולים דמ"ה ועיגולים דס"ג, וכן יושר דמ"ה עם יושר דס"ג הנקרא ב"ן. ומהקונטריס הגדול דא"ק משמע בהדיא כי העיגולים והיושר דס"ג, שניהן יצאו תחלה, אך שהיו בחינת נפש, ואחר כך יצאו בתיקון רוח, שהוא עיגולים דמ"ה, ויושר דמ"ה. והוא פירוש רביעי קרוב לפירוש שלישי שנסתפקתי. והראיה כי במיתת המלכים נכתב שם, שהיו בדרך קוין, שנפלו אחוריים דאו"א, שהג"ר לבדו היו בדרך קוין, ועל כן לא מיתו אלא השבעה אלא בשבעה תחתונות. ונודע כי אין קוין אלא ביושר, וכן אין פנים ואחור אלא ביושר, ואמנם לפי שנכתב בראש הקונטריס שלא היה רצונינו לדבר כלל בעיגולים אלא ביושר, לכן לא נתבאר שם ענין מיתת המלכים העיגולים, אלא דיושר לבד, ולכן לא נזכר בתיקונים אלא דיושר, וכן נראה מקונטריס הקיצור שכתב כי באח"פ לא יש רק יושר, אך בענין ומצח שהם הנקודים, יש יושר ועיגולים. והנה נראה כי בענין לבדו שהוא ס"ג, וכן במצח לבד שהוא מ"ה, יש יושר ועיגולים בכל אחד מהם.

העסמ"ב דעסמ"ב שהם ט"ז בחינות. **או**[90] **הס הוא בקלתן לבד, שהוא בב"ן דכללות** שהם עסמ"ב דב"ן **וכן**[91] **בב"ן דפרטות** ב"ן דעס"מ, **כל אחד מהם** שהם שבעה בחינות. **או**[92] **הס הוא** שיצאו כל העסמ"ב דב"ן, ויצאו איתם **גם בס"ג דכללות** שהוא עסמ"ב דס"ג, גי גם שם ס"ג הוא נקבה, **וגם בס"ג דפרטות** שהם ס"ג דע"ב וס"ג דמ"ה, והם י"ב בחינות. **יען**[93] **כי ס"ג וב"ן הם נקבות, בסוד**[94] הפסוק[95] **נקבה תסובב גבר**[96].

בית לחם יהודה ש"א פ"א ד"ד ע"א – מהרח"ו ז"ל צריך עיון וכו'. פשיטא ליה הכא, שאור פנימי דיושר דא"ק הוא כלול מעסמ"ב, וכל אחד מהם נפרט לעסמ"ב, והם ט"ז בחינות כמבואר בריש פרק א' דשער ה', יעו"ש. אך הספק שלו בבחינת אור פנימי דעיגולים דא"ק, שהם נפש, ונקראים נקבה.
86

אח"י)כלל(– כל פעם שרבי חיים ויטאל ז"ל או הרש"ש כותב **צ"ע**)צריך עיון(הוא כדי לעורר את המעיין שהדברים הם לא כפשטן, וגם להסתיר את הדברים)ולא בגלל שהרב ז"ל לא ידע, או הבין את הסוגיה(.
87

הגהות ובאורים)א(– כתב בספר אור זרוע פירוש דברי רבינו כך הוא, כי זה כלל גדול אצלנו כי ע"ב ס"ג מ"ה ב"ן, הם כלולים כל אחד מארבעה בחינות. וצריך עיון, אם לכל בחינה ובחינה יש עיגולים, דהיינו לט"ז בחינות, או אינו אלא לארבעה בחינות ב"ן הרביעי לבדו. וגם לכל בחינת ב"ן שיש בע"ב ס"ג מ"ה, שהם שבעה בחינות לבד, ותשעה מהם בלי עגולים. או אם לכל ארבעה בחינות ס"ג שיש בע"ב ומ"ה, וישארו ע"ב דע"ב ומ"ה דע"ב בלי עיגול, וכן ע"ב דמ"ה ומ"ה דמ"ה, לכל השאר יהיה עיגולים, עד כאן לשונו.
88

בית לחם יהודה ש"א פ"א ד"ד ע"א – אם יוצאים העגולים עסמ"ב בין בכללות בין בפרטות כל אחד מהם. ר"ל שהם עסמ"ב כוללים שכל אחד מהם נפרט לעסמ"ב, שהם ט"ז בחינות, דוגמת היושר ממש.
89

ע"ח ש"ה פ"א מ"ת ד"כ ע"ב – דע כי אין מציאות ציור קומת אדם בעולם, שלא היה בו כללות ארבעה בחינות, אשר כוללים כל האצילות, וכל העולמות כולם, ואלו הם, ע"ב כזה - יו"ד ה"י וי"ו ה"י. ס"ג - יו"ד ה"י וא"ו ה"י. מ"ה - יו"ד ה"א וא"ו ה"א. ב"ן - יו"ד ה"ה ו"ו ה"ה. והנה אלו האבעה הויו"ת הנחלקים לארבעה מלואין, האלו הם ארבעה בחינות אלו, הטעמים שם ע"ב. הנקודות שם ס"ג. התגין שם מ"ה. האותיות שם ב"ן. **וכל אחד מאלו הארבעה הויו"ת כלול מכולם**. ויש בכל הוי"ה מהם בחינת טנת"א. יוצא שיש ט"ז בחינות ארבע כללים שכל אחד מהם כולל ארבע.
90

בית לחם יהודה ש"א פ"א ד"ד ע"א – או אם הוא מקצתם לבד, שהוא בב"ן דכללות. ר"ל שהם בב"ן הכולל עסמ"ב, כי אפילו הע"ב ומ"ה דב"ן שהם הזכרים שבפרטות הב"ן, גם הם בחינת נקבות, כי הם בחינת ב"ן
91

בית לחם יהודה ש"א פ"א ד"ד ע"א – וכן בב"ן דפרטות דכל אחד מהם. שהם בין שבפרטות עס"מ הכוללים, ונמצא שלא היה בעגולים רק שבעה אורות ולא ט"ז.
92

בית לחם יהודה ש"א פ"א ד"ד ע"א – או אם הוא גם בס"ג דכללות וגם בס"ג דפרטות. ר"ל כי מלבד שיצאו אורות ב"ן דכללות ודפרטות לעגולים, יצאו גם כן בחינת העס"מ דס"ג דכללות, וגם ס"ג שבפרטות ע"ב ומ"ה הכוללים)ועיין בהגוב"י(.
93

בית לחם יהודה ש"א פ"א ד"ד ע"א – יען כי ס"ג וב"ן. שבכללות ובפרטות.
94

להבין את דברי קודשו של הרב ז"ל בהגהה זאת, **צריך לדעת** כי[97] כאשר אנחנו רוצים לתאר שיעור קומה שלם, אנו מציגים את שיעור קומה בתור ארבעה הוי"ת מלאות במלואי עסמ"ב, שהם **ע"ב** - יו"ד ה"י וי"ו ה"י. **ס"ג** - יו"ד ה"י ואו ה"י. **מ"ה** - יו"ד ה"א ואו ה"א. **ב"ן** - יו"ד ה"ה ו"ו ה"ה. כאשר שיעור קומה הוא בערכי העולמות א"ק הוא עולם נעלם, ולא נקרא בשם. שם ע"ב הוא באצילות, שם ס"ג בבריאה, שם מ"ה ביצירה, ושם ב"ן בעשיה. כאשר שיעור קומה הוא בערכי הפרצופים, פרצוף א"א שהוא מקביל לעולמות א"ק, ואין בו שם, שם ע"ב הוא אבא, שם ס"ג הוא אימא, שם מ"ה הוא ז"א, ושם ב"ן הוא הנוקבא. כאשר שיעור קומה הוא בערכי הספירות הכתר שהוא מקביל לא"ק ולא"א, אין לו שם)לפעמים הכתר נחשב לע"ב, כמו שכותב הרב ז"ל בשער טנת"א(, שם ע"ב הוא חכמה, שם ס"ג בינה, שם מ"ה חג"ת נה"י, ושם ב"ן מלכות. וכל[98] אחד מבחינת העסמ"ב הכוללים, כלול מעסמ"ב פרטים. **והקושיה היא** אם יצאו בבחינת העיגולים עסמ"ב הכללים, או עסמ"ב הפרטים, שהם עסמ"ב דעסמ"ב דעיגולים, שהם בחינת נפש, שם ב"ן, כי כולם נקבות, אפילו בחינת הזכרים שבהם הם בחינת ב"ן. לפי[99] הדעה שיצאו העסמ"ב דעסמ"ב עסמ"ב הפרטים, יש בהם ט"ז בחינות. **דעה שניה** היא, אם[100] יצאו כל הבחינות דשם ב"ן, שהוא נקבה, והם עסמ"ב דב"ן, דב"ן עם הבחינות הפרטיות של ב"ן דע"ב, ב"ן דס"ג, וב"ן דמ"ה, שהם בחינת הנקבות שבהם, וביחד שבעה בחינות. **דעה שלישית** היא, אם[101] יצאו כל בחינת הנקבות דעסמ"ב, ר"ל כל העסמ"ב דב"ן, עם העסמ"ב דס"ג, וס"ג ע"ב, וס"ג וב"ן דמ"ה. והם ביחד י"ב בחינות. והוא כי גם שם ס"ג הוא נקבה, ר"ל בשמות עסמ"ב הם ע"ב ומ"ה, והנקבות הם ס"ג וב"ן, וכל אחד כלול מזכרים ונקבות, כי[102] אין לך ניצוץ שלו כלול[103] מזכר ונקבה. **עד כאן ביאור ההגהה.**

בית לחם יהודה ש"א פ"ד ד"ד ע"א – בסוד נקבה תסובב גבר. ולכן הם סובבים ומקיפין על היושר דא"ק, שהוא בחינת רוח הנקרא גבר. ולקמן בשער ב' ענף ג', נסתפק מהרח"ו ז"ל בספק זה, גם באור פנימי ואור מקיף דיושר, יעו"ש.
[95]

ירמיהו ל"א כ"א – עד מתי תתחמקין הבת השובבה כי ברא הוי"ה חדשה בארץ **נקבה תסובב גבר.**
[96]

הגהות ובאורים)ב(– עיין שער טנת"א סוף פ"א ע"ב ד"ה ענין. ועיין דברי שלום ג' כ"ז ע"ד בארוך.
[97]

תרשים ד – ח.
[98]

תרשים ד – ט.
[99]

תרשים ד – י.
[100]

תרשים ד – י"א.
[101]

תרשים ד – י"ב.
[102]

ע"ח ש"ט פ"ז מ"ב דמ"ו ע"ב – דע כי אין לך ספירה וספירה, אפילו בעשר ספירות הפרטיות שבכל פרצוף ופרצוף, שאין בו **בחינת זכר ונקבה, והם ב"ן דנקודות ומ"ה החדש,** ואמנם אין ענין ב"ן הזה והנקבה זו בחינת מלכות העשירית שיש בכל ספירה וספירה, שהיא בחינה עשירית שבכל ספירה וספירה, אלא שיש בכל ספירה עשר בחינות, וכולם דמ"ה, ועשר בחינה דב"ן, וכולם דב"ן, והתשע ראשונות דמ"ה וב"ן הם נקרא ט' בחינות הראשונות של ספירה ההוא, והבחינה עשירית שהוא מלכות שבאותו ספירה עצמה, היא כלולה ממ"ה וב"ן. **כלל הדברים בקיצור נמרץ כי אין לך שום ניצוץ קטן בכל האצילות, שאין בו מ"ה וב"ן.**
[102]

ע"ח ש"ט פ"ו מ"ב דמ"ה ע"ג – ואז נברא העולם במידת הדין, ויצאה בת מתחלה, שהיא **שם ב"ן** בפנים דא"ק. ואחר כך יצאו ענפיו לחוץ, דרך העין מטבורו דא"ק ולמטה, ולא נתקיימו הענפים שבחוץ. עד שחזרו להזדווג והולידו בן, שהוא **שם מ"ה** בפנים ובחוץ, והוא מידת הרחמים, ונתקיים העולם, כמו שאמרו רז"ל על הפסוק - ביום עשות הוי"ה אלהי"ם ארץ ושמים, והבן אמרם העולם, כי מציאת העולם הם השבעה תחתונות

המשך הדרוש ענף ד' דשער א' דמ"ב מספר אדם ישר.

כבר נתבאר כי אחרי יציאת בחינת העיגולים דא"ק, יצא[104] בחינת היושר דא"ק, שמתלבש על הקו דא"ס, ובו עשר ספירות כמראה אדם. **עוד נתבאר** כי העיגולים הם בעצם כדורים, כדור בתוך כדור, בכללות הם עשרה עיגולים, ובפרטות הם[105] אין קץ של עיגולים או באמת כדורים. וכאשר קו היושר נכנס כדי להשפיע בעולמות, הוא חייב לבקוע את הצד העליון של הכדורים, כדי להשפיע בעולמות התחתונים. בצד העליון בקע קו היושר את כל העיגולים, אבל בצד התחתון של העיגולים, קו היושר בוקע את העיגולים מצד התחתון עד מלכות דעתיק דאצילות, ונעצר שם. הרב ז"ל מבאר בתחילה את קו הא"ס, וכאן הוא מבאר את בחינת א"ק, **צריך לדעת** כי בחינת א"ק הוא המלביש את קו הא"ס, וקו הא"ס מסתיים בסיום רגלי א"ק. יוצא שלפעמים הרב ז"ל ידבר על קו הא"ס, ולפעמים על א"ק, ובעצם זה זה אותה בחינה. **עוד צריך לדעת** כי השמות של האברים של האדם העליון, הם **דמיון**[106] **בעלמא**. והוא כי בעולמות הרוחניים אין גוף ולא דמיון הגוף, בסוד[107] - כי לא ראיתם כל תמונה.

לבד, שהם זו"ן, **אלא בראשונה היו זו"**ן **נקבות**, מצד דין, שהוא שם ב"ן. ואחר כך **היו זו"**ן **זכרים, משם מ"ה.** כי כל מ"ה וב"ן נקרא בשם עולם.

רחובות הנהר ד"ה ע"ב – כל ספירה, וכל ניצוץ, כלול **ממ"ה וב"ן, מחוברים חיבור גמור.** אמנם כל צד המ"ה נקרא דכורא, יען הוא משפיע ומתקן לצד הב"ן, הנקרא נוקבא. וכל חסדים הם ממ"ה, וגבורות הם מב"ן.

גמרא בבא בתרא דע"ד ע"ב – אמר רב יהודה, אמר רב, כל מה שברא הקדוש ברוך הוא בעולמו, **זכר ונקבה בראם.**
103

תרשים ד – י"ג.
104

תרשים ד – י"ד.
105

ע"ח ש"א ענף ב' מ"ב די"ב ע"א – והנה העיגול הזה הראשון היותר דבוק עם הא"ס, הוא הנקרא כתר דא"ק, ואחר כך נתפשט עוד הקו הזה ונמשך מעט, וחזר להתעגל, ונעשה עיגול שני תוך עיגול הראשון, וזה נקרא עיגול החכמה דא"ק. עוד מתפשט יותר למטה, וחזר להתעגל ונעשה עיגול שלישי תוך העיגול השני, ונקרא עיגול בינה דא"ק. ועל דרך זה היה הולך ומתפשט ומתעגל, עד עגול עשירי הנקרא עיגול מלכות דא"ק. הרי נתבאר ענין העשר ספירות שנאצלו בסוד עשר עיגולים זה תוך זה, וכל זה הוא בחינת עשר ספירות הכוללות דרך סתם כל בחינת העולמות כולם. **אמנם מבואר ופשוט הוא שכמה מיני עולמות נאצלו ונבראו ונוצרו ונעשו אלף אלפים ורבוא רבבות וכולם כאחד הם תוך המקום החלל** הנזכר לעיל, ואין דבר חוצה לו. והנה כל עולם ועולם יש בו עשר ספירות פרטיות, וכל ספירה וספירה פרטית שבכל עולם ועולם, כלול מעשר ספירות פרטי פרטית, וכולם הם בצורת עיגולים, זה תוך זה, וזה לפנים מזה, **עד אין קץ ומספר**, וכולם כגלדי בצלים. זה תוך זה, על דרך תמונת הגלגלים כנזכר בספרי תוכניים.
106

כרם שלמה ש"א ענף ד' אות ט' – והנה שנתגלו וכו', כמראה אדם בעל קומה זקופה וכו'. מה שכתב אלו הכינויים, **הוא דמיון בעלמא.** כי כן כתיב - כי לא ראיתם כל תמונה. אלא כוונתו לומר כמו שהאדם הוא בחינת יושר, ויש בו כל המדות והציורים הללו, כך היושר של העולמות הכלול מעשר ספירות, מתחלקים בו בבחינות אלו. שהג"ר שלו נקראים ראש, והם מונחים למעלה מן הכל, כמו ראש האדם שהוא למעלה מן הכל, ונקרא ראש, כן הוא כאן.
107

דברים ד' ט"ו – ונשמרתם מאד לנפשתיכם **כי לא ראיתם כל תמונה** ביום דבר הוי"ה אליכם בחרב מתוך האש.

עוֹד יָצְאוּ דרך הקו הא"ס **עֶשֶׂר**[108] **סְפִירוֹת אֲזוֹרוֹת** המלבישות את קו הא"ס, המתפשט בתוך החלל, והוא **בִּבְחִינַת רוֹזֶז דְּא"ק, הַזֶּה בִּבְחִינַת יוֹשֶׁר, כְּמַרְאֵה**[109] בדמות ודמיון **אָדָם, בַּעַל קוֹמָה וְקוֹפָה,** כְּלוּל מרמ"ח אֵבָרִים בְּצִיּוּר קוֹמָה, כּוֹלֵל **רֹאשׁ** שהוא חב"ד, שהוא משכן לשכל והמוחין, **וּזְרוֹעוֹת** הידים, יד ימין חסד, יד שמאל גבורה, **וְכַפּוֹת יָדִים** שהם לא חלק מהעשר ספירות דיושר, עם כל זאת הם רומזים לחסדים וגבורות דדעת המתפשטים עד[110] כפות הידים, **גּוּף** תפארת **וְרַגְלִים** נהי"ם. **וְהוּא**[111] בחינת היושר דא"ק **מִתְחַזֵּל לְהַמְשִׁיךְ מִן הָא"ס הַמַּקִּיף** את כל החלל **דֶּרֶךְ קַו** הא"ס **הַנִּזְכָּר לְעֵיל, וּמִשָּׁם וּלְמַטָּה** עד תחתית עיגולי מלכות דעתיק, כמבואר[112] לקמן בפרקין, וא"ק הוא **בְּצִיּוּר**[113] אָדָם כנזכר לעיל, וא"ק **כּוֹלֵל שָׁלוֹשׁ קַוִּים יָמִין** שהם חח"ן **וּשְׂמֹאל** שהם בג"ה **וְאֶמְצַע** והם כדתי"ם, **וּבָהֶם נִכְלָלִים עֶשֶׂר סְפִירוֹת יוֹשֶׁר שֶׁבּוֹ,** כנזכר[114] לְעֵיל בְּעַנֵף ב'.

108

תרשים ד – ט"ו.

109

כרם שלמה ש"א ענף ד' אות ט' – ומה שכתב כמראה אדם בעל קומה זקופה. דהיינו חיבור העשר ספירות האלו דיושר, אינם בצורת עיגולים, דהיינו ספירה תוך ספירה, אלא מצויירים בבחינת יושר, דהיינו ימין ושמאל ואמצע, שהם שלושה קוים.זזז

110

שער הכוונות, דרושי ברכות השחר ד"ב ע"א – גם יכוין כי ראשי תיבות על נטלת ידים הוא **עָנִ"י**, בגימטריא ק"ל, שהוא הריבוע והאחוריים של הוי"ה דמ"ה דאלפין דיצירה, להמשיך משם אור גם כן אל עולם העשיה. וכבר ידעת כי חמש אצבעות הם חמשה גבורות מנצפ"ך, והם כפולות, וכנגדם חמש אצבעות ביד ימין, וחמש ביד שמאל. וצריך להעלותם עד שלוש ראשונות, ואז נטהרים על ידי המים, שהם חמשה חסדים. גם תכוין למה שהודעתיך איך **אור המוחין דז"א** נמשכין דרך צפרני האצבעות, ושם נאחזים החיצונים, ואמנם על ידי העלותם למעלה, אינם נאחזין, לפי שאין יוצאים אז האורות משם.

111

כרם שלמה ש"א ענף ד' אות י' – מה שכתב והוא מתחיל להמשיך מן הא"ס המקיף דרך קו הנזכר לעיל. ר"ל **זה היושר של הא"ק הכולל מעשר ספירות.** הוא ראשו מתחיל מן סוף העובי של הסובב דא"ס מצד מעלה. ופירוש, אשר אחר כך נקרא צד מעלה, והוא האור של הצמצום שנעשה מקיף וסובב להחלל, ומשם נמשך היושר הזה, והוא גם כן נמשך דרך הקו הדק ההוא, שממנו נמשכו ונעשו העיגולים, וזהו שכתב דרך הקו הנזכר לעיל.

112

ע"ח ש"א ענף ד' מ"ב די"ד ע"ב – והנה מוכרח הוא כי קו הישר יהיה דבוק ממש בא"ס הסובב, וממנו מתפשט ויורד ומתלבש תוך פנימיות א"ק כנזכר לעיל, ונמשך ומתפשט עד סיום רגלי א"ק הישר כנזכר לעיל, שהוא ממש **עד חצאי עיגולי עתיק יומין הסובבים תחת רגליו,** עד שם מסתיימין רגלי היושר דא"ק.

113

כרם שלמה ש"א ענף ד' אות י' – ומה שכתב בציור אדם כנזכר לעיל כולל שלוש קווים. **חוזר על היושר דא"ק,** ולא על הקו.

114

ע"ח ש"א ענף ב' מ"ב די"ד ע"א – ועתה נבאר בחינה השניה שיש בעשר ספירות, הלא הוא בחינת אור היושר, **כדמיון שלוש קוים,** כצורת אדם העליון. והנה דרך הקו הנזכר לעיל המתפשט מלמעלה למטה, אשר

הרב ז"ל מבאר כאן כי אור הא"ס נתלבש בא"ק, והוא נשמה לו. עוד מבואר כאן כי היושר דא"ק בקע את כל העיגולים, והגיע עד תחתית עגולי עתיק יומין דאצילות מצד התחתון, שהוא המלכות דעתיק יומין. **והשאלה** היא[115] למה עד ולא למטה מזה. אלא **צריך לדעת** כי[116] המלכות של העולם העליון נעשית כתר לעולם התחתון, בסוד[117] ראש לשועלים,

---

ממנו מתפשטים העיגולים הנזכרים לעיל, גם הקו ההוא מתפשט ביושר מלמעלה למטה, מראש גג העליון של עיגול העליון מכולם, עד למטה מתחתית סיום כל העיגולים ממש, מלמעלה למטה, כלול מעשר ספירות בסוד צלם אדם ישר, בעל קומה זקופה, כלול מרמ"ח אברים מצטיירים בציור **שלוש קוים**, ימין ושמאל ואמצע, כלול מעשר ספירות בכללות, וכל ספירה וספירה מהם נפרטת לעשר ספירות עד אין קץ.

115

שמן ששון ש"א ענף ד' אות ח' ד"ב ע"ד – עד התחילת קרקעית עיגולי עתיק יומין שהוא כתר דאצילות. עיין דברי שלום שם דהקשא, ואם תאמר למה לא בקע גם עיגולי עתיק יומין, וירדו רגליו על גבי קרקעית עיגוליו, כמו כל הפרצוף וכו'. ואפשר דכאן בא"ק הוא כך והוא כמו שנודע בכל מקום. ובשער ג' פרק א' דכתר דכל עולם הוא נעשה ממלכות של עולם של מעלה ממנו, דמלכות של עליון נעשה עתיק של תחתון. ובודאי שזה יהיה בין בעיגולים ובין ביושר. ואם כן מה שכתב הכא דיושר דא"ק מגיע עד עיגולי עתיק יומין דאצילות, ר"ל שהוא על גבי קרקעית מלכות שלו של מלכות זו, הוא עיגול עתיק יומין דאצילות. ואם כן נמצא דעמדו רגליו על גבי קרקעית עשר עיגוליו, עד כאן לשונו. ולעניות דעתי לא זכיתי להבין דבריו, דאם נאמר דמלכות של עליון הוא עתיק יומין של תחתון, אינו אלא דוקא ביושר, יען דיורד מעולם לעולם, וגם לקשר העולמות, כמו שכתב בשער מ"ז פרק ו', ושער מ"ב סוף פרק א', ושער הכסא פרק א', לקמן שער ג' פרק א. אמנם בעיגולים לא מצינו כן, ולעיקר קושיתו נראה לעניות דעתי כוונת רבינו דמה שכתב עד התחלת קרקעית עיגולים, שהוא כתר דאצילות. פירושו הוא, עד התחלת קרקעית עיגולי עתיק יומין מצד מטה, והוא ממטה למעלה, שהוא עיגול הכתר הקרוב אל עיגול המלכות דא"ק. נמצא דנתפשטו רגליו על גבי קרקעית עיגוליו, אמנם גם מזה דוחק, דלקמן בסוף פרקין אין נראה כן, דכתב כי רגלי א"ק נמשכים עד חציים התחתונים של עיגולים דעתיק יומין מצד מטה, באופן כי עיגולי עתיק יומין מקיף סבבי רגלי יושר דא"ק, יע"ש. וצריך עיון, ועיין לקמן אות כ"ד.

116

ע"ח ש"ג פרק א' מ"ב דט"ז ע"ג – והנה כל העשר ספירות דאצילות, נחלקים לחמשה פרצופים, כה"ב זו"ן, כל אחד כלול מרמ"ח אברים, והם בחינת ארבע אותיות הוי"ה הכולל עולם אצילות לבדו, ועם קוצו של י' הרי הם חמשה פרצופים. אכן בערך ההוי"ה הכולל כל העולמות כנזכר לעיל. נמצא כי **א"ק** קוצו של י'. ועשר ספירות **דאצילות**, הם יו"ד דהוי"ה, הנרמזת בחכמה, והוא אצילות כנודע. ואחר זה נשלם חוט הא"ס בבחינת פנימיותו הנזכר לעיל. ואז נתעבה האור ונעשה שם מסך, ודרך המסך ירדה שם המלכות דאצילות, שבעה תחתונות שבה, **והיתה ראש לשועלים** לעשר ספירות **דבריאה**, וכל זה אחר התעבותה והתלבשותה דרך מסך הנזכר לעיל. גם הבינה דאצילות נתלבשה אור שבעה תחתונות שלה במלכות דאצילות, וירדה דרך המסך, ונתלבשה בעשר ספירות דבריאה, וזה ספירות בינה מקננא בכורסייא, ואלו השבעה תחתונות דמלכות נתהוו לעתיק יומין דבריאה, ועתיק יומין דבריאה בא"א, וכו' על סדר הנזכר לעיל באצילות. וגם הוא חמשה פרצופים דבריאה, וכולם בחינת ה' דהוי"ה הכוללת, כל העולמות. ואחר כך נפרש מסך שני וירדו שבעה תחתונות דמלכות דבריאה, ובתוכם מתלבשת אור ו"ק דשבעה תחתונות דאצילות, ונתהווה בחינת עתיק יומין דיצירה, וזה סוד ז"א מקנן ביצירה. וזה העתיק מתלבש בא"א דיצירה כו', על דרך הנזכר בבריאה כנזכר לעיל. וגם הוא חמשה פרצופים דיצירה, וכולם בחינת ו' דהוי"ה הכוללת כל העולמות. ואחר כך ירדו שבעה תחתונות דמלכות דיצירה, ובתוכם מלכות לבדה דאצילות, מתלבשת (נ"א היא לבדה מתלבשת) תוך א"א דעשיה, וגם זה דרך מסך שבין יצירה לעשיה. וזה סוד מלכות מקננא באופן, ונקרא עתיק יומין, ומתלבשת תוך א"א דעשיה, והכל על דרך הנזכר לעיל ביצירה, וגם הם חמשה פרצופים, וכולם בחינת ה' תחתונה דהוי"ה הכוללת כל העולמות.

ע"ח ח"ב שמ"ז פ"ו דק"ח ע"ב – ונחזור לענין כי נקודה זו היתה **תחלה זנב לאריות בסוף האצילות**, כי חוה זנב לאדם היתה, ואחר כך ירדה ומעטה עצמה בסוד נקודתה, **והיתה ראש לשועלים**, ראש לבריאה ממש. וכן היתה בכל עולם ועולם, כי נקודה מלכות דיצירה ירדה בראש עשיה, וכן דבריאה בראש יצירה, וכן היה גם כן בראש אצילות, בסוד כולם בחכמה עשית. כי אור א"ס נתלבש בחכמה עליונה שלמעלה מאצילות, וירדה אותה החכמה עצמה ושברה המסך שעל גבי אצילות, וירדה מציאות עצמה ונתלבשה

ר"ל המלכות של העולם העליון היא זנב לאריות, וכאשר היא יורדת להשפיע בעולם התחתון, היא מתלבשת בכתר של העולם התחתון, לכן נקראת ראש לשועלים. לכן גם כאן תחתית יושר דא"ק, שהוא בחינת המלכות שבו, נתלבשה בכתר דאצילות, שהוא בחינת עתיק יומין. מפני שא"ק נקרא עולם עליון בערך האצילות, לכן המלכות דא"ק היא בחינת ראש לעולם האצילות. וכל זה נרמז בספר יצירה בסוד[118] - נעוץ סופן בתחילתן ותחילתן בסופן, ר"ל סוף העולם העליון בתחילת העולם התחתון.

וְהִנֵּה אַף עַל פִּי שֶׁרֵאשִׁית קָו דא"ס **הַזֶּה, שֶׁהוּא**[119] מתלבש בתוך בחינת **צוּרַת יוֹשֶׁר דָּא"ק,** וקו הא"ס הוא הנשמה לא"ק, ובחינה דא"ק **מִתְגַּזֵּל לְהִתְפַּשֵּׁט בֶּן** עיגול **הָא"ס** הסובב את כל החלל, **וּבוֹקֵעַ** קו הא"ס המתלבש בא"ק **וְנִכְנָס בֵּין כָּל הָעֲגוּלִים מִצַּד גֵּגוֹתֵיהֶם הָעֶלְיוֹנִים** כדי להשפיע להם שפע לפי בחינתם. **אַל תְּחֲשׁוֹב כִּי כֵן הַקָו הַזֶּה** דא"ס המתלבש תוך בחינת א"ק **נִמְשָׁךְ וְנִתְפַּשֵּׁט לְמַטָּה עַד סִיּוּם כָּל הָעִגּוּלִים, מִצַּד תְּחִזּוֹתֵיהֶם הַמִּתְעַגְּלִים בְּתִזוּזַת רַגְלֵי א"ק דְּיוֹשֶׁר. אָמְנָם**[120] **שִׁעוּר הִתְפַּשְּׁטוּתוֹ** יושר דא"ק

באצילות, ועל ידיו מקבל אצילות אור א"ס. וזה סוד כולם בחכמה עשיתף הנזכר בעולם אצילות כנזכר לעיל. ואמנם כל זה הבחינה שהיתה בכל העולמות, הכל היה לתועלת העולמות, כדי לקשר זה בזה, וזה בזה, כדי שיוכלו לקבל הארה זה מזה, וזה מזה, על ידי היות סיום האצילות תחלת רישא דבריאה ממש, וכן בשאר העולמות. וזה סוד יום השבת, כי אז נתוסף קדושה בעולמות, ואז היכל העליון קודש קודשים דבריאה חוזר לעלות אל האצילות, ונעשה אצילות גמור ממש, לטעם הנזכר לעיל, וכיוצא בזה בשאר כל העולמות, ואין להאריך.

ע"ח ח"ב שמ"ב פ"א מ"ב דפ"ט ע"ג – ודע כי על דרך זה הוא בכל העשר ספירות שבכל עולם ועולם, וכן בפרטות בכל פרצוף ופרצוף. כי לעולם כל בחינה ובחינה נקרא עליונה מאציל, ותחתונה נאצל. ואי הנאצל פחות מארבע אותיות הוי"ה, אפילו בעשר ספירות פרטיות, ופרטי פרטיות, ויש בחינה אמצעי ביניהן, הנקרא כתר, **והבן זה מאד.** כי בו יובנו כל הדרושים שנבאר, וזהו אני ראשון, ואני אחרון, כי הכתר הוא ראשון, והוא אחרון, והוא אי"ן והוא אנ"י. כי בבחינת מלכות של מאציל אשר בו הוא אחרון, ונקרא אנ"י, שהוא המלכות, ובבחינת שורש הנאצלים, אשר בו שהוא בחינת כתר, הוא הראשון, ונקרא אי"ן, שהוא אותיות אני.
117

פרקי אבות, פרק ד' משנה ט"ו – רבי ינאי אומר, אין בידינו לא משלות הרשעים ואף לא מיסורי הצדיקים. רבי מתיא בן חרש אומר, הוי מקדים בשלום כל אדם. **והוי זנב לאריות, ואל תהי ראש לשועלים.**
118

ספר יצירה, פרק א' משנה ו' – עשר ספירות בלימה מדתן עשר שאין להם סוף, **נעוץ סופן בתחילתן ותחילתן בסופן** כשלהבת קשורה בגחלת. שאדון יחיד הוא ואין שני לו. ולפני אחד מה אתה סופר.
119

בית לחם יהודה ש"א פ"ד ד"ד ע"א – שהוא צורת היושר דא"ק. מאי דקרי ליה בשם צורה, לפי שהיקו הוא בחינת צלם אשר בו מתלבשין הנרנח"י שנקראים בשם צורה,)דברי שלום(.
120

כרם שלמה ש"א ענף ד' אות י"א – אמנם שעור התפשטותו וכו'. פירוש הדבר, כי כתבנו למעלה כי בתוך עיגול המלכות של א"ק, יש עשרה עיגולים של עתיק יומין, שהוא בחינה עליונה של כתר דאצילות. כי כתר דאצילות נחלק לשתי בחינות, בחינה עליונה נקראת עתיק יומין, ובחינה תחתונה של כתר נקראת אריך אנפין. ובתוך מלכות של עתיק יומין שם הם עשרה עיגולים של א"א וכו'. אם כן העיגול של המלכות של עתיק יומין מצד מטה, פירוש חצי העיגול שלו מצד מטה, כי העיגול הוא נחלק לשתי חצאים, כמו כובע למעלה, וכמו כובע למטה. וחצי העיגול של המלכות מצד המטה, הוא שקראו כאן קרקעית העיגולים. פירוש, המלכות נקראת קרקע. בסוד מעשר אשר יהיה בקרקע המשכן.

אֵינוֹ[121] רַק עַד הָתֹזֻלַת קַרְקָעִית תְּחִילַת עשר ספירות **הָעִיגּוּלִים** מצד מטה **דְּעַתִּיק יוֹמִין** שֶׁהֵם[122] מלכות דעתיק, והוא כי מצד תחתון של העגולים, המלכות דעתיק היא הראשונה, ועד מקום זה מגיע קו הא"ס המלובש ביושר דא"ק, ולא נכנס לתוך מלכות דעתיק. כלומר יושר דא"ק בקע את כל העיגולים מצד מעלה, ומהצד התחתון בקע את כל העיגולים חוץ מעשר עיגולי עתיק ועשר עגולי א"ק, **שֶׁהוּא** ר"ל עתיק יומין **בְּזִיוַּת פַּרְצוּף** הַכֶּתֶר דְּעוֹלָם הָאֲצִילוּת כְּמוֹ שֶׁנִּתְבָּאֵר בִּמְקוֹמוֹ, ר"ל[123] בחינת הכתר ביחס לפרצופים בדרך כלל היא בחינת א"א, אַךְ **צָרִיךְ לָדַעַת**[124] כי הכתר נחלק לשתי פרצופים, כאשר בפנימיותו הוא פרצוף עתיק, והוא נעלם, והוא מלביש על פרצוף אריך אנפין. כַּאֲשֶׁר[125] שלוש ספירות הראשונות של עתיק שהם כח"ב, לא מתלבשות בתוך א"א, ונקראות רדל"א. ושבע ספירות התחתונות דעתיק יומין מתלבשים תוך כל א"א. עתיק עצמו הוא הארת מלכות דא"ק. **אֲשֶׁר הָעִיגּוּלִים הַנִּזְכָּר לְעֵיל דְּעַתִּיק יוֹמִין** מתעגלים **מִתְעַגְּלִים תָּזוּז רַגְלֵי הַיּוֹשֶׁר א"ק עַצְמוֹ בִּלְבַד, כְּמוֹ שֶׁנִּתְבָּאֵר.**

[הַגָּהָה] לרבי יעקב הַלָּמָה, כאן אמר שרגלי א"ק מגיעים עד עיגולי עתיק יומין **בְּלַד מַטַה**. ולקמן אמר (שער מ"ח פרק ב') כי רגלי א"ק הם בְּרַדְלָ"א. וְנראה לי כשנה"י דא"ק נאסף פנימיותו למעלה מן הפרסא כנודע, כדי לעשות הנקודים, אז נשארו נה"י דא"ק בג"ר דעתיק יומין, שהרי הס למעלה מן הפרסא[126].

121

בית לחם יהודה ש"א פ"א ד"ד ע"א – אינו רק עד התחלת קרקעית העגולים דעתיק יומין. היינו דבקע כל העגולים דמצד מעלה, ונכנס בחלל העגולים ונתפשט למטה, עד עיגול המלכות דעתיק שמצד מטה, שבפנימיות כולם, שהיא מכולם. ועיין דברי שלום שהקשה - ואם תאמר למה לא בקע גם עגולי עתיק, וירדו רגליו על גבי עגולי עצמו, ויש לומר כי עתיק הוא המלכות דא"ק עצמו, ונמצא דעמדו רגליו על גבי עגולי המלכות שלו, יעו"ש.

122

תרשים ד – ט"ז.

123

ע"ח ש"ג פ"א דט"ז ע"ב – וזה האדם נרמז בקוצו של יו"ד דשם הוי"ה כי הוא בחינת הכתר של כללות העולמות, ואור א"ס בכח התלבשותו בחכמה דא"ק זה. האציל תחתיו עולם האצילות, וזה סוד - כולם בחכמה עשית. וחחכמה הנזכרת לעיל נתלבשה במלכות דא"ק, **וזה המלכות ירדה ונתלבשה בסוד שבע ספירות שלה תוך עשר ספירות דעולם האצילות**, והיה זה כדי לקשר א"ק בעולם האצילות. ועל דרך זה בכל עולם ועולם, כמו שנתבאר בע"ה. וראש זו המלכות שהם ג"ר שבה, נשארו במקומם. ושבעה תחתונות שהם גופא דילה, של שבע ימי בראשית, הם נתלבשו בעשר ספירות דאצילות. וזה הבחינה נקרא עתיק יומין, שהם שבע ימים העתיקן, מן מלכות דא"ק. והשבעה תחתונות נחלקים לעשר ספירות, כי ראשונה כלולה משלוש, על דרך היכל קודש קדשים שכולל שלוש. וזה העתיק נעשה נשמה לא"א, שהוא כתר דאצילות, וגם הוא מתפשט בתשעה ספירות אחרות דאצילות, ואור א"ס תוך)א"ק תוך העתיק, וא"א מלביש לשבעה תחתונות לזה העתיק.

124

אח"י)כלל(– כאשר הרב ז"ל כותב - **עתיק** הוא מתכוון לכל העשר ספירות דפרצוף עתיק, וכאשר הרב ז"ל כותב **עתיק יומין** הוא מתכוון לשבע תחתונות דעתיק, שהם חג"ת נהי"ם דפרצוף עתיק.

125

תרשים ד – י"ז.

126

הגהות ובאורים – עיין דב"ש דכ"ז ע"ד.

כבר נתבאר לעיל כי יש ארבעה מדרגות באורות דא"ק. **א.** עיגולים דא"ק, שהם בחינת האור הפנימי שהוא נר"ן בתוך הכלים שבעיגולים. **ב.** מקיפי עיגולים דא"ק, שהם בחינת חיה ויחידה, והם מקיפים את הכלים דעגולי א"ק. **ג.** יושר דא"ק, שהם בחינת האור הפנימי שהוא נר"ן בתוך הכלים דיושר דא"ק. **ד.** מקיפי יושר דא"ק, שהם בחינת חיה ויחידה שמקיפים את הכלים דיושר דא"ק. וכל העולמות שנאצלו אחרי א"ק, **מקום אצילותם** הוא בין הבחינה השלישית שהיא בחינת האור הפנימי דיושר דא"ק לבין הבחינה הרביעית שהיא בחינה חיה יחידה שמקיפים על יושר דא"ק, ושם נאצלו עולמות אבי"ע.

והנה עכשיו **נתבאר** לעיל **איך א"ק הזה ממלא בעיגול** שלו, ר"ל עשר העיגולים הכללים דיליה, **ואת היושר שלו** המתפשט באורך תוך כל העגולים דא"ק ואבי"ע, מראש החלל עד תחתית המלכות דעתיק יומין, **ואת כל מקום הזולל, והאויר הפנוי, שבתוך הא"ס כנזכר לעיל.**

אמנם אפילו שנתבאר לעיל שא"ק ממלא את כל החלל, בכל זאת **נשאר מקום פנוי בין אור מקיף של אור יושר שבו** ר"ל שבא"ק, **אל הכלים ואור פנימי דיושר שבו** ר"ל דא"ק, **ושם נתהוו ונאצלו כל העולמות** דאח"פ ואבי"ע **אשר כולם נתלים ונאחזים בזה הא"ק, וממנו יצאו** כולם **כנזכר לעיל.**

צריך לדעת כי עולמות אח"פ לא רמוזים בתורה, מפני התורה היא בחינת אותיות שהם זו"ן, ואורות האח"פ הם בחינת טעמים. ורק מעולם העקודים ולמטה, יש רמז בתורה, כאשר עולם העקודים הם האורות היוצאים מהפה, שהם בחינת ב"ן בע"ב דס"ג, ועומדים מפה דא"ק עד טבורו. אורות הנקודים שיוצאים דרך העינים שהם בחינת סמ"ב דס"ג וחיצוניות ב"ן דעסמ"ב דב"ן, הנקראים עולם הנקודים, והם האצילות לפני התיקון, והם עומדים מטבור דא"ק עד הקרקע האצילות, והם הם המלכים דמיתו. אחרי שנשברו ומתו המלכים דנקודים יצא אור חדש, והוא בחינת שם מ"ה החדש, שיצא דרך המצח, ואור זה תיקן את בחינת המלכים דמיתו, כאשר[127] נתחברו האורות דמ"ה וב"ן. וחיבור זה נקרא עולם האצילות. יש[128] עוד בחינה שנקראת עתודים מלשון עתיד, כלומר האורות שיתגלו בעתיד. **לכן** כבר[129] נתבאר לעיל ולקמן כי בבחינת אורות השערות שהם בחינת ע"ב דע"ב אסור לנו להתעסק בהם, רק מאורות האח"פ שהם בחינת הטעמים דס"ג, יש לנו רשות ללמוד. כאשר[130] **אור עצמות** העין, הנקרא ע"ב דע"ב דס"ג, והוא בחינת חיה דנרנח"י, בחינת אצילות, הרב ז"ל לא מבאר אותו. האור היוצא דרך **האוזן דא"ק**, הנקרא ס"ג דע"ב דס"ג, והוא בחינת נשמה דנרנח"י, בחינת הבריאה, ומתפשט עד שבולת הזקן דא"ק. האור היוצא דרך **החוטם דא"ק**, הנקרא מ"ה דע"ב דס"ג, והוא בחינת רוח, בחינת יצירה, ומתפשט עד החזה דא"ק. האור היוצא דרך **הפה דא"ק**, הנקרא ב"ן דע"ב דס"ג, ונקרא גם עקודים, והוא בחינת נפש, בחינת עשיה, ומתפשט עד הטבור דא"ק.

והנה אבאר לך עתה דרך קיצור מופלג כללות כל העולמות דעגולים ויושר דא"ק ואבי"ע, **אשר** כולם עומדים **במקום הזולל הזה, שבין אור מקיף דיושר של**

---

[127]

ע"ח ש"ה פ"א מ"ב דכ"א ע"ג – ואז **נתחברו** מ"ה וב"ן ונעשה משניהן עולם אצילות.

[128]

בראשית ל"א י' – ויהי בעת יחם הצאן ואשא עיני וארא בחלום והנה **העתדים** העלים על הצאן עקדים נקדים וברדים.

[129]

תרשים ד – י"ח.

[130]

ע"ח ש"ד פ"א מ"ק די"ז ע"ג – אמנם אם נמשיל ונאמר דרך משל, כי מסוד האוזן נמשך ממנו הבל, ורוח מתוכו ולחוץ, והוא **סוד נשמה**. והבל היוצא מחוטם, **סוד רוח**. והבל היוצא מהפה, הוא **סוד נפש**.

א"ק, ובין הכלים שלו, **דיושר**, דא"ק **כנזכר לעיל** המלבישים את קו הא"ס. **והנה ענין** זה נתבאר בפרטי פרטים **במקום אחר** [די"ג ע"ד 26] **באריכות גדול** בדרושי אח"פ, דרושי טנת"א, דרושי העקודים, דרושי הנקודים, ודרושי האצילות אחר התיקון, **כל דבר ודבר בפני עצמו**, ושם במקומו יתבאר לך איך מבחינת היושר דא"ק שבו מתלבש קו הא"ס, **יצאו**[131] **ונתגלו אורות רבים**[132], אשר כללותיהם הם האורות הבוקעים ויוצאים דרך[133] הקרקפתא שהם עסמ"ב דע"ב דע"ב, והם בחינת הבל השערות, ואין לנו רשות לדבר ולהתעסק בבחינה זאת, **ומן האזנים**[134] שהם ס"ג דע"ב דס"ג **שבו ולבוש**, והאור היוצא מהאזנים נמשך עד שבולת הזקן דא"ק. **אזור כך יוצאים אורות הזוטם**[135] שהם מ"ה דע"ב דס"ג שבו לחוץ, ואור החוטם נמשך עד החזה דא"ק. **ואזור כך יוצאים אורות הפה**[136] שהם ב"ן דע"ב דס"ג, **הנקראים עקודים** מלשון[137]

131

ע"ח ש"ט פ"ו מ"ב דמ"ה ע"ב – א"ק כולל ע"ב ס"ג מ"ה ב"ן בעצמותו, וכל אחד מאלו הארבעה נכללו מארבעתן, **וייצאין ממנו גם כן אורות לחוץ**, שהם ענפיו. והע"ב הוא במוחין דיליה' נגד א"א ואבא דאצילות, ולעילא מגלגלתא דיליה יש בו דוגמא בחינת עתיק דאצילות. וס"ג דיליה מאוזן ולמטה עד טבורו, והוא כנגד בינה דאצילות. ומ"ה וב"ן דיליה מטבורא ולמטה, כנגד זו"ן דאצילות. והנה על דרך זה שבפנימיותו, **כן הוא באורות שיוצאין ממנו** שהם ענפיו כנזכר. **כי שערות ראשו** כנגד ענפי ע"ב, **ושערות דיקנא הם מאח"פ** כנגד ענפי ס"ג, שבהם כלולים או"א, שבין שניהם לקחו בינה דמ"ה אחר התיקון, שהוא שם ס"ג הכולל, שניהם והם נכללות במזלא דדיקנא דא"א, **והבן זה מאוד**.
132

ע"ח ש"ד פ"א מ"ק די"ז ע"ג – ואמנם כשעלה במחשבה לברוא העולמות, לעשר מדרגות,)על ידי סדר(, האציל והמשיך ממנו התפשטות אורות רבים, להיותם שורשי האצילות)נ"א שרשים ומקוריים(, להתאצל האצילות אחר כך. והנה כאשר נעריך ונמשיל לענין זה. כבר ידעת היות ארבע יסודות לכל, והם ראיה, שמיעה, ריחא, דבור. והם ארבעה אותיות הוי"ה. והם סוד נשמה לנשמה, ונר"ן.
133

ע"ח ש"ה פ"א מ"ת ד"כ ע"ב – והנה בחינת קרקפתא של זה הא"ק, שהוא ראש עד בחינת מקום האזנים שלו, נקרא בחינת שם ע"ב, והוא סוד הטעמים שבו כנזכר לעיל. עם היות שגם בבחינה זו לבדה כלולה טנת"א, **אלא שאין לנו רשות לדבר בזה**..... ...והנה ההבל היוצא מן הראש, יוצאים דרך נקבי שערות, וכבר אמרנו לעיל שאין אנו רשאין לדבר ולהתעסק בו.
134

ע"ח ש"ה פ"א מ"ת ד"כ ע"ג – והנה כאשר יצא האור דרך נקבי האזנים, ימנית ושמאלית, נתפשטו האורות האלו מבחוץ ממקום האזנים, **עד מקום שבולת הזקן**, ונמשך בהתפשטותו מנגד התפשטות שער הזקן, הצומח בלחיים, בצדדי הפנים, וכנגדו נתפשט ונמשך אור הזה עד שמגיע למטה בשבולת הזקן, ושם מתחברים האורות היוצאים משתי נקבי האזנים, אמנם לא נתחברו בחבור גמור, אבל נשאר ביניהם חלל מעט.
135

ע"ח ש"ה פ"ב מ"ת דכ"א ע"ד – אחר כך באו הטעמים האמצעיים, והם בחינת אור היוצא מחוטם דא"ק, וחוטם גימטריא ס"ג. גם מכאן נמשך ויוצא אור דרך שתי נקבי החוטם, ימין ושמאל, ימין מקיף, ושמאל פנימי, על דרך הנזכר באזן. **ונמשכו ביושר עד החזה של זה הא"ק**, וזהו עיקר האור.
136

ע"ח ש"ו פ"א מ"ת דכ"ד ע"ג – והנה מן הפה הזה יצאו עשר ספירות פנימים, ועשר מקיפים, ונמשכין מנגד הפנים, **עד נגד הטבור של זה הא"ק**, וזה עיקר האור.
137

ויעקוד את יצחק בנו, ונמשכים עד הטבור דא"ק. **וכל אלו האורות** דאח"פ **הם בדרך יושר לבד, ואין להם בבחינת עיגול כלל** ר"ל באורות האח"פ אין בחינת עיגולים.

הרב ז"ל מבאר כאן בכללות את בחינת עולם הנקודים, שהם האורות דסמ"ב דס"ג וב"ן דעסמ"ב דב"ן, שהיו בפנימיות א"ק מטבורו ולמטה. אורות אלו יצאו **דרך** העינים דא"ק, ומהם נעשה עולם הנקודים, ובחינת עולם זה נחרב, בסוד [138] - בונה עולמות ומחריבן, והם [139] רמוזים בתורה הקדושה במלכי אדום שמלכו לפני מלכי ישראל. ומהחורבן [140] נתקנו עולמות אבי"ע. **עוד צריך לדעת** כי כל מידה [141] וכל ספירה מתחלקת לשלושה חלקים, וכן [142] ספירת התפארת, כאשר

בראשית כ"ב ט' – ויבאו אל המקום אשר אמר לו האלהי"ם ויבן שם אברהם את המזבח ויערך את העצים **ויעקוד את יצחק בנו** וישם אתו על המזבח ממעל לעצים.

138

בראשית רבה פרשה ג' אות ז' – אמר רבי יהודה בר סימון - יהי ערב אין כתיב כאן, אלא - ויהי ערב. מכאן שהיה סדר זמנים קודם לכן. אמר רבי אבהו - **מלמד שהיה בורא עולמות ומחריבן**, עד שברא את אלו, אמר - דין הניין לי יתהון לא הניין לי)אלו מועילים לי, אותם הקודמים לא הועילו לי(. אמר רבי פינחס טעמיה דרבי אבהו - וירא אלהי"ם את כל אשר עשה והנה טוב מאד. דין הניין לי יתהון לא הניין לי.
קהלת רבה פרשה ג' אות י"ד – את הכל עשה יפה בעתו, אמר רבי תנחומא - בעונתו נברא העולם, לא היה ראוי להבראות קודם לכן אלא לשעתו נברא, שנאמר - את הכל עשה יפה בעתו. אמר רבי אבהו - **מכאן שהיה הקדוש ברוך הוא בונה עולמות ומחריבן, בורא עולמות ומחריבן.** עד שברא את אלו, ואמר - דין הניין לי יתהון לא הניין לי)אלו מועילים לי, אותם הקודמים לא הועילו לי(.
שושן סודות אות רע"ה – והארץ היתה, מאי היתה, **שכבר היתה.** מלמד **שהיה בונה עולמות ומחריבן**, הכוונה במאמר זה לרמוז כי כשעלה במחשבה הטהורה להאציל עשר ספירות, ולבראות עליונים ותחתונים, ראשונה חשב לבראותה במדת החסד, ולא היה יכול להתקיים, הטעם שהיא רחמים גמורים. ואחר כך חשב לבראותו במדת הדין העזה, ולא יוכל להתקיים כי הוא דין גמור. **וזה בונה עולמות ומחריבן**, כי כל אחד משבעה ספירות נקרא עולם. והבנין והחורבן ההוא במחשבה הטהורה היה.

139

בראשית ל"ו ל"א - ל"ט – ואלה המלכים אשר מלכו בארץ אדום לפני מלך מלך לבני ישראל, **וימלך** באדום בלע בן בעור ושם עירו דנהבה, **וימת** בלע **וימלך** תחתיו יובב בן זרח מבצרה, **וימת** יובב **וימלך** תחתיו חשם מארץ התימני, **וימת** חשם **וימלך** תחתיו הדד בן בדד המכה את מדין בשדה מואב ושם עירו עוית, **וימת** הדד **וימלך** תחתיו שמלה ממשרקה, **וימת** שמלה **וימלך** תחתיו שאול מרחבות הנהר, **וימת** שאול **וימלך** תחתיו בעל חנן בן עכבור, **וימת** בעל חנן בן עכבור **וימלך** תחתיו הדר ושם עירו פעו ושם אשתו מהיטבאל בת מטרד בת מי זהב.

140

גמרא חגיגה דט"ז ע"א – אלא לפנים מה דהוה, הוה רבי יוחנן ורבי אלעזר דאמרי תרוייהו - משל למלך בשר ודם, שאמר לעבדיו בנו לי פלטירין)ארמון(גדולין,)שזה עולם הברודים(- עולם אצילות אחרי התיקון(על האשפה)שזה עולם הנקודים - אצילות לפני התיקון(, הלכו ובנו לו, אין רצונו של מלך להזכיר שם אשפה.

141

ע"ח של"ה פ"ב מ"ק דנ"א ע"ב – כי אין לך שום מדה שאין לה שלוש פרקים.

142

בית לחם יהודה ש"ח פ"ב דכ"ג ע"ב – כי כל מקום שכותב רז"ל חצי תפארת הוא סובל ג' פירושים. **או מחצית ממש**, כמו שמצינו בפרק ג' דשער השבירה, שכתב רז"ל שנתפשט כלי הכתר דנקודים עד מקום מחצית התפארת. וכן בפרק ה' דשער י"ג ריש כלל א', ששם קרי למחצית התפארת מחצית בדקדוק ממש, יעו"ש. **או שליש או שני שלישים**, כמו שמצינו בשער ההקדמות דף כ"ט ע"ט דקרי לשני שלישים בשם מחצית, ולשליש בשם מחצית, שכתב שם וז"ל - עוד יש תועלת שלישית עליית האורות דנה"י דאימא למעלה, כי הנה הם עולים עד חצי העליון דתפארת דאימא תחת החזה, ונמצאו עומדים בחצי התחתון ותפארת דאימא, יעו"ש. **הרי דלשליש העליון דתפארת שהוא עד החזה, קרי ליה חצי העליון, ולשני שלישים התחתונים ותפארת קרי להו חצי התחתון.** ובסוף פרק ג' דשער כ"ה קרי לשליש החחתון דתפארת בשם מחצית,

לפעמים השליש התחתון שהוא הטבור נקרא חצי תפארת. לפעמים השליש העליון שהוא החזה, נקרא חצי תפארת. או השני השלישים העליונים, או התחתונים נקראים חצי התפארת. כאן בא"ק, עולם הנקודים עומד מהטבור דא"ק עד סוף רגליו, שהוא שליש התפארת התחתון והנה"י דא"ק, ונקרא[143] תנה"י דא"ק[144].

ואחרי שיצאו מא"ק אורות האח"פ, **אזור כך יצאו אורות** דעולם הנקודים, שהם סם"ב דס"ג וב"ן דעסמ"ב דב"ן דרך ה**עינים דא"ק הזה, ואלו נקראים עולם הנקודים**[145], **ויש בהם שתי בחינות**, האחת בחינת **עיגולים**, והאחת בחינת **יושר. ומקום**[146] **מצבן ומעמדן** של הנקודים **הן**[147] **מהטיבור** דא"ק, שהוא שליש תפארת התחתון **דא"ק הזה עד סיום רגליו, שהמקום**[148] **הזה נקרא כללות** תנה"י דא"ק במקביל ממש למקום עמידת סם"ב דס"ג וכללות שם ב"ן שבפנימיותו.

שכתב שם וז"ל - אך כתר דז"א נעשה מחצי התפארת דתבונה מטבורא ולמטה. וכתב עליו מהרח"ו ז"ל - ונראה לי חיים כי במקום אחר נתבאר שמתחיל מהחזה, שהם שני שלישים דתפארת דתבונה, עד כאן לשונו. **הרי מבואר להדיא דשליש דשליש התחתון שהוא מטבורא דגופא ולמטה, נקרא בשם חצי תפארת.** וטעם לשנויים אלו, נראה לעניות דעתי לפי ששליש האמצעי דתפארת הוא כלול מחצי העליון ומחצי התחתון של התפארת, ולכן לפעמים כוללו עם חצי העליון, ולפעמים כוללו עם חצי התחתון, והענין יתפרש כפי הדרוש ההוא.
143

רחובות הנהר ד''ב ע''ג – ונמצא כי מוכרח הוא כי כל פרצופי אבי"ע שהיה בהם מקרה המלכים, מלבישים זה את זה בשוה, **מטיבורא דא"ק עד סוף העשיה**, כי כל ספירה מעשר ספירות דכל פרצוף דפרצופי אבי"ע, יצא מעינים דא"ק, ועברו דרך אח"פ, והכתר שבה קיבל אור האזן, וחו"ב שבהם קבלו הארתה לבד, ושבעה תחתונות לא קבלו אפילו הארתה, **וירדו והלבישו את תנה"י דא"ק** כנזכר לעיל, עד סוף העשיה. כל זה בכל ספירה מעשר ספירות דכל פרצופי אבי"ע, ודי למבין.
144

תרשים ד – כ.
145

ע"ח ש"ח פ"א מ"ת דל"ד ע"א – ואחר כך מן העין יצאו הנקודות דס"ג, ולכן אין כל כך כך בעין כמו בשלוש מקומות הנזכרים לעיל, כי אין דומה אור הנקודים הקטן, כמו הטעמים. אבל עם כל זאת מצינו קצת כח בהסתכלות העין, כנראה בחוש העין בטבע, כענין ביצת בת היענה, שנולד האפרוח על ידי הסתכלותה זמן מה בלתי שתשב על הביצים לחממם כמו שאר העופות, וזה יורה היות כח ממשית בהסתכלות העינים.
146

ע"ח ש"ח פ"א מ"ב דל"ה ע"א – ואותן האורות הנזכרים לעיל שיצאו מאח"פ של א"ק, אין בהם בחינת עיגול ויושר, רק הכל יושר לבד, אך בחינת המצח והעין של זה האדם שהם סוד הנקודות האלו, יש בהם בחינת עיגולים ויושר, דוגמת א"ק, **ויוצאין מנה"י וחצי תפארת של זה הא"ק ולמטה מבחינת היושר**, ושם יוצאין תחלה העיגולים של הנקודות, והם מעגלים ומקיפים את ה**נה"י וחצי ת"ת דא"ק,**)שהם( )סוד היושר שלו, ומקיפים אותו יושר, והוא באמצען.
147

תרשים ד – כ''א.
148

בית לחם יהודה ש''א פ''ד ד''ד ע''א – שמקום זה נקרא כללות נה"י דא"ק. אף על פי שמטבור ולמטה יש בכללם שליש התחתון דתפארת, עם כל זה אינם נקראים תנה"י, אלא נה"י לבד, לפי שהוא מיעוטו של תפארת, אך מהחזה ולמטה שיש עמהם שתי שלישים דתפארת, הם נקראים תנה"י, לפי שנכלל עמהם רובו של תפארת, כמבואר בדברי שלום דף ל''א ע''ד ד''ה מלכות אשר וכו', יעו''ש. ועיין עוד בענף ה' שבסמוך, ד''ה עד שנמצא וכו'.

וזהו סדרן, כי **בתזולה**, ר"ל עולם הנקודים, **יצאו** דרך העינים דא"ק עשר עיגולים דנקודות לפני היושר שלהם, **ונתעגלו**[149] **סביב הכלים דתנה"י דא"ק**[150] ר"ל משליש התפארת התחתון, שהוא הטבור עד סוף קרקעית האצילות, **בבזינת היושר שלו.** ובתוך הכלים דתנה"י דיושר דא"ק **מתלבש אור פנימי שלהם**, ויש להם גם אור מקיף על עיגולי הכלים **כנזכר לעיל. ואלו העיגולים דנקודות שהם בבזינת נפש** בערך לבחינת היושר, הנקרא רוח, **הם סובבים על הכלים ואור פנימי של תנה"י דיושר דא"ק. ואלו העיגולים של הנקודים** כבר נתבאר לעיל שהם כוללים **אור פנימי דנפש**, ויש פנימיות וחיצוניות לכלים האלו שלהם, וגם **אור מקיף** וסמוך **על הכלים** מבחינת נפש, **וכללות** כל זה **נקרא עיגולים דנקודים.**

ועל אלו לא גורסים **הנקודים** [אלא צריך לגרוס **נ"א העיגולים** של הנקודים], עומד **עוד אור מקיף מבזינת דיושר דא"ק** שהוא מבחינת יחידה דיושר דא"ק, **ועל אור מקיף דיושר דא"ק סובבים העשר עיגולים דא"ק** עצמו, **הכוללים אור פנימי**, ופנימיות וחיצוניות **הכלים**, ועל[151] הכלים יש **אור מקיף שלהם** כנודע, **וזה היה בתזולה** לפני גילוי היושר דנקודים.

אמנם כאשר נאצלו אחרי גמר עשיית העיגולים דנקודים, ר"ל דוגמת אצילות העיגולים ויושר דא"ק, אזור כך נאצלו גם **העשר ספירות דיושר דעולם הנקודים, שהוא בבזינת רוח שלהם. אז הלבישו העשר ספירות דיושר דנקודים, הכוללים אור פנימי, וכלים, ואור מקיף דיושר** דעולם הנקודים, **על גבי הכלים ואור פנימי דיושר דתנה"י דא"ק**[152]. **ועל היושר דנקודים הלבישו אותם העיגולים**

149

ע"ח ש"א ענף ה' מ"ב די"ד ע"ד – אבל הענין הוא כך, ומובן במה שמבואר בענף ד', ענין א"ק, ואיך כל העולמות הם ענפים ומסתעפים ממנו, **עד שנמצא כי עולם האצילות אינו רק לבוש אל נה"י דא"ק, שהם בחינת רגליו לבד**. וכבר ידעת כי עולם העשיה הוא נגד המלכות [דא"ק, אשר מקומה היה באחור עם ז"א, בתנה"י שלו לבד. נמצא כי עולם האצילות אינו [אלא])אפילו(בערך עולם עשיה, שהוא מלכות דא"ק, נמצא כי כל עסקינו בספר הזוהר בעולם האצילות, אפילו בג"ר אינו]רק( )אפילו(בחינת עולם עשיה דא"ק, שהוא מלכות דא"ק, אבל בג"ר דא"ק אסור לעשות, כן ואפילו במלכות דא"ק שהוא בחינת עשיה.

150

תרשים ד – כ"ב.

151

תרשים ד – כ"ג.

152

תרשים ד – כ"ד.

עָצְמָן שֶׁלָהֶם שהם עגולי הנקודים, וְעַל הָעִיגּוּלִים דְּנְקוֹדִים אוֹר מַקִּיף דְּיוֹשֶׁר דא"ק, וְעֲלֵיהֶם הָיוּ הָעִיגּוּלִים דא"ק עַצְמוּ.

הרב ז"ל מבאר באופן כללי ביותר את עולם הנקודים, ואיך[153] מלכו ומתו הכלים דנקודים, ולזה יש דרושים ארוכים ועמוקים, שיתבארו ב"ה בהיכל הנקודים (שער ח' עד שער י"א). ועל ידי שם[154] מ"ה החדש היוצא ממצח דא"ק, נתקנו המלכים הנזכרים. וכאשר ניתקנו עולמות אבי"ע.

וְהִנֵּה יִתְבָּאֵר לְמַטָּה בְּזִיבּוּרֵינוּ זֶה, בְּעִנְיַן עוֹלַם הַנְּקוֹדִים, אֵיךְ[155] שִׁבְעָה מַלְכֵי אֱדוֹם שֶׁמָּלְכוּ נשברו ומתו, וְאַזוֹר כָּךְ נְתְקְנוּ על ידי שם מ"ה החדש, היוצא ממצח דא"ק, הָרמוז[156] בתורה במלך הדר שלא נכתב בו מיתה.

עד כאן ביאר הרב ז"ל את בחינת העולמות דאבי"ע. כאן מבאר הרב ז"ל את בחינת הפרצופים שבכל עולם ועולם, שנתקנו בזמן תיקון המלכים. צריך לדעת כי ברוב המקומות הרב ז"ל מבאר בכללות על חמשה פרצופים, שהם בכל עולם, שהם - א"א, אבא, אמא, ז"א, ונוקבא. לפעמים הרב ז"ל מבאר את פרצוף עתיק יומין, שהוא פנימי ומתלבש בתוך א"א, והוא נשמה א"א. עוד צריך לדעת כי יש סוגיות שהפרצופים[157] והעולמות[158] אלו עומדים בעובי, ויש[159] סוגיות

---

¹⁵³ — see below

153

ע"ח ש"ח פ"ה מ"ת דט"ל ע"א - ונחזור לבאר סדר יציאת שבעה מלכים אלו מתוך הבינה, **ואיך נשברו.** הנה ראשונה יצאו כולם מתוך הבינה והיו כלולים באור הדעת, ונכנסו עמו בכלי שלו..... וכאשר יצא כולם כלולים בדעת, לא היה יכול הכלי לסבול את כולם, **ונשבר וירד למטה,** כמו שנבאר בע"ה. אחר כך יצאו ששה אורות האחרים בכלי חסד, וגם הוא לא היה יכול לסובלם, ונשבר וירד למטה, כמו שנבאר בע"ה. ואחר כך ירדו החמשה אורות בכלי של גבורה.... ולא יכול לסבול **ומת ונשבר.** ואחר כך ירדו הארבעה אורות... בכלי התפארת, **ונשבר גם הוא** וירד. וכן על דרך זה עד שירדו שני אורות.... בכלי היסוד, ולא היה יכול לסובלם **ונשבר וגם הוא** ירד. וכשבא אור המלכות, לא בא אלא הוא לבדו, ועם כל זה לא היה יכול לסבול, **ונשבר גם הוא** וירד.

154

ע"ח ש"י פ"א מ"ת דמ"ז ע"ב – והנה כאשר עלה ברצון המאציל להחיות את המתים, ולתקן את המלכים האלו הנשברים והנפולים בעולם הבריאה, גזר והעלה מ"ן מתתא לעילא, ועל ידי כך היה זווג עליון דחו"ב דא"ק פנימיות, והוציא **שם מ"ה החדש,** ונתקנו המלכים.

155

ע"ח ש"ח פ"ד מ"ת דל"ח ע"ג – אמנם בצאת משם השבעה תחתון, שהם השבעה מלכים שמלכו בארץ אדום, ורצו ליכנס בכלים שלהם, ולא יכלו הכלים לסבול **ונשברו ומתו,** כמו שנבאר בע"ה. ולכן נבאר תחלה סדר שבעה מלכים אלו, כי הנה הם מהדעת ולמטה, דעת א'. חסד ב'. גבורה ג'. תפארת. ד' נצח הוד, הם תרי פלגי גופא, והם ה'. יסוד ו'. מלכות ז'.... ודע כי כל אלו הם ענין המלכים הנזכר בפרשת וישלח - ואלה המלכים אשר מלכו בארץ אדום, וזה פרטן בלע בן בעור זה **דעת**.... יובב הוא **חסד**.... השם הוא **גבורה**... (והדד בן בדד הוא **התפארת**....). ושמלה ממשרקה (ובעל חנן בן עכבור [**אח"י** - נראה לעניות דעתי **מלכות**]) הם **נצח הוד**, תרי פלגי גופא. והנה שאול מרחובות הנהר הוא **יסוד**...

156

בראשית ל"ו ט"ל – וימת בעל חנן בן עכבור וימלך תחתיו **הדר** ושם עירו פעו ושם אשתו מהיטבאל בת מטרד בת מי זהב.

157

תרשים ד – כ"ה.

158

תרשים ד – כ"ו.

שהעולמות והפרצופים עומדים באורך. **בעומק** העניין יש[160] י"ב פרצופים שהם בעצם ששה פרצופים, רק שכל פרצוף מחולק לזכר ונקבה שבו, הנקראים[161] מ"ה וב"ן, והם חסדים וגבורות דאותו פרצוף. **יש עוד** חלוקה עמוקה לפי[162] דרוש[163] הדעת.

159

תרשים ד – כ"ז.
160

תרשים ד – כ"ח.
161

נהר שלום, דרוש הדעת דמ"ב ע"ד – כל פרצופי אבי"ע, **כלולים ממ"ה וב"ן שהם חסדים וגבורות**, וכל בחינה משתיהם יש בה יחידה חיה נשמה רוח נפש, שבכל פרצוף.

162

נהר שלום דמ"א ע"ב – דרוש יקר הערך בעניין הדעת. **אמר חיים ויטאל הנני מחבר דרוש יקר הערך בעניין הדעת וזולת זה הדרוש אין שום ידיעה שורשית בעניני העשר ספירות.** ואכתוב מה שנראה לעניות דעתי בו מכל אשר עיינתי בספר הזה. דע כי אף על פי שהוזכר תמיד היותם עשר ספירות, אינם רק חמש ספירות, וכל ספירה הוא פרצוף אחד, וכולל עשר מדות. והם א"א, ואו"א, וזו"ן. וזה פרטם, כי ספירת הכתר כוללת עשר מדות, ונקראת א"א. וספירת החכמה כוללת עשר מדות, ונקראת אבא. וספירת בינה כוללת עשר מדות, ונקרא אימא. **וספירת הדעת דחסדים** כוללת עשר מדות, ונקראת זעיר, אך כשנאצל לא היו בו רק שש מדות חג"ת נה"י שבדעת, והם הם החג"ת נה"י הנקרא אצלינו מכלל העשר ספירות, אבל אינו רק מדות ולא ספירות, כמו השלשה ספירות הראשונים. **וספירת הדעת דגבורה** כוללת עשר מדות, ונקרא נוקבא דזעיר, אך כשנאצלה לא היה בה רק מדה אחת לבד, העשירית, והיא מלכות שבדעת הנזכר, והיא היא המלכות הנקראת אצלינו מכלל העשר ספירות, אבל אינה רק מדה אחת, ולא ספירה. ואלו החמשה פרצופים נרמזו בשם ההוי"ה, בקוצו של יו"ד, ובארבע אותיותיו. ולפי שהכתר אינו מכלל העשר ספירות, והושם ספירת הדעת במקומו, לכן נרמז בקוץ היו"ד, ולא באות ממש. ונמצא כי עיקר הפרצופים הם ארבעה, או"א, וזו"ן, והם ארבע אותיות ההוי"ה. והם נכללות בשלש ספירות בלבד, שהם חב"ד, **ודעת כלול משני עיטרין.** וזה סוד פסוק – הוי"ה בחכמה יסד ארץ, כונן שמים בתבונה, בדעתו תהומות נבקעו. ונמצא כי כל העולמות אינם רק שלשה בחינות חב"ד, והסיבה היא כי שרש הכל הוא החסד והדין והרחמים, ולפי שהרחמים מכריע ביניהם, צריך שימצאו בו בחינותיהם, והם חו"ב, תרין דעות. ואלו עצמם הם שלש בחינות, כהן לוי ישראל, והם נר"ן........... ונתחיל מן הראשון, הנה ספירת הכתר היא נשמת האצילות, ונחלק לשלש מוחין חב"ד, שהם נר"ן, שלושה חלקי הנשמה, כיצד עתיק ונוקבא חו"ב, והם נשמה ורוח, **ואריך ונוקבא הם זו"ן שבכתר, ונקרא דעת**, ונפש, ושלשתם שלשה חלקי הנשמה. אחר כך ספירת חו"ב, הם רוח דאצילות, ונחלקים לשלושה מוחין חב"ד, שהם נר"ן, שלושה חלקי הרוח, כיצד או"א חו"ב, והם נשמה ורוח, **והדעת שהוא זו"ן שבהם שהם ישסו"ת**, בנקרא נפש, ושלשתם שלשה חלקי הרוח. ואחר כך **ספירת הדעת**, היא נפש דאצילות, ונחלק לשלשה מוחין חב"ד, שהם נר"ן שלושה חלקי הנפש, כיצד זו"ן חו"ב, והם נשמה ורוח, **והדעת של הדעת שהוא זו"ן שבהם הם יעקב ולאה**, ונקראים נפש, ושלשתם הם שלשה חלקי הנפש. וכל הבחינות.......

רחובות הנהר ד"ז ע"ד – זה הכלל כל עשר ספירות דכל פרצוף נחלקים לשלושה חלוקות. אחת, הוא הגולגולתא, שהוא הכתר, שהוא גדול מהמוחין לאין קץ, והוא שורש הארבע מוחין חב"ד. שנית, הוא המוחין שהם חב"ד. שלישית, הוא גופא שהם הו"ק. והנה שורש הארבע מוחין דחב"ד שבכתר הנזכר, החו"ב נקרא עתיק ונוקבא, והדעת העליון המחברם הם הנקרא א"א ונוקבא, אלו הם **החב"ד** שבכתר, שהם שורשי המוחין, וכללותם נקרא נר"ן דנשמה. והמוחין שהם החב"ד שתחת הכתר, הם הנקראים או"א עילאין, והחו"ב שבהם הם נקרא או"א עילאין, והחו"ג דדעת נקרא ישסו"ת, גם נקרא דעת התחתון, הכולל תרין עיטרין ודעת, כי השתי עטרין נקראים חו"ב או"א, ודעת התחתון שבהם נקרא ישסו"ת, וכללותם נקרא נר"ן דרוח. והו"ק שהם גופא, הם הנקראים זו"ן ובערך שנקרא או"א וישסו"ת, חג"ת כנזכר לעיל, נקראים אלו **נה"י**, נצח והוד נקראים זו"ן הגדולים, שהם ו"ק דמ"ה ו"ק דב"ן, ויסוד נקרא יעקב ורחל, **ואלו יעקב ורחל הם דגופא דז"א עצמו**, כי היסוד הוא מכלל הו"ק, וגם המלכות דמ"ה וב"ן נקרא יעקב ורחל, וכללותם נקרא נר"ן דנפש.

48

וכאשר נתקנו נעשׂו מהם בבחינת ארבעה עולמות אבי"ע, וכל עולם וְעוֹלָם מהם מעולמות אבי"ע, כולל שׁשׁה פרצופים כוללים, לבד מפרצופים אזורים פרטים שבכל פרצוף, שׁהם נעשׂים ענפים היוצאים מאלו השׁשׁה פרצופים ר"ל לכל אחד מהפרצופים יש שׁשׁה פרצופים פרטים, ואלו הם – עתיק, וא"א, ואבא, אימא, ז"א, ונוקבא.

הרב ז"ל מתחיל לבאר כאן את[164] בחינת סדר התלבשות העולמות והפרצופים זה בזה.

ונבאר עתה בקיצור מצבן ומעמדן של עולמות א"ק ואבי"ע, כאשר יש בכל עולם ועולם, ובכל פרצוף ופרצוף, יש שתי בחינות של עגולים ויושר, **ונתחיל** לבאר אותם **מלמעלה למטה. הנה הא"ס הוא סובב ומקיף על גבי עשׂר עיגולים דא"ק** שהם בחינת נפש דכללות, ועיגולים אלו מקיפים **בכל שׁלוּש מיני בבחינותיו** של א"ק, שהם **אור פּנימי** הנקרא נר"ן **דנפש,** והם בפנימיות **הכלים דנפשׁ** דא"ק, **ואור מקיף דנפשׁ** הנקרא יחידה דנפש, הסובב על כלים, ונמצאים במרחק מהכלים, לאפוקי **מקיפי החיה** שנמצאים חופפים על הכלים, **וכולם בצׁורת עיגולים** שלמים, שהם בעצם כדורים זה בתוך זה **כנזכר לעיל. וכיוצא בזה** יש את כל הבחינות האלה **בשׁאר כל** הכלים של **העיגולים שׁבשׁאר** כל העולמות וכל הפרצופים **הפרטים,** כאשר לכל אחד מהם יש אור מקיף עליון על הכלי, הנקרא יחידה, אור פנימי שנקרא נר"ן בתוך הכלי, ואור מקיף העומד וחופף על הכלי הנקרא חיה, **ולא נצטרך להזכיר ענין זה** של כל הפרטים בכל עולם ועולם, ובכל פרצוף ופרצוף **בכל המקומות,** והוא דבר שווה בכל מקום ומקום.

הרב ז"ל מבאר כאן את בחינת המקיפין דפרצופי האצילות.

163

תרשים ד – כ"ט.

164

ע"ח שמ"ג הקדמה לדרש מ"ב דצ"ד ע"ד – ונמצא הכלל העולה בקיצורף שהא"ס מקיף כל העולמות בהשואה גמורה ומצד האחד, שהוא הנקרא עתה ראש א"ק, נפתח צינור אחד, ונמשך אור א"ס ביושר מעילא לתתא תוך א"ק כולו, ושם נפסק כולו בסיום אדם הנזכר לעיל. נמצא שהא"ס מאיר בעולמות כולם בשתי אופנים, מבית ומחוץ. מחוץ הוא סובב כל העולמות, ומבפנים הוא תוך הא"ק הנזכר לעיל, אשר הא"ק זה הוא פנימי מתלבש בתוך העולמות כולם. ונמצא שפנימיות עולם עשיה בבחינת היושר הוא החיצון שבכל הפנימיות שבכל עולמות כולם, והעיגולים של העשיה המקיפים על הפנימיותם, שהוא היושר שלהם, הם העיגולים היותר פנימית שבכל עיגולי העולמות כולם. נמצא שאור היושר הפנימיות של העשיה הוא יותר רחוק מאור הא"ס הפנימית, המתלבש תוך הא"ק, ואור העיגולים שעל העשיה הם יותר רחוקים מאור א"ס, המקיף כל העולמות. ובזה תבין גדרי מעלות כל העולמות כסדרן, כי א"ק בין בבחינת הפנימית והיושר שלו, בין בבחינת העיגולים שלו, הוא דבוק בא"ס תכלית הדביקות. ואחריו הוא אצילות, המתרחק בין בבחינת העגולים בין בבחינת יושר מא"ס, ואינו יונק אלא על ידי א"ק. וכיוצא בשאר העולמות, עד שנמצא שעולם עשיה הוא תכלית ההרחקה מא"ס, הן מצד הפנימי, הן מצד המקיפים. גם תבין איך הוא האור א"ס הוא פנימי וחיצון, ואור פנימי הוא היוצא לחוץ, ואור המקיף נכנס בפנים, ועל ידיו מתקיימים כל העולמות, **ושמור כלל זה הנזכל לעיל היטב,** כדי שתבין כל מה שנכתב אחר כך בע"ה.

49

וְעֵשֶׂר עִיגּוּלִים דְּאָ"ק הנזכר, הֵם מַקִּיפִין וְסוֹבְבִין עַל אוֹר מַקִּיף דְּיוֹשֶׂר דְּאָ"ק עַצְמוֹ שהוא בחינת אור היחידה דיושר דאָ"ק, שנקרא יחידה דרוח, וְאוֹר מַקִּיף דְּיוֹשֶׂר דְּאָ"ק מקיף עַל גַּבֵּי עֵשֶׂר עִיגּוּלִים דְּעַתִּיק דאצילות, וְעֵשֶׂר עִיגּוּלִים דְּעַתִּיק סוֹבְבִים עַל אוֹר מַקִּיף דְּיוֹשֶׂר דְּעַתִּיק דאצילות, שהוא בחינת יחידה דעתיק דיושר עַצְמוֹ. וְאוֹר מַקִּיף דְּיוֹשֶׂר דְּעַתִּיק יוֹמִין מַקִּיפִים עַל עֵשֶׂר סְפִירוֹת דְּאָ"א דאצילות. וְעֵשֶׂר סְפִירוֹת דְּאָ"א מַקִּיפִים עַל אוֹר מַקִּיף דְּיוֹשֶׂר דְּאָ"א דאצילות, שהוא בחינת יחידה דא"א דיושר עַצְמוֹ. וְאוֹר מַקִּיף דְּיוֹשֶׂר דְּאָ"א, מַקִּיף עַל עֵשֶׂר סְפִירוֹת דְּאַבָּא דאצילות, וְעֵשֶׂר סְפִירוֹת דְּאַבָּא מַקִּיף עַל אוֹר מַקִּיף דְּיוֹשֶׂר דְּאַבָּא דאצילות, שהוא בחינת יחידה דאבא דיושר עַצְמוֹ. וְאוֹר[165] מַקִּיף דְּיוֹשֶׂר דְּאַבָּא מַקִּיף עַל עֵשֶׂר סְפִירוֹת דְּאִימָּא[166] דאצילות. וְעֵשֶׂר עִיגּוּלִים דְּאִימָּא דאצילות סוֹבְבִים עַל אוֹר מַקִּיף דְּיוֹשֶׂר דְּאִימָּא דאצילות, שהוא בחינת יחידה דאימא דיושר עַצְמָהּ. וְאוֹר מַקִּיף דְּיוֹשֶׂר[167] דְּאִימָּא מַקִּיף עַל עֵשֶׂר עִיגּוּלִים דְּז"א דאצילות, וְעֵשֶׂר עִיגּוּלִים דְּז"א מַקִּיפִים עַל אוֹר מַקִּיף דְּיוֹשֶׂר דְּז"א דאצילות, שהוא בחינת יחידה דז"א דיושר עַצְמוֹ. וְאוֹר מַקִּיף דְּיוֹשֶׂר דְּז"א מַקִּיף עַל עֵשֶׂר סְפִירוֹת דְּנוּקְבָּא דאצילות, שהוא בחינת יחידה דנוקבא דיושר, וְעֵשֶׂר סְפִירוֹת דְּנוּקְבָּא, מַקִּיפִין עַל אוֹר מַקִּיף דְּיוֹשֶׂר דְּנוּקְבָּא עַצְמָהּ.

כאן מבאר הרב ז"ל את בחינת המקיפים דבי"ע. **צריך לדעת** כי כאן הביאור הוא באופן כללי, ולא פרטי כמו בעולם האצילות, שם נתבאר כל המקיפים דבחינת כל פרצוף ופרצוף. וכאן הוא המקיפים דכללות בי"ע, עם כל זאת יש לכל בחינה מבי"ע פרצופים פרטים של עתיק, א"א, או"א, וזו"ן.

וְאוֹר[168] מַקִּיף דְּיוֹשֶׂר דְּנוּקְבָּא דְּז"א דְּאֲצִילוּת מַקִּיף עַל עֵשֶׂר סְפִירוֹת דְּבְרִיאָה, וְגַם הִיא ר"ל הבריאה נֶחֱלְקֶת לְכָל הַפְּרָטִים הַנִּזְכָּרִים לְעֵיל, שהם –

בית לחם יהודה ש"א פ"ד – ואור מקיף דיושר דאבא מקיף על עשר עגולים דאימא. עיין בשער הקדמות דף י' סוף ע"ב, ובמבוא שערים דף י"ג ריש ע"ב, ובסוף פרק י"ג דשער מ"ב. דהתם הקשה מהרח"ו ז"ל כי מאחר דאו"א כחדא נפקין ושריין, אם כן היאך היו עשר עגולי אבא על גבי עשר עגולי אימא, יעו"ש מה שתרץ. ולעניות דעתי נראה לתרץ עוד, דאבא הנזכר הם או"א עלאין, הנקראים אבא. ואימא הנזכרת הם הישסו"ת, הנקראים אימא, ואחר כך ראיתי בע"ה כתב יד שכן הקשה ותרץ רבי מאיר פאפרוס ז"ל, וכן הוא בכתב יד חכם רב אליהו סלמאן מני נשמתו עדן.

הגהות ובאורים)ד(– א"ה מה שאמר קרא, כבר ידוע כי או"א כחדא נפקין ושריין, ואיך משתוים גם כן בבחינת העגולים. עיין מבוא שערים דף ל"א ע"א. אמר המגיה עיין לקמן שער ג' פרק מ"ב ד"ה ונראה לעניות דעתי וכו'.

הגהות ובאורים)ה(– עיין תורת חכם דף ע"ה ע"ב שיטה ה'.

פרצופי עתיק, א"א, או"א, וזו"ן, **ועשׂר ספירות דבריאה סובבים על אור מקיף דיושׂר דבריאה עצמה.**

ואור מקיף דיושׂר דבריאה, מקיף על עשׂר ספירות דיצירה, הנחלק גם הוא לכל הפרטים הנזכרים לעיל, ועשׂר ספירות דיצירה על אור מקיף דיושׂר דיצירה עצמה.

ואור מקיף דיושׂר דיצירה על עיגולי העשׂיה, הנחלקת גם היא לכל הפרטים הנזכרים לעיל, ועיגולי עשׂיה על אור מקיף דיושׂר דעשׂיה עצמה.

הרב ז"ל ביאר כי הבחינות אלו הם מקיפים בעיגול בהיקף החלל, ומה שכתב כאן למטה **בנשלמו**, אין הכוונה שנשלמו כל העיגולים בכל העולמות, ואחר כך התחיל להתפשט בעולמות בחינת היושר, אלא[169] העיגולים ויושר התפשטו ביחד, בכל עולם ועולם, פרצוף, ספירה או כל שיעור קומה. אלא בהתפשטות העיגול הראשון, תכף ומיד התחיל היושר הראשון להתפשט אחריו, כמו שמבואר לעיל.

והנה נשׁלמו דרך כללות ופרטות **כל בזזינת העיגולים, והׂאורות המקׂיפים דיושׂר, שׁל כל העולמות אלו, כולם מלמעלה למטה. ומכאן ולהלאה (נׂבאר)** איך **יצׂאו בזזינת הכלים ואור פׂנימי שׁלהם דיושׂר, שׁל כל העׂולמות** א"ק ואבי"ע. **אשׂר בזזינות אלו** של היושר מלבישים את קו הא"ס, אחד על השני **והׂם הׂפוכים מׁן** בחינת העגולים **הׂנזכרים לעׁיל. לפׂי שׁאׂלו** בחינות דיושר **כל מׂי שׁׂהׂוא** [די"ד ע"א 27] **גׂרוע בׂמעלה מׁחׂבׁירׂו,** הוא **מלבׂישׁ אׂת זׁחׁבׂירׂו, הׂמעׂולׂה מׁמנו**

בית לחם יהודה ש"א פ"ד ד"ד ע"א – ואור מקיף דיושר דנוקבא דז"א דאצילות, מקיף על עשר עגולים דבריאה וכו'. מהכא וגם מבסמוך משמע דשלוש עולמות בי"ע הם בתוך עגולי האצילות, ולא למטה מהם, וזהו דווקא בזמן עליית עולמות בי"ע לאצילות. אבל בזמן שאינם עולים, אז יהיו מקום העגולים והמקיפים דבי"ע זה למטה מזה, תחת האצילות, כדמיון ארבעה תפוחין זה על גבי זה, כמבואר בפרק ב' דשער מ"ב, בפרוש האחד מהרח"ו ז"ל התם. ועיין שם בד"ה והמקיף.

169

ע"ח ש"א ענף ב' מ"ב די"א ע"ד – והנה בהיות אור הא"ס נמשך בבחינת קו ישר תוך החלל הנזכר לעיל, לא נמשך ונתפשט תכף עד למטה. אמנם היה מתפשט לאט לאט, ר"ל **כי בתחלה התחיל קו האור להתפשט שם, ותכף בתחלת התפשטותו בסוד קו, נתפשט ונמשך ונעשה כעין גלגל אחד עגול מסביב,** והעיגול הזה היה בלתי דבוק עם אור הא"ס הסובב עליו מכל צדדיו, שאם יתדבק בו יחזור הדבר לכמות שהיה, ויהיה מתבטל באור א"ס, ולא יתראה כחו כלל, ויהיה הכל אור א"ס לבד כבראשונה. לכן העיגול הזה סמוך אל עיגול הא"ס, ובלתי מתדבק בו. **וכל עיקר התקשרות ודביקות העגול הנאצל ההוא עם א"ס המאציל, הוא על ידי הקו ההוא** הנזכר לעיל, אשר דרך בו יורד ונמשך אור מן א"ס, ומשפיע בעיגול ההוא, והא"ס סובב ומקיף עליו מכל צדדיו, כי גם הוא בבחינת עיגול סביב עליו, ורחוק ממנו כנזכר לעיל. **כי הוא מוכרח שהארה א"ס בנאצלים תהיה דרך קו ההוא לבד.**

ומקיף אותו, כנזכר לעיל בענף ג'[170], מה[171] שאין כן בעיגולים, שכל הגדול מחברו מקיף את חבירו, וחבירו גרוע הימנו, ומוקף על ידי הגדול.

הרב ז"ל מבאר כאן[172] את סדר המקיפים דיושר בעולמות בי"ע, הביאור כאן הוא באופן כללי ביותר, ורק בעולם האצילות יבאר הרב ז"ל את פרטי הפרצופים דיושר דאצילות, איך מלבישים אחד את השני. **והמשכיל**[173] ראשית דבר מאחריתו.

וזה סדרן, אור מקיף דיושר דעשיה הבחינה הכי נמוכה מכל בחינות מקיפי היושר **מקיף** וחופף **על הכלים** דיושר, **ואור פנימי** של פרצופי דיושר דעשיה **עצמה** שהם עתיק, א"א, או"א, וזו"ן, **ולא יצטרך לכפול** את הסדר הזה **בכל מקום** לפי שאותה מערכת נמצאת בכל עולם ועולם וכל פרצוף ופרצוף **לפי שנתבאר לעיל, כי אור פנימי דיושר** שהוא הנר"ן דיושר **לעולם קשור ודבוק עם** פנימיות **הכלים** דיושר שלהם עצמם, **והוא בתוכם ממש**.

וכלים ואור פנימי דיושר דעשיה דפרצופי דיושר דעשיה מלבישים **על כלים ואור פנימי** דפרצופי **דיושר דיצירה**.

וכלים ואור פנימי דיושר דיצירה, דפרצופי דיושר דיצירה, מלבישים **על כלים ואור פנימי** דפרצופי **דיושר דבריאה**.

וכלים ואור פנימי דיושר דבריאה, דפרצופי **דיושר דבריאה**, מלבישים **על כלים ואור פנימי דיושר** פרצוף **דנוקבא דז"א דאצילות**.

170

ע"ח ש"א ענף ג' מ"ב די"ג ע"א – אבל היושר הוא להפך, **כי היותר פנימי הוא עליון, ומעולה מכולם. והחיצון שבכולם הוא יותר גרוע מכולם**, ויושר זה מלביש לזה, וזה לזה, עד שהגרוע שבכולם הוא מלביש לכולם, והבן כל זה היטב.

171

ע"ח ש"א ענף ג' מ"ב די"ג ע"א – מה שאין כן בעגולים, שכל הגדול מחברו מקיף את חבירו, וחבירו גרוע הימנו, ומוקף על ידי הגדול.

172

ע"ח ח"ב שמ"ג הקדמה לדרוש מ"ב דצ"ד ע"ד – ונבאר עתה סדר שלוש עולמות בי"ע בקיצור על דרך הנזכר לעיל, שהיושר של הבריאה, מלביש ליושר נוקבא דז"א דאצילות. ויושר דיצירה, מלביש ליושר דבריאה. ויושר דעשיה, מלביש ליושר דיצירה. ואחר כך אור מקיף דיושר דעשיה, מלביש ומקיף על יושר פנימי דעשיה, ועיגולי העשיה מקיפים על מקיף דיושר דעשיה. ומקיף דיושר דיצירה מקיף על עיגולי עשיה. ועיגולי של יצירה, על מקיף דיושר דיצירה. ומקיף דיושר דבריאה, על עיגולי יצירה. ועיגולי בריאה, על מקיף דיושר דבריאה. ומקיף יושר נוקבא דאצילות, מקיף על עיגולי של בריאה. כו', וכיוצא בזה עד עיגולי א"ק.

173

ע"ח ש"א ענף ב' מ"ת די"ב ע"ד – והמשכיל יבין ראשית דבר מאחריתו.

וכלים ואור פָּנִימִי דְיוֹשֶׁר דְנֻוּקְבָא דז"א דאצילות, מלבישים עַל כֵּלִים ואור פָּנִימִי דְיוֹשֶׁר דז"א דאצילות.

וכלים[174] ואור פָּנִימִי דפרצוף דְיוֹשֶׁר דז"א דאצילות, מלבישים עַל כֵּלִים ואור פָּנִימִי דפרצוף דְיוֹשֶׁר דְאִמָא דאצילות.

וכלים ואור פָּנִימִי דפרצוף דְיוֹשֶׁר דְאִמָא דאצילות, מלבישים עַל כֵּלִים ואור פָּנִימִי דְיוֹשֶׁר דְאַבָּא דאצילות.

וכלים ואור פָּנִימִי דפרצוף דְיוֹשֶׁר דְאַבָּא דאצילות, מלבישים עַל כֵּלִים ואור פָּנִימִי דְיוֹשֶׁר דא"א דאצילות.

וכלים ואור פָּנִימִי דפרצוף דְיוֹשֶׁר דא"א דאצילות, מלבישים עַל כֵּלִים ואור פָּנִימִי דפרצוף דְיוֹשֶׁר דְעַתִיק דאצילות.

וכלים ואור פָּנִימִי דפרצוף דְיוֹשֶׁר דְעַתִיק דאצילות, מלבישים עַל כֵּלִים ואור פָּנִימִי דְיוֹשֶׁר דְתַנְהִ"י דא"ק.

174

בית לחם יהודה ש"א פ"ד ד"ד ע"ב – וכלים ואור פנימי דיושר דנוקבא על כלים ואור פנימי דיושר דז"א. מבואר מזה כי פרצוף הנוקבא היא מלבשת ומקפת על ז"א מכל הצדדים, פנים, ואחור, וימין, ושמאל, וכמו כן כתב לקמן בפרק א' דשער ג' שהנוקבא מלבשת לשבעה תחתונות דז"א, בסוד נקבה תסובב גבר. וכך כתב בפרק ב' דשער ט"ו, ז"ל – והנ"י של עולמות ז"א נכנסים בפנימיותה. וכך כתב בפרק ד' דשער ט"ו, ז"ל – עד שיתלבשו בתוכה נה"י דז"א. וכך כתב בפרק ה' דשער התיקון, וז"ל – וגם נתלבשו כל כלים דעתיק, ודא"א, ודאו"א, ודז"א, תוך הכלים שלה. וכך כתב בפרק ב' דשער ל' כלל י"ד וז"ל – ונמצא אימא, ז"א, ונוקבא, זה תוך זה, בסוד נר"ן, יעו"ש. וכך כתב בפרק ב' דשער מ', וז"ל – כי חיצוניות כלים דנה"י דז"א הם כלים פנימיות שבחב"ד דנוקבא. וכך כתב בפרק א' דשער מ"א, ז"ל – וז"א חצי העליון מגולה, וחצי התחתון מכוסה על ידי הנוקבא. וכך כתב בריש פרק ג' דשער מ"ב ז"ל – ושלוש בחינות נוקבא לז"א. וכך כתב בריש פרק א' דשער מ"ט ז"ל – וכן ז"א חציו מגולה, וחציו מכוסה בהנוקבא, שהיא הנפש. כך כתב במבוא שערים דף נ"ו ע"ג בסוף הפרק, יעו"ש. באופן שמכל המקומות הנזכרים לעיל מבואר שנה"י דז"א הם מתלבשין תוך הנוקבא דז"א. וקשה, והלא נודע שהנוקבא היא עומדת אחור באור, או פנים בפנים עם ז"א, ובפרט מה שכתב רז"ל בשער הפסוקים, ישעיה סימן נ"ד וז"ל – ונודע כי נה"י דאימא נכנסין ממש בתוך כל פרצוף הז"א וכו', ועל דרך זה נעשית כל פרצוף נוקבא דז"א בנה"י דליה, אלא שאין הנה"י דז"א נכנסין ממש תוך נוקבא, אבל הנוקבא עומדת דבוקה באחורי הנה"י ז"א, יעו"ש. ואחר כך ראיתי להרב שפת אמת בריש פרק ג' דשער מ"ב דף נ"ג סוף ע"ד, שהקשה קושיא זו, וסיים – ובשאלות ותשובות ישבתי זה, עד כאן לשונו. ולא זכיתי לראות הישוב שלו. ועיין עטד בריש פרק ד' דשער מ"ז, שכתב רז"ל וכן ז"א שלוש תחתונות שלו מתלבשים בנוקבא, לפעמים כשהם אחור באחור, אך כשהם פנים בפנים אז הם שוים כאו"א וכו'. ועיין ובדברינו דהתם, ובדברינו בפרק ב' דשער מ', ד"ה כי חיצוניות וכו'. ובדברינו בפרק ב' דשער כ"ז, ד"ה נסר וניתן ללאה וכו', משמן ששון.

53

וכלים ואור פָּנִימִי דְיוֹשֶר דְהנֵה"י דא"ק, עַל אוֹר פְּנִימִי הַיוֹצֵא מֵאוֹר א"ס כי[175] א"ק נקרא ו"ק בערך קו הא"ס, וקו הא"ס הַמתלבֵּש בְּתוֹכוֹ ר"ל בתוך הא"ק, דֶרֶךְ הקו הַיוֹשֶר הַמתפַשֵּט מִן עיגול הָא"ס[176] העליון, לְהָאִיר וּלְהַזְווֹת כָּל הָעוֹלָמוֹת כּוּלָם כַּנִזְכָּר לְעֵיל.

וַהֲרֵי נתבָּאֵר הֵיטֵב סֵדֶר הַתלַבְּשׁוּת הָעוֹלָמוֹת. וראִית בְּעֵינֶיךָ אֵיךְ א"ס מִתְעַלֶה וּמתלבש בְּתוֹךְ כָּל הָעוֹלָמוֹת בּסוד[177] - וּמלכותו בכל משלה, וְהַמְקַבֵּל מִמֶנּוּ בַּתְזַלֶה הוּא בחינת א"ק, וָאֹזֹר כַּךְ פרצוף עַתִּיק דאצילות, פרצוף אחר פרצוף דאצילות, עולם אחר עולם מעולמות בי"ע, עם כל פרצופיהם הפרטים. עַד שֶנִמְצָא כִּי כֵּלִים דְיוֹשֶר דְעֲשִׂיָה הֵם יוֹתֵר חִיצוֹנִים ורחוֹקים מאוד מִן אוֹר א"ס הַפְּנִימִי, בְּתַכלִית הָרִיחוּק שֶאֵין רִיחוּק גָדוֹל מִמֶנּוּ. וְכֵן בְּעֵרֶךְ א"ס העליון הַסוֹבֵב מְבַזֵוּן עַל כָּל הָעוֹלָמוֹת, נִמְצְאוּ כֵּלִים דֶעֲשִׂיָה רָחוֹק מִמֶנּוּ בְּתַכלִית הָרִיחוּק, שֶאֵין רִיחוּק מִמֶנּוּ. לָכֵן הַכֵּלִים דְיוֹשֶר דֶעֲשִׂיָה הֵם הַיוֹתֵר גְרוּעִים בְּמַעֲלָה יוֹתֵר מִכָּל הָעוֹלָמוֹת כּוּלָם, וְשָם בְּמלכות דְעוֹלָם הָעֲשִׂיָה, נַתַהֲוָה עוֹלָם הַשָּפָל הַזֶוּמְרִי שֶאָנוּ בוֹ, והוא בְּתַכלִית הַגַּסוּת וְהָעֲבִיּוּת שֶאֵין כָּמוֹהוּ.

נִמְצָא כִּי כַּדוּר הָאָרֶץ שֶאָנוּ עוֹמְדִים בּוֹ שהוא בתכלית הגסות והעביות, הִנֵה הוּא הַנְקוּדָה הָאֶמצָעִית שֶבְּכָל הָעוֹלָמוֹת דעיגולים כּוּלָם, כְּעֵין גַרְעִין הַתְמָרָה שלא

175

רחובות הנהר ד"ג ע"ב – הרי נתבאר היטב מה שכתבנו, **כי אפילו א"ק עצמו הוא זו"ן, שהם מ"ה ו"ב, בערך הקודם אליו**. ואלו המ"ה וב"ן הכוללים שבו, נפרטים לעסמ"ב, שהם עשר ספירות, שהם החמשה פרצופים שבו.

רחובות הנהר ד"ט ע"א – כי אפילו א"ק עצמו, **נקרא זו"ן**, לערך הקודם אליו.

176

ע"ח ש"א ענף ב' מ"ב די"א ע"ד – אך בהיות אור א"ס נמשך דרך קו אחד וצינור דק בלבד.

דעת ותבונה דל"ג ע"א – והנה בתוך זה הגוף דא"ק הנעשה מן הרשימו הנשאר מכח הצמצום, בו נתפשט קו הא"ס, ודרך הקו הזה דא"ס נתפשטו הנרנח"י מן א"ס העליון, וכמו שמבאר ברב ז"ל, שבהקו הזה הוא כעין צינור דק, אשר דרך בו נמשכים מימי האור העליון של אור א"ס, וידוע הוא כי הקו הנזכר מן אור א"ס שהיה בתחילה בתוך החלל, המקום הזה שבו נאצלו העולמות אחר כך, כי זה האור שהיה שם מתצמצם באמצע השיעור אשר היה בחלל זה, כי התחיל האור ההוא להתצמצם מנקודה האמצעית שבמקום הזה, ונתרחק בשוה מכל הצדדים, ומזה האור שנתצמצם ונתרחק, נמשך הקו הנזכר. ונמצא הקו הנזכר הוא האור של הא"ס, אשר היה בתחלה במקום החלל הזה, ונתצמצם, ולכן הוא הקו הזה נתפשט ונתלבש בתוך הגוף, שהוא עשר ספירות שנעשו מהרשימו הנשאר בכח הצמצום להחיותם, אבל הנרנח"י הנמשכים מן אור א"ס דרך הקו הזה, הם נמשכים מהיותר למעלה, מהאור שלא הגיע שם צמצום.

177

תהילים ק"ג י"ט – הוי"ה בשמים הכין כסאו ומלכותו בכל משלה.

נאכל על ידי בני אדם, **שֶׁהוּא בְּאֶמְצַע הָאוֹכֵל, וְהָאוֹכֵל מַקִּיפוֹ מִכָּל צְדָדָיו. וְזֶהוּ**[178] **בְּעֶרְכֵנוּ אֲנַחְנוּ בְּנֵי אָדָם הַיּוֹשְׁבִים בּוֹ.**

אֲבָל[179] **בְּעֶרֶךְ א"ס** העליון הסובב הכל, אדרבה **עוֹלָם הָעֲשִׂיָּה** דעיגולים **הוּא הַקְּלִיפָּה הַזּוֹעֶפֶת עַל כּוּלָם, וְכָל מַה שֶׁנִּתְקָרֵב אֶל הָא"ס הוּא** עיגול **יוֹתֵר פְּנִימִי, עַד שֶׁנִּמְצָא עֶשֶׂר עִיגוּלִים דְּא"ק קְרוֹבִים אֶל הָא"ס, יוֹתֵר מִכָּל הָעוֹלָמוֹת** דעיגולים כולם.

וְכֵן בִּבְחִינַת עולמות היושר **אוֹר א"ס** הוּא **הַפְּנִימִי** כל העולמות כולם, **נִמְצָא כִּי עוֹלָם הָעֲשִׂיָּה הוּא קְלִיפָּה לְכָל הָעוֹלָמוֹת, וְכָל מַה שֶׁמִּתְקָרֵב אֶל הָא"ס הַפְּנִימִי הוּא הַיּוֹתֵר פְּנִימִי, עַד שֶׁנִּמְצָא עֶשֶׂר סְפִירוֹת דְּיוֹשֶׁר דְּא"ק, הֵם פְּנִימִים מִכּוּלָם, הֵם מְקַבְּלִים אוֹר א"ס הַפְּנִימִי מִמַּשׁ תְּזַכֵּלַת הַכֹּל** ולפני **הַכֹּל** העולמות[180], ולכל הפרצופים[181] דכל עולם.

עד עכשיו ביאר הרב ז"ל את סדר התפשטות והתלבשות העולמות והפרצופים דעיגולים ויושר זה בתוך זה, וזה לפנים מזה. כאן הרב ז"ל מבאר עד היכן מגיעים רגלי כל עולם ועולם דיושר, ולאו דווקא בחינת א"ק.

וְהִנֵּה אֲזוֹר שֶׁבֵּאַרְנוּ דְּרוּשֵׁי הָעִיגוּלִים וְהַיּוֹשֶׁר בִּקְצָרָה, בְּסֵדֶר הַתְלַבְּשׁוּת כָּל הָעוֹלָמוֹת דעיגולים ויושר, צְרִיכִים אָנוּ לְבָאֵר עַתָּה עַד [די"ד ע"ב 27] הֵיכָן הִגִּיעַ הִתְפַּשְׁטוּת רַגְלֵי **לֹא**[182] גורסים **א"ק** (אלא צריך לגרוס נ"א הָאָדָם)[183] הַיָּשָׁר שֶׁבַּכֹּל

178

בית לחם יהודה ש"א פ"ד ד"ד ע"ב – וזהו בערכינו. כלומר בערכינו על ידי המאציל המעריך אותנו, שאז נהיה בערכו כעין גרעין התמרה.

179

בית לחם יהודה ש"א פ"ד ד"ד ע"ב – אבל בערך א"ס הסובב הכל. כלומר אבל כאשר אנחנו מאריכין את א"ס הסובב הכל אדרבא וכו', ובמה שכתב יתיישב מה שהקשה דברי שלום ענף ב' ד"ה – בקיצור בערכינו וכו', יעו"ש.

180

תרשים ד – ל.

181

תרשים ד – ל"א.

182

כרם שלמה ש"א ענף ד' אות י"ח – תחילה מה שכתוב כאן בע"ח שלנו רגלי א"ק היושר שבכל עולם ועולם כאשר התחלנו לבאר עד היכן הוא מגיע בהעיגוליו, ואין לגרוס א"ק הישר כמובן מן העניין כי עכשיו אינו מבאר א"ק שבכל עולם ועולם, כי עדין לא גילה לי זאת ההקדמה שיש א"ק בכל עולם ועולם כדי לבוא ולפרש לי עד היכן הגיע ההתפשטות שלהם, וכן הגירסה בשער ההקדמות ד"ח ריש ע"ג, וז"ל והגה וכו' התפשטות רגלי אדם ישר שבכל עולם ועולם וכו'.

183

הגהות ובאורים)**א**(– קורא אדם ישר לכל פרצופים העומדים ביושר ולא בעיגול.

עוֹלָם וָעוֹלָם ואין הכוונה לרגלי א"ק דווקא, **כַּאֲשֶׁר הִתְחַלְנוּ לְבָאֵר עִנְיָן זֶה בַּתְחִלַת עָנָף זֶה.**

וְהִנֵּה מוּכְרָח הוּא כִּי קַו הא"ס **הַיֹּשֶׁר יִהְיֶה דָּבוּק מַמָּשׁ בָּא"ס הַסּוֹבֵב** את החלל, ומהא"ס העליון הוא מקבל את חיותו, דוגמת הנשמה שנמצאת בגוף, ומהנשמה הגוף מקבל חיות, והנשמה מתפשטת בכל הגוף, **וּמִמֶּנּוּ** ר"ל מהקו דא"ס אשר **מִתְפַּשֵּׁט וְיוֹרֵד וּמִתְלַבֵּשׁ תּוֹךְ פְּנִימִיּוּת א"ק** ומחיה אתו, והקו דא"ס הוא נשמה לבחינת א"ק **כַּנִזְכָּר לְעֵיל, וְנִמְשָׁךְ וּמִתְפַּשֵּׁט** הקו דיושר דא"ס **עַד סִיּוּם רַגְלֵי א"ק** היושר כנזכר לעיל, **שֶׁהוּא מַמָּשׁ עַד**[184] **זוֹצָאֵי** התחתונים של **עִיגוּלֵי עַתִּיק** יומין הסובבים תזוזת רגליו, **עַד שָׁם מִסְתַּיְּמִין רַגְלֵי הַיּוֹשֶׁר דָא"ק**

וממילא גם קו היושר דא"ס שמתלבש בתוך הא"ק בתוכו.

הַשְּׁאֵלָה - למה נעצר יושר דא"ק והגיע רק עד העיגול התחתון דעתיק יומין דאצילות, ולא המשיך ובקע את כל עיגולי עתיק יומין דאצילות ועיגולי א"ק, **הַתְּשׁוּבָה הִיא כִּי**[185] **אִם נֹאמַר שֶׁרַגְלֵי א"ק הֵם מַגִּיעִים וּמִתְפַּשְׁטִים עַד לְמַטָּה בְּתוֹךְ עִיגוּלֵי עַצְמוֹ, עַד סִיּוּמָם וְסוֹפָם** ויושר דא"ק יבקע את כל עגולי עתיק יומין דאצילות, ואת עיגולי א"ק עצמו, כולל את כתר דא"ק, שהוא העיגול הכי קרוב לעיגול הא"ס העליון שסובב את החלל, **נִמְצָא**[186] **שֶׁיַּחֲזוֹר וּמִתְדַּבֵּק** יושר דא"ק עם קו הא"ס המתלבש בתוכו **עִם עִיגוּל הָא"ס** העליון **בְּזוֹצֵי הִתְחַזְתּוֹן** של החלל, **אֲשֶׁר תְּזוּזַת רַגְלֵי א"ק. וְאִם כָּךְ הוּא, נִמְצָא כִּי הָא"ס** העליון הסובב את החלל **יָאִיר בּוֹ** ר"ל בא"ק **מִשָּׁם וּלְמַטָּה, דֶּרֶךְ קַו הַיֹּשֶׁר** דא"ס מלמטה, **וְלֹא יִהְיֶה בְּזוֹזִנַת מַעְלָה וּמַטָּה,** ולַיושר[187] דא"ק יהיה שני ראשים, אחד מלמעלה ואחד מלמטה, ולא יהיו מדרגות של **מַשְׁפִּיעִים וּמְקַבְּלִים.**

184

בית לחם יהודה ש"א פ"ד ד"ד ע"ב – עד חצאי עגולי עתיק הסובבים תחת רגליו. מה שקראם חצאי, לפי שהעגולים מצד עגולי מעלה הם מצד עשרה, מצד מטה הם עשרה. ועובי העשר עגולים שמצד מעלה, הם נקראים חצאי העליונים, או חצאי הראשונים, כנזכר סוף פרק ג' דשער מ"ב. ועובי העשרה שמצד מטה, נקראים חצאי עגולים התחתונים.

185

בית לחם יהודה ש"א פ"ד ד"ד ע"ב – כי אם נאמר שרגלי א"ק וכו'. ואי אפשר לבקוע אפילו עגולי עתיק, כי עתיק הוא מלכות דא"ק, ואי אפשר לבקוע מעגולי עצמו, ולהשאיר מקצתם, אלא או יבקע את כולם, או לא יבקע מהם כלום.

186

בית לחם יהודה ש"א פ"ד ד"ד ע"ב – נמצא שחחזר ומתדבק עם עגול הא"ס. ואם תאמר הלא יש ריחוק מקום בין עיגול הכתר דא"ק לעיגול הא"ס, והיכי אפשר לחזור ולהתדבק. ויש לומר דלאו הא"ק חוזר ומתדבק, אלא הקו עצמו, כי לפי שהוא דבוק מצד מעלה, חוזר ומתדבק בשרשו גם מצד מטה, ועל ידי הקו יאיר א"ס בא"ק, ולא יהיה מעלה ומטה, והכי דייק סיום לשונו.

187

תרשים ד – ל"ב

לרב[188] דברי שלום ז"ל יש קושיה, והיא למה יושר דא"ק לא בקע את עיגולי עתיק, הרי יש לומר כי אם לא יבקע רק את עיגולי א"ק זה יהיה מספיק כדי שלא יאיר הא"ס מלמטה ביושר דא"ק. והרב ז"ל מתרץ כי[189] עתיק הוא בחינת הארת מלכות דא"ק ונעתק ממלכות דא"ק, יוצא כי אם יושר דא"ק יבקע את עיגולי עתיק, הוא בעצם בוקע את עיגולי עצמו.

וְעַל כֵּן לֹא נִמְשָׁךְ רֹאשׁ הַקַּו דא"ס המתלבש ביושר דא"ק עד **לְמַטָּה,** ובוקע את עיגולי עתיק יומין ועיגולי א"ק, והוא[190] נמשך רק עד עיגולי המלכות דעתיק מצד תחתון **כַּנִּזְכָּר לְעֵיל בְּעָנָף ב'.**[191]

וְהִנֵּה הַכְּלָל הָעוֹלֶה בְּקִצּוּר מכל הנזכר לעיל **הוּא זֶה, כִּי רַגְלֵי א"ק דְּיוֹשֶׁר הִנֵּה הֵם מִתְפַּשְּׁטִים וְנִמְשָׁכִים** ומסתיים **עַד**[192] **זִזְיִים הַתַּחְתּוֹנִים שֶׁל עִיגּוּלִים דְּ**מלכות **עַתִּיק יוֹמִין** דאצילות **מִצַּד מַטָּה, בְּאוֹפָן כִּי עִיגּוּלֵי עַתִּיק יוֹמִין** דאצילות **מַקִּיפִים סָבִיב רַגְלֵי יוֹשֶׁר דָּא"ק** מהצד התחתון.

אָמְנָם[193] **כָּל שְׁאָר הָרַגְלַיִם דְּיוֹשֶׁר** שֶׁל[194] שאר הפרצופי האצילות, **כְּגוֹן רַגְלֵי עַתִּיק** יומין, **וְרַגְלֵי א"א,** ורגלי או"א, **וְרַגְלֵי ז"א**[195] **וְרַגְלֵי נוּקְבָא,** כּוּלָם מסתיימים

188

דברי שלום דכ"א ע"ד — כי אם נאמר שרגלי א"ק הם מגיעים ומתפשטים וכו', ואם תאמר דלעיל כתב בפרוש זה שיושר א"ק הם מגיעים עד קרקעית עיגולי עתיק יומין וכו', ר"ל עתיק יומין דאצילות, ואם כן קמאר בחר הכי, אם נאמר שרגלי א"ק הם מגיעים וכו', דמשמע מתוך הלשון שאם היה בוקע עשרה עיגולי עתיק יומין דאצילות, וגם עיגוליו היה חוזר מתדבק בא"ס, דאך יתורץ הקושיה בזה, **והיה אפשר שיבקע עשרה עיגולי עתיק יומין דאצילות, ויעמדו רגליו על גבי עיגולי עצמו**, ויהיה הפסק והבדל בינו ובין אור הא"ס עשר עיגוליו. ולמה עמדו רגליו על גבי עיגולי עתיק יומין דאצילות, דרגלי א"ק עמדו על גבי קרקעית עשרה עיגוליו, ומה שכן עיגולי עתיק יומין, ר"ל מלכות דא"ק שהוא עתיק יומין דאצילות, וכמו שכתבנו לעיל בפרוש זה ד"ה עד התחלת קרקעית וכו'.

189

ע"ח ש"ג פ"ב דמ"ב די"ז ע"א - וזהו ביום עשות הוי"ה אלהי"ם ארץ ושמים, שיתף רחמים בדין, ואז נתקן האצילות, **גם המלכות עצמה דא"ק שהיא ראשית דאצילות והיא עתיק יומין נתקנה טיפת אודם שלה** (היינו אור שבעה תחתונות שלה, המתלבשת בעשר ספירות דאצילות). ועליה נאמר באדרא רבא דף קל"ה ע"א - כל רישא דעמא דלא אתתקן איהו בקדמיתא לית עמא מתתקן, ואין הכוונה ח"ו עליה עצמה, **רק על הארת שבעה תחתונות שבה, המתלבשים בעשר ספירות דאצילות.** אך עצמות ממש שבעה תחתונות שבה נשארו למעלה במקומו, רק **ניצוצי אורם** הם היורדין להתלבש באצילות.

190

תרשים ד – ל"ב.

191

ע"ח ש"א ענף ב' די"ב ע"ד – והנה הא"ק הזה מבריח מן הקצה אל הקצה, מן קצה העליון עד קצה התחתון (פירוש, ולא עד בכלל).

192

תרשים ד – ל"ג.

193

ע"ח ש"ג פ"א עט"ז ע"ג - האמנם רגלי כולן שוין עד סוף האצילות, רגלי עתיק ורגלי א"א ורגלי או"א ורגלי זו"ן כולן שוין, אכן יתפרדו בראשם זה למעלה מזה, באופן כי יהיו כולם מלובשים זה מלבוש לזה וזה מלבוש לזה.

בהשוואה אזזת, והוא עד זזצאי התזזתונים של עיגּולי א"א מצד מטה[196],
באופן כי עיגּולי א"א הם מקיפים וסובבים מתזזת כל רגּלי הפרצופים
הנזכרים לעיל כולם ותחת[197] אלו נמצאים עולמות בי"ע.

194

תרשים ד – ל"ד.

195

הגהות ובאורים)ב(– פירוש, אף כי מתחבר היושר דז"א בעיגול או"א. ולפי הנזכר לעיל בסוף רגלי א"ק, קשה איך בחינת מעלה ומטה בזו"ן, כי אם היושר מתחבר בעיגולים יהיה הכל שוה לאור העיגול. ויש לומר כי פרצוף העליון מעמיד גבול התחתון ברזא דמשחתא, מה שאין כן הוא בא"ק, למעלה ממנו א"ס. הרב העשיל ריינים.

196

השמש]א[–)עיין תורת חכם דף ע"ב ע"ב, ודף קמ"ט, ודף קנ"ב סוף ע"ב(נ"ב. נמצא כפי זה כי היושר של ז"א נמשך ונתפשט ובקע עשר עיגוליו מצד מטה, וגם בקע עובי עשר עיגולי אימא, ועשר עיגולי אבא, ועמדו רגליו על גבי עיגול א"א, וכן נוקבא בקעה כל עובי העיגולים הנזכרים מצד מטה, וגם עיגוליה, ועמדו רגליה על גבי עיגולי א"א. אם כן איך יצדק מה שכתב לעיל, כי עיגולי אבא נתעגלו סביב היושר דא"א, בין המקיף ליושר, והלא לא היה מקום כזה שם, כי כבר ירד היושר שלו עם מקיפו, ועמד על גבי עיגוליו עצמם. גדולה מזו מה שכתב כי עיגולי הנוקבא נתעגלו סביב היושר דז"א, בין המקיף ליושר, והלא היושר דז"א ירד מקיף, ויצא מחוץ לעיגוליו, ובקע עיגולי או"א, ועמד על גבי עיגול א"א. וכן מה שכתב שעיגולי הבריאה נתעגלו בין המקיף ליושר דנוקבא, הנה גם היא כבר ירד היושר שלה עם מקיפו, ובקע עיגולי ז"א ועיגולי או"א, ועמד על גבי עיגולי א"א, וצריך עיון. ועוד צריך עיון שכפי זה שכל רגלי פרצוף האצילות עמדו על גבי עיגולי א"א, **והוא קרקע האצילות**. אם כן נמצא שנשארו שלוש עולמות בי"ע, הם ועיגוליהם למעלה מסיום הרגלים הנזכרים, בנקודה האמצעית לאצילות, ואפילו העולם החומרי הזה שם היה. ויהיה חציה העיגולים של כל העולמות, עם כל התפשטות הרגלים הנזכרים תחת העולם הזה החומרי. ואיך אפשר זה, והלא בסמוך כתב כי רגלי עתיק יומין נתפשטו למטה בגבול עולם הבריאה, ואם כפי זה הנזכר הרי הבריאה מסתיימת למעלה מסיום הרגלים הנזכרים. וגם במיתת המלכים היו שברי הכלים נופלים ויורדים אל הבריאה. משמע שכתר דבריאה מתחיל מתחת סיום כל עולם האצילות, וכן בהרבה מקומות אין מספר נראה שארבעה עולמות אבי"ע הם כארבעה תפוחים זו על גבי זו. ובפרט מה שכתב בשער אבי"ע פרק י"ב, ז"ל - להבין הדבר אמשול לך משל, והוא כי ארבעה עולמות אלו, הם כדמיון ארבעה בתים זו למעלה מזו, והנה קרקע הבית הראשון שהוא האצילות, הוא עצמו גג של הבריאה, כי בני העליה העליונה שהם זו"ן, וכל פרצופי האצילות, רגליהם דרוכים על גבי קרקע שלהם, שהיא גג בית הבריאה, עד כאן תואר לשונו. הרי מפורש בהדיא באר היטב איך אבי"ע שהם זה על גבי זה, ואינם מלבישים זה את זה. ואין לומר כי גם יושרי בי"ע נתפשטו וירדו ובקעו עיגוליהם, וגם העיגולים הנזכרים לעיל, על דרך זה הזו"ן, והלביש היושר דבריאה, ליושר דנוקבא, וגם יושר דיצירה לדבריאה, ודעשיה לדיצירה, ועד סוף וקצה היושר דבריאה, המלבישה מתחת רגלי היושר דנוקבא. עליו נאמר שהבריאה הוא תחת האצילות, וכן שאר העולמות. זה אינו, שהרי המלכות דאצילות היא למעלה מכתר דבריאה כנודע, ועוד שהנה עינינו הראות, איך עיגולי העשיה, שהם הרקיעים שעלינו, מקיפים וסובבים עלינו, אשר אינו מבחינת סוף היושר שלה. ואי אתמר לא אתמר אלא בבחינת פרטי חמשה פרצופי העולמות, ולא בבחינת כללות, כי לא מצינו שום בחינת יושר של עולם יוצא לעולם שלמטה ממנו. **בכאן השיטה חתוכה עד תיבת**, הוי"ה יאיר עינינו בתורתו.)עיין דברי שלום דף כ"ט ע"ד ד"ה שם(.

]אח"י - ביאור הגהת השמ"ש[– לפי הבקיאות שלמדנו בענף זה, למדנו בתחילת הענף כי כל עיגולי הפרצוף מקיפים את אותו פרצוף, לדוגמא – עיגולי א"ק מתעגלים סביב יושר דא"ק, עגולי עתיק יומין סביב יושר דעתיק יומין וכו'. **רזה לשון הרב ז"ל** – ועשר עיגולים דא"ק, הם מקיפין וסובבין על אור מקיף דיושר דא"ק עצמו, ואור מקיף דיושר דא"ק על גבי עשר עיגולים דעתיק, ועשר עיגולים דעתיק יומין סובבים על אור מקיף דיושר דעתיק עצמו, ואור מקיף דיושר דעתיק יומין מקיפים על עשר עיגולי דא"א..... ובסוף הענף כותב

58

הרב ז"ל כי יושר דא"ק, ויושר של כל פרצופי האצילות, בקעו את כל העגולים מצד מעלה, כאשר יושר דא"ק בוקע את כל העגולים מהצד התחתון חוץ מעגולי עתיק יומין ועגולי א"ק, ומגיעים עד מלכות דעתיק יומין דאצילות, **וזה לשון הרב ז"ל** – והנה מוכרח הוא כי קו היושר יהיה דבוק ממש בא"ס הסובב, וממנו מתפשט ויורד ומתלבש תוך פנימיות א"ק כנזכר לעיל, ונמשך ומתפשט עד סיום רגלי א"ק היושר כנזכר לעיל, שהוא ממש עד חצאי עיגולי עתיק יומין הסובבים תחת רגליו, עד שם מסתיימין רגלי היושר דא"ק, עד כאן לשונו. נמצא שיושר דפרצוף עתיק יומין ושאר הפרצופים בוקעים את כל העגולים מהצד התחתון, חוץ מעגולי עתיק יומין וא"ק, וכל היושר של הפרצופים מגיעים עד עגולי א"א. **וזה לשון הרב ז"ל** – אמנם כל הרגלים דיושר, כגון רגלי עתיק, ורגלי א"א, ורגלי ז"א, ורגלי נוקבא, כולם מסתיימים בהשוואה אחת, והוא עד חצאי התחתונים של עיגולי א"א מצד מטה באופן כי עיגולי א"א הם מקיפים וסובבים מתחת כל רגלי הנזכרים לעיל כולם, עד כאן לשונו. יוצא מזה שיש סתירה בין הסוגיה בתחילת הענף, לבין סוף הענף.

קושית הרש"ש היא – איך יצדק מה שכתב לעיל, כי עיגולי אבא נתעגלו סביב היושר דא"א, בין המקיף ליושר, והלא לא היה מקום כזה שם, כי כבר ירד היושר שלו עם מקיפו, ועמד על גבי עיגולי עצמם.

ועוד קושיה לרש"ש – גדולה מזו מה שכתב כי עיגולי הנוקבא נתעגלו סביב היושר דז"א, בין המקיף ליושר, והלא היושר דז"א ירד מקיפו, ויצא מחוץ לעיגוליו, ובקע עיגולי או"א, ועמד על גבי עיגול א"א. ר"ל **הקושיה השניה גדולה מהראשונה**, כי היושר של הפרצופים הקטנים כמו ז"א ונוקבא, בקעו את עגולי הפרצופים היותר גדולים מהם, שהם או"א מצד התחתון, ולא רק שיושר דז"א, שלפי הבקיאות בתחילת הענף לא בוקע את עיגוליו מצד התחתון, אלא בוקע עיגולי פרצופים גדולים ממנו.

ועוד קושיה לרש"ש – וכן מה שכתב שעיגולי הבריאה נתעגלו בין המקיף ליושר דנוקבא, הנה גם היא כבר ירד היושר שלה עם מקיפו, ויצא מחוץ לעיגוליו, ובקע עיגולי ז"א ועיגולי או"א, ועמד על גבי עיגולי א"א, וצריך עיון. ועוד צריך עיון שכפי רגלי פרצוף האצילות עמדו על גבי עיגולי א"א, והוא קרקע האצילות. אם כן נמצא שנשארו שלוש עולמות בי"ע הם ועיגוליהם, למעלה מסיום הרגלים הנזכרים בנקודה האמצעית לאצילות. **ועל זה כותב הרש"ש** – ואיך אפשר זה, והלא בסמוך כתב כי רגלי עתיק יומין)שהם סוד דדי בהמה(נתפשטו למטה בגבול עולם הבריאה, כלומר פרק תחתון של נצח הוד דעתיק יומין מתפשט יותר למטה מעגולי א"א, ששם עומד עולם הבריאה, משמע מזה כי הבריאה נמצאת מתחת עגולי א"א, ולא באמצע העולמות. **עוד הוכחה שיש לרש"ש** כי עולם הבריאה עומד למטה מהאצילות היא - וגם במיתת המלכים היו שברי הכלים נופלים ויורדים אל הבריאה, משמע שכתר דבריאה מתחיל מתחת סיום כל עולם האצילות. כלומר כתר דעולם הבריאה נמצא מתחת כל האצילות, כי לשם נפלו שברי הכלים. **וממשיך וכותב הרש"ש** עוד הוכחה שהבריאה עומדת מתחת לאצילות והיא – וכן בהרבה מקומות אין מספר נראה שארבעה עלמות אבי"ע הם כארבעה תפוחים זו על גבי זו, ובפרט מה שכתב בשער אבי"ע פרק י"ב, ז"ל להבין הדבר אמשול לך משל, והוא כי ארבעה עולמות אלו הם כדמיון ארבעה בתים זו על זו למעלה מזו.

ועוד קושיה לרש"ש – ועוד צריך עיון, שכפי זה שכל רגלי פרצוף האצילות עמדו על גבי עיגולי א"א, והוא קרקע האצילות. אם כן נמצא שנשארו שלוש עולמות בי"ע, הם ועיגוליהם, למעלה מסיום הרגלים הנזכרים בנקודה האמצעית לאצילות, ואפילו העולם החומרי הזה שם הוא. לפי תחילת הדרוש בפרקין, יושר דבריאה לא בוקע את עגולי עצמו, ואותו דבר ביושר דיצירה ועשיה, ושאלת הרש"ש מה עם היושר דבי"ע, אך הם נשארו יותר גבוהה מיושר דפרצופי האצילות.

עד כאן הצריך עיון של רבינו הרש"ש, **ולא זכינו לתרוצו**, המפרשים שמתרצים את קושיות הרש"ש כי בכל עולם מאבי"ע יש את האבי"ע הפרטים של אותו עולם, יוצא שיש לאצילות אבי"ע פרטים, ולעולמות בי"ע יש את האבי"ע הפרטים שלהם, כאשר הרב ז"ל כותב כי בי"ע נמצאים בתוך העולמות, הכוונה לבי"ע דאצילות, שהם בי"ע הפרטי של האצילות. וכאשר הוא כותב שבי"ע נמצאים תחת האצילות הכוונה לבי"ע הכללים. כמו שכתב רבינו הבן איש חי, בתשובתו בסוד ישרים, על פי מכתב שקיבל מהיר"א.

ע"ח ח"ב שמ"ב מ"ב פי"ד דצ"ב ע"ד – והענין כי נתבאר בדרוש הקודם כי ארבעה עולמות אבי"ע, הם הנקרא חכמה ובינה, תפארת ומלכות. והנה הכתוב אומר - כולם בחכמה עשית, כי האצילות כולל את כולם, וממנו יצאו. והנה אחר שנאצל עולם האצילות, אז עשתה הבינה דאצילות מסך אחד להבדיל בין אצילות ובין בריאה, והנה ודאי הוא כמו שיש כח באותו לבוש של בינה, כשיורד ממנה להלביש לזו"ן, עד מתחת רגליהם, הנה גם כן יש בו כח להתפשט יותר ולהלביש את כל העולמות אשר תחתיו, שהם בי"ע, והנה ודאי שיש כח

באצילות נגד כל אשר תחתיו, כי פשוט כי כל דבר עליון גדול כנגד כל מה שלמטה ויותר, גם כן וכמו שאמרו רז"ל על רגלי החיות ככולהו ושוקי החיות ככולהו כנזכר פרשת בשלח, אבל המאציל העליון לא רצה כך שיתפשט עד למטה. ולהבין טעם הדבר נמשיל לך ונאמר כי ארבע העולמות האלו הם כדמיון ארבעה בתים זו למעלה מזו, וכולן שוין בארכן וברחבן, אלא שהם עומדים זו למעלה מזו, והנה בית העליון הוא עולם האצילות, והנה בגג הבית הזה אין לנו רשות לדבר, כי מן הכתר דאצילות ולמעלה נאמר עליו במופלא ממך אל תדרוש.

דברי שלום ע"ח ש"א פ"ד ד"ל ע"א – ונראה לעניות דעתי על צריך עיון הראשון, לא ידעתי למה לא ניחא לומר שנתעגלו בין המקיף ליושר של הפרצוף העליון מן הצדדים, ולא מתחת הרגלים, ונשאר ממילא בקוע מצד מטה. ועל צריך עיון השני, בשער ההקדמות דרוש א"ק דף ל"ה ע"א שהקשה מוהרח"ו זלה"ה קושיא זו, והוא אחר שהביא התלבשות העולמות זה בתוך זה, כתב וז"ל - אמנם כפי מה שכתוב למעלה בזה הדרוש ובכל מקום כי בי"ע הם למטה מאצילות, במקום שנמשכו פרק תחתון דנצח והוד דעתיק יומין, בסוד שני דדים, אינו כפי מה שנתבאר כאן, וצריך עיון, יע"ש.

רב פעלים ח"ב סוד ישרים סימן י"ג –)**שאלה** זאת היא אחת משלוש שאלות שנשאלו בסימן י"ג(עוד ילמדנו רבינו על שתי קושיות בכתב רבינו הרש"ש ז"ל בריש ספרו אמת ושלום, בהגהות ספר עץ חיים בשער א', שהניח שתיהם בצריך עיון, אם נמצא להם פתרון, הן בדברי הרש"ש ז"ל, הן בספרי המקובלים אחרים.

תשובה – ואשר בקשת ממני אם יש תירוץ לשתי קושיות שנתקשה בהם רבינו הרש"ש ז"ל בריש ספרו אמת ושלום, בהגהות עץ חיים שער א'. תשובה, אין לי מה להשיב בדבר זה, **ואין לי עסק בנסתרות**, ומה תשאל ממני, אמנם נמצא אתי מכתב אחד שכתב לי הרב החסיד מהר"ר ידידיה אבו אלעאפיה)היר"א(ז"ל קודם שנת כת"ר, ואעתיק אותו כאן, על השתי קושיות של מורינו הרב הרש"ש זיע"א בתחלת ספרו נהר שלום, כבר ידוע ומפורסם שרוב קושיות הצריך עיון, שכתב והקשה מורנו הרב אשר הניחם בצריך עיון, אינן אלא לכאורה והמה הכרחיות, כדי לבא אל הכוונה אל מה שכתב וסידר בהקדמתו רחובות הנהר, והקדמתו השניה אשר בספר נהר שלום. ומי שבקי ולומד בהתמדה ושקידה, ועיון רב, בעיניו יראה כי הקשיית הללו אינן אלא הכרח גדול על מה שכתב בהקדמתו דף ק"ו ע"א **]אח"י** – בדפוס שנת עת"ר בדף ז' ע"א[, ועיין למורי הרב דברי שלום ז"ל בדף למ"ד ע"א וז"ל - על קושיא הראשונה אפשר שנתעגלו בין המקיף להיושר של הפרצוף העליון מן הצדדים ולא מתחת הרגלים ונשארו ממילא בקוע וכו', יע"ש. וכן כתב תירץ גם כן הרב תורת חכם בדף ע"ג, יע"ש. ועל הצריך עיון השני כתב עוד הרב דברי שלום שם, עיין שער ההקדמות דרוש א"ק דף ל"ה, שהקשה מוהרח"ו זלה"ה וז"ל - והוא אחר שהביא התלבשות העולמות זה בזה כתב וז"ל - אמנם כפי מה שכתוב למעלה בזה הדרוש, ובכל מקום, כי בי"ע הם למטה מאצילות, במקום שנמשכו פרק תחתון דנצח והוד דעתיק יומין, בסוד שני דדים, אינו כפי מה שנתבאר כאן, וצריך עיון, עד כאן לשון הרב דברי שלום. ולעניות דעתי רציתי לעמוד בזה דהרב הרש"ש כל רז לא אניס ליה, וכבר ראה הצריך עיון של שער הקדמות, ואין תימה מה שלא הביא לשונו, דהתכלית הוא שבא הרב לבאר, והוא שכתב בהעלם גדול, ואי אתמר לא אתמר, אלא בבחינת פרטי הפרצוף דעולם, ולא בבחינת כללותו, עד כאן. **וצריך לבאר דבריו אלו**, ובתחלה צריך שתלמוד מה שכתב רבינו בשער ההקדמות דרושי א"ק, דף כ"ה בד"ה ונבאר, והובא גם כן קצת במבוא שערים דף ח' יעו"ש, קחנו משם. עוד נקדים מה שכתב רבינו בשער השמות ריש פרק א', ובשער מ' פרק ב', והביאו גם כן הרב הרש"ש בספר נהר שלום דף ל"ב ע"א **]אח"י** – בדפס שנת עת"ר די"א ע"ג[- כי בחינת אצילות דאצילות החתימו חותמם בבי"ע, אורות מאורות, וכלים מכלים, והם אלהו"ת גמור, והם נקראים אבי"ע דאצילות. ומה שכתב דאבי"ע, הם בארבע בתים זה על זה, הוא בבחינת אבי"ע דבי"ע התחתונים, העומדים תחת אבי"ע דאצילות הנזכר לעיל. וכך כתב בספר תורת חכם דף ע"ב ריש ע"א וז"ל - הצריך לעניינינו בקיצור, דמה שכתב הרב ז"ל שעיגולם הבריאה הם כך, עיגולי האצילות הם בעיגולי הבריאה דאצילות, וכן עיגולי היצירה דאצילות בתוך עיגולי הבריאה דאצילות, אבל עיגלי אבי"ע דבי"ע הם תחת העיגולים דבי"ע דאצילות, ויצאו מתוכם העיגולים דבי"ע דאצילות. וכן עגולי דאבי"ע דיצירה תחת העגולים דאבי"ע דבי"ע וכו'. ובזה מתיישב הכל, עד כאן לשונו. ועתה נבאר מושבם ומעמדם דבי"ע אל אל התחתונים, לפי הנזכר בשער ההקדמות שם, והוא, דע דבי"ע אלו הם עומדים בעובי עגולי א"א דא"ק מצד מטה, וחיצוניות נה"י דא"ק שהם בי"ע דאצילות דא"ק, אחר שנרשם עולם הנקודים, הם עלו למעלה אחורי אבי"ע דאצילות, אשר היו נקראים קודם התיקון בשם עולם הנקודים, נמצא דאבי"ע דאצילות דא"ק בפנימיות היושר דא"ק, אלא שהם באחוריים של

דע כי פרצופי או"א מתחלקים לארבעה פרצופים, שהם אבא, ואימא, הנקראים **או"א עילאין**, ישראל סבא, תבונה, הנקראים **או"א תתאין** או ישסו"ת. כאשר פרצופי או"א עילאין מתחילים מהגרון דא"א והחלק הנגלה שבהם מגיע עד שליש העליון של תפארת דא"א שנקרא חזה. וישסו"ת מתחילים מהחזה והחלק הנגלה שבהם מגיע עד הטבור דא"א, וגודלם הוא כשיעור השליש האמצעי דת"ת דא"א. הרב ז"ל מבאר כי יש פרצופים שלא מגיעים עד קרקע האצילות, שהוא סיום פרצוף א"א, והם פרצוף או"א עילאין, וישסו"ת. **בעומק** כל[198] רגלי הפרצופים מסתיימים בקרקע האצילות, רק שלא עולים בשם, ורק מה שלא מתלבש בפרצוף היותר תחתון, עולה בשם.

אמנם[199] יש בבזינת פרצופים שאינם גבוהים קומתם, כגון[200] **או"א** עילאין[201] וישסו"ת, שעיעור קומתם הנגלה מהגרון דא"א עד הטיבור של א"א בלבד.

הרב ז"ל מבאר[202] את פרצוף לאה, הנקרא קשר של תפילין. פרצוף[203] זה ופרצוף יעקב הם לא מפרצופי האצילות, אלא הם[204] בחינות דביטול דאו"א[205] שנגרם בעת מיתת המלכים דנקודים.

הנקודים מצר אחור, ובי"ע החחתונים דא"ק הם בעובי עגולי עתיק יומין מצד מטה, ועיין עוד בשער ההקדמות לקמן בד"ה ועתה נשאר לי וכו'. באופן דא"ק יש בו אבי"ע דאצילות שבו, ובי"ע התחתונים שבו. וכן עולם הנקודים על דרך זה, אבי"ע דאצילות ובי"ע התחתונים שבו, וסדר מושבם היה על דרך הנזכר לעיל, וכל זה מבואר בספר תורת חכם דף קמ"ט ע"ב, יע"ש היטב. ועיין עוד שם דף קנ"א סוף ע"ב, ועיין בהקדמה רחובות הנהר להרב הרש"ש ז"ל דף ק"ו ע"א]**אח"י** – בדפוס שנת עת"ר בדף ז' ע"א[, ועיין בספר מקום בינה דף ק', עד כאן לשון הרב החסיש מהר"ר ידידה זצ"ל, אשר כתב לי במכתבו מקודם זמן שנת כת"ר. ואנא עבדא אין לי עסק בנסתרות כדי שאדבר משלי בדברים אלו, והשם יתברך יאיר עינינו באור תורתו, אמן כן יהי רצון.
197

תרשים ד – ל"ה.
198

ע"ח ש"ג פ"א מ"ב דט"ז ע"ג – האמנם **רגלי כולן שוין עד סוף האצילות**, רגלי עתיק, ורגלי א"א, **ורגלי או"א**, ורגלי זו"ן, **כולן שוין**. אכן יתפרדו בראשם, זה למעלה מזה, באופן כי יהיו כולם מלובשים זה מלבוש לזה, וזה מלבוש לזה. והעתיק שהוא מלכות דא"ק, ובתוכו חכמה דא"ק, בסוד הוי"ה בחכמה יסד ארץ, ובתוכו הא"ס עצמו. כל שלשה אלו מתלבשים תוך האצילות.
199

בית לחם יהודה ש"א פ"ד ד"ד ע"ב – אמנם יש בחינת פרצופים שאינם גבוהים קומתם. כלומר שאינם ארוכים קומתם.
200

תרשים ד – ל"ו.
201

תרשים ד – ל"ז.
202

ע"ח ח"ב של"ח פ"ב מ"ת דס"א ע"א – והנה משה הוא בלאה, וזהו - וראית את אחורי. והדברים מובנים וזה שכתוב בזוהר פרשת ויצא דף קכ"ג ע"ב - כי לאה ורחל תרין עלמין, מן העולם ועד העולם, שבע שנין עלמא דאתכסיא כו'. והוא כי הנה **מן המלכות דאימא** שבדעת דז"א **יצאה לאה מאחוריו**, בסוד ד' קשר תפילין של ראש כנזכר לעיל, ולהיות לאה מבחינת אימא, לכן שבע שנין דילה אתכסיא, והשבע הם כהב"ד חסד גבורה ושלישית תפארת עד החזה דז"א. כי אלו השבעה בחינות היו מכוסים, בלתי גלויין אל יעקב קודם שנקרא ישראל כנזכר לעיל, כי אז השיג כל פרצוף ז"א הנקרא ישראל כנודע.... ודע כי גם משה רבינו ע"ה אשר עליו נאמר בזוהר שהשיג עד הבינה, אינו אלא מן הלאה הזאת, הנמשכת ממלכות דבינה, ונעשית ד' קשר של תפילין. וזה סוד - וראית את אחורי, כמאמר רז"ל בגמרא - מלמד שהראהו קשר של תפילין. גם ענינו לומר כי לאה העומדת בקשר תפילין, היא רואה את אחור ז"א, **כי היא עומדת ופניה נגד אחורי ז"א** כנזכר לעיל. והנה משה הוא בלאה, וזהו - וראית את אחורי, והדברים מובנים.

וְכֵן **פַּרְצוּף לֵאָה**[206] קשר של תפילין **שֶׁהִיא מִתְגַּלֵּת מֵהַדַּעַת דְּז"א,** מצד[207] אחורי ז"א, כאשר פני לאה באחורי ז"א, ועומדת[208] **עַד הֶחָזֶה שֶׁלּוֹ, כְּמוֹ שֶׁנִּתְבָּאֵר בִּמְקוֹמוֹ. וְאִלּוּ**[209]

203

ע"ח ח"ב של"ז פ"א מ"ת דנ"ח ע"א – ונבאר עתה ענין יעקב ולאה דרך כללות. הנה לעיל בארנו כי אלו הם בחינת אחוריים של או"א שנפלו בעת מיתת המלכים, ולא ירדו לעולם הבריאה, אלא נשארו באצילות במקום רחל, שהיא נוקבא דז"א. לכן אין מיתה נזכר בהם רק **נפילה וביטול** בעלמא, וכיון שכן לכן בעת התיקון של הזו"ן שהם ישראל ורחל, אחר שיתוקנו זו"ן יתוקנו אלו האחוריים הנזכרים לעיל, ואין להם יכולת להתתקן כלל עד שיתוקנו זו"ן, ואף על פי שהם אחור דאו"א, שהם יותר גבוהים מזו"ן, והיה ראוי שיתוקנו מקודם, עם כל זה כיון שהם אחוריים גמורים, חיצונים שבאו"א, שהם דינין, לכן צריך שיתוקנו תחלה זו"ן בבחינת הגדלות, כי יש בהם בחינת פנים גם כן, ואחר כך יתוקנו אחוריים של או"א, כי כיון שירדו במקום הנוקבא. אם כן בתיקונה יתוקנו גם הם כנזכר לעיל. וכבר נתבאר לעיל שבאלו האחוריים לא נזכר בהם מיתה, כי נשארו בעולם אצילות, מה שאין כן הזו"ן. וזה שארז"ל ג'(נובלות)הן(, - נובלות חכמה של מעלה תורה, גם במסכת דמאי אמרו נובלות תמרה. פירוש הענין, כי הנה אבא הוא נקרא חכמה סתם דאצילות, ומן אבא נפלו אחוריים שלו למטה, במקום הנוקבא של אצילות כנזכר לעיל. והנה יעקב הוא תורה שבכתב, היוצא מן אחוריים הנובלות מן החכמה העליונה, שהוא אבא, כמו שנתבאר בע"ה, ולהיות שהם דינין קשים ומרים, כי הם אחוריים החיצונים שבכולם באו"א, ולכן נקרא נובלת התמרה, לשון מרירות ודינין קשין.

204

ע"ח ש"ט פ"ב מ"ת ד"מ ע"ד – והענין כי מן האדרא זוטא נראה שלא ירדו רק השבעה מלכים בלבד, וממדרשים אחרים בספר הזוהר **משמע כי גם באו"א יש ביטול,** ופגם וכמעט אפילו בכתר.

205

ע"ח ח"ב של"א פ"ה מ"ת דל"ד ע"ג – דע כי מצד המוחין שנתפשטו בז"א, אף על פי שצריכין לו לעצמו, עם כל זה יוצאין מהם הארות לחוץ, כי למעלה במקום המוחין עצמו אשר שם כל בחינת ריבוי האורות ההם, אז האירו האורות לחוץ דרך אחור הז"א. **וייצאה פרצוף לאה באחורי ז"א למעלה מן הראש ועד החזה דז"א.** ויוצאה מבחינת הארת המוחין דמצד אימא שהיא נקבה כמוה, שאין לה רק מסך אחד לבד לבקוע ולצאת ולסיבת המסך ההוא **לאה כולה דינין,** כמו שנתבאר בע"ה. אבל דרך הפנים של ז"א אין יוצאת שם בחינת שום פרצוף, כי הזכרים יוצאין מצד מוחין דאבא ומצד פנים, והנקבות יוצאין ממוחין דאמא ומאחור ז"א. ולהיות שהמוחין דמצד אבא בהיותן מתפשטין עד החזה דז"א, הם מכוסים בשתי כסוים, כיסוי נה"י דאו"א, לכן אין בהם כח לבקוע ולעבור שני המסכים, ולהאיר לחוץ דרך הפנים דז"א מהחזה ולמעלה, כי אם מהחזה ולמטה.... ואמנם מהחזה ולמטה, כאשר מתפשטין המוחין משם ולמטה, אז המוחין שמצד אבא אין להם רק כסוי אחד לבד, שכבר נגמר כסוי כלי היסוד דאמא, בחזה לכן יש להם יכולת לבקוע ולהאיר מחוץ אל הז"א, **ולהוציא פרצוף יעקב,** שהוא מהארת מוחין דאבא, מהחזה ולמטה מכנגד פני ז"א, ומבחינת החסדים המגולים לגמרי, בלי שום מסך. ומהדעת של צד אמא יצאה רחל נוקבא דז"א, עקרת הבית העיקרית, הארה גמורה מהחזה ולמטה מצד אחור דז"א, עד סיום רגליו דז"א ממש. מה שאין כן בלאה העוברת דרך מסך כנזכר לעיל, שאינה רק הארה בעלמא וכולה דינין. **הכלל העולה כי לאה היא למעלה מן החזה דז"א באחוריו, וייצאת מן מוחין דאימא,** ורחל נוקבא דז"א תחת לאה מהחזה ולמטה באחוריו גם כן,)וגם היא יוצאת(ממוחין דאימא, ויעקב בעלה דלאה יוצא מהחזה ולמטה דרך פנים דז"א, וייצא מן מוח דאבא.

206

גמרא ברכות ד"ז ע"א – ופליגא דרבי מאיר, דאמר רבי מאיר, שתים נתנו לו ואחת לא נתנו לו, שנאמר - וחנתי את אשר אחון, אף על פי שאינו הגון, ורחמתי את אשר ארחם, אף על פי שאינו הגון, ויאמר - לא תוכל לראות את פני. תנא משמיה דרבי יהושע בן קרחה, כך אמר לו הקדוש ברוך הוא למשה - כשרציתי לא רצית, עכשיו שאתה רוצה איני רוצה. ופליגא דרבי שמואל בר נחמני, אמר רבי יונתן דאמר רבי שמואל בר נחמני, אמר רבי יונתן - בשכר שלש זכה לשלש, בשכר - ויסתר משה פניו, זכה לקלסתר פנים. בשכר כי ירא, זכה - לוייראו מגשת אליו. בשכר מהביט, זכה - לותמונת הוי"ה יביט. והסירתי את כפי וראית את אחורי, אמר רב חנא בר ביזנא, אמר רבי שמעון חסידא, **מלמד שהראה הקדוש ברוך הוא למשה קשר של תפילין.**

הַפַּרְצוּפִים אֵין רַגְלֵיהֶם לֹא גוֹרְסִים נוֹטִים צריך לגרוס מגיעים עַד רַגְלֵי א"א, כִּי הֵם קִצְרֵי קוֹמָה, וְכֹל אֵיזוֹד יִתְבָּאֵר בִּמְקוֹמוֹ בִּפְרָטוֹת.

הַכְּלָל הוּא כאשר[210] הרב ז"ל כותב **שמעתי ממורי זלה"ה**, הכוונה ששמע באופן אישי מהאר"י ז"ל. וכאשר הוא כותב שמעתי **מפי מורי זלה"ה**, הכוונה ששמע מהחברים. וכן מזהיר הרב ז"ל בהקדמה זאת, לא ללמוד בספרי החברים. **בסוגיה זאת** מבאר הרב ז"ל ששמע שמועה אחרת ממה שכתב כאן. והאמת היא כי יש[211] **שלוש שמועות** איך מתפשטים השבעה תחתונות דעתיק בא"א. כאן הרב ז"ל מבאר לפי השמועה **שניה**.

207

ע"ח ח"ב של"ז פ"ז מ"ד דנ"ט ע"ד – ואז היתה מאירה ומתקנה ומגדילה ונעשית פרצוף שלם, ומאחר שהוא כן, נמצא כי **התחלת ראש לאה היא היא מן כנגד דעת דז"א ולמטה, עד כנגד החזה**, ששם מתחיל ראש רחל עד סיום רגלי ז"א, אבל למעלה מדעת דז"א אין עלייה והגדלה ללאה כלל.
208

תרשים ד – ל"ח.
209

בית לחם יהודה ש"א פ"ד ד"ד ע"ב – ואלו הפרצופים אין רגליהם נוטים. צריך לגרוס **מטים**. ובע"ח כתב יד גריס **מגיעים**.
210

ע"ח, הקדמה ד"ו ע"א – להרב חיים ויטאל, דע כי קצת מחברינו כתבו להם ספרים, מה ששמעו ממורי זלה"ה, וזולתו על שמו. וכולם כתבו הדברים בתוספת וגרעון, כפי בחינת הכותבים, וידיעתן, ובהבנתן, הניחו מקום למה קושיות. **לכן אין לסמוך על אותן הספרים, וצריך להרחיק מהם**. ודע כי כל מה שכתבתי כאן הכל **שמעתי ממורי זלה"ה**, לכן כתבתי הכל בחיבור אחד, לבד ומה ששמעתי מהחברים, משם מורי זלה"ה, מה שדרש וגילה להם קודם שלמדתי עמו, הכל כתבתי גם כן לבדו, ועל שם אמרו **מפי מורי זלה"ה**.
211

שמועה ל'. מבוא שערים ש"ג ח"ב פ"ב דכ"ב ע"א – אחר שביארנו ענין א"א, נבאר עתה סדר העשר ספירות שלו, איך מלבישין את עתיק יומין. וכבר ביארנו לעיל חלק ד' פרק א' כי לכן נקרא עתיק יומין, כי שבעה יומין דיליה לחוד, הם המתלבשין בא"א. וזה סדרן, כתר דאריך מלביש לחסד דעתיק, וחכמה לגבורה, ובינה לתפארת, וטעם הדבר כי להיותם ג"ר דאריך שהם בחינת רישא וצריכים אור רב יותר מבגופא, ולכן כל אחד מהם נתלבש בו ספירה אחת גמורה של העתיק. אך השבעה תחתונות, גופא דאריך, אינם צריכים אור רב כמו הראש, ולכן שלוש אחרונות דעתיק יספיקו להאיר בהם. וזה סדרן, עצמות נה"י דעתיק בחג"ת דאריך, כנזכר בשער ו' ח"א פ"ד, ועיין שם. גם כן בח"ב פ"א, וגם זה הוא מפני שחג"ת דאריך נעשים אחר כך מוחין בג"ר דאו"א ולכן עיקר הארתם בחג"ת דאריך, להאיר אל מוחי או"א. **ואחר כך מן היסוד דעתיק יצא אור לבדו ונתפשט בנה"י דאריך**, ובזה תדע הסיבה למה שנודע ונתבאר בשער ח' פ"ה כי כל בחינות נה"י של איזה פרצוף מן הפרצופים, הם באים תמיד בסוד תוספת, ואינם עיקרים, כי לכך נקרא לבר מגופא, והטעם כי בראש פרצופי האצילות שהוא א"א, אשר בו מתלבשים ונאחזים כל שאר פרצופי האצילות כנזכר לעיל פ"א, אין לנה"י שלו על מה שיסמוכו בו בעתיק יומין, לפי שהשבעה תחתונות דעתיק לבד נתלבשו בשבעה ראשונות דאריך, ואין בנה"י דאריך רק הארה מועטת לבד, היוצאת מיסוד דעתיק ומתפשט בהם. ולכן נמשך הענין הזה בכל נה"י של כל שאר הפרצופים.

שמועה ב'. ע"ח שי"ג פ"א ד"ס ע"ב – והשבעה תחתונות דעתיק לבדם מתלבשין תוך א"א, באופן זה כי כח"ב דא"א מלבישין לחג"ת דעתיק יומין, ושבעה תחתונות דא"א מלבישין לנה"י דעתיק. באופן זה, כי הנה שלוש פירקין יש בנצח דעתיק, ושתי פירקין קדמאין, מתלבשים תוך חסד ונצח דא"א. וכן שתי פירקין קדמאין דהוד דעתיק, מתלבשין תוך גבורה והוד דא"א. **ונשארו פרק תחתון דנצח דעתיק, ופרק תחתון דהוד דעתיק מגולין, בלתי התלבשות, ואלו נשארו למטה תחת הבריאה תחת האצילות, כדי להאיר שם לעולם הבריאה, ואלו הם כדמיון שתי דדי בהמה שעומדין שם אצל הרגלים**. אשר כל אלו הבחינות של א"א ואו"א וזו"ן

וְהִנֵּה פַּעַם אַחֶרֶת[212] שָׁמַעְתִּי מִמּוֹרִי וְרַבִּי הָאֲרִ"י זלה"ה, כי יש סתירה למה שכתב כאן בְּעִנְיַן דְּרוּשׁ תִּיקּוּן אֲרִיךְ אַנְפִּין, אֵיךְ[213] נוֹלַד וַיֵּצֵא וְיָנַק מִשְּׁתֵּי פַּרְקִין תַּתָּאִין דְּרַגְלֵי[214] עַתִּיק יוֹמִין הָעוֹמְדִים שם בסוד דדי בהמה, וְשָׁם בִּיאֲרְנוּ אֵיךְ שְׁתֵּי פַּרְקִין תַּתָּאִין שֶׁהֵם פרק תחתון דנצח, ופרק תחתון דהוד הַנִּקְרָאִים עֲקֵבַיִם דְּעַתִּיק יוֹמִין, הֵם מִתְפַּשְּׁטִים יוֹתֵר לְמַטָּה מֵרַגְלֵי א"א, ולא כמו שמבואר בפרקין כי רגלי עתיק יומין מגיעים עד מלכות דעיגולי א"א מצד התחתון, וְהֵם[215] ר"ל פרקין תתאין דנצח דהוד של עתיק יומין נִכְנָסִים בִּגְבוּל

כשנתקנו)נ"א שהם נתקנו(בעת שנאצלו, היו למטה שם בבריאה, והתחילו לעלות, וינקו תחלה משתי בחינות דדי בהמה, ואחר כך הגדילו יותר, וינקו מדדי אדם, כמו שנבאר בע"ה בתחלת דרוש תיקון ז"א. **מבוא שערים ש"ג ח"ב פ"ב דכ"ב ע"א ע"א** – ואמנם פעם אחרת ביאר לי מורי זלה"ה יותר בביאור באופן הזה, כי הנה נודע בכל שוק אית ביה שלוש פרקין, כנזכר בזוהר פרשת ויחי. אך היסוד אין בו רק תרין פרקין, שהם היסוד והעטרה שבו, ונמצא כי תרין פרקין עילאין דנצח והוד דעתיק אתלבשו בחסד וגבורה דאריך, נצח בחסד, בימין, והוד בגבורה, בשמאל. והיסוד בתפארת דאריך. ושתי פרקין אמצעים דנצח והוד דעתיק, בנצח והוד דאריך. ועטרת יסוד דעתיק ביסוד דאריך. וצריך עיון כי מכאן נראה שמסתיים יסוד דעתיק ביסוד דאריך אנפין... ונמצא **שנשתארו שתי פרקין תתאין דנצח דהוד דעתיק למטה מכל הנצח והוד דאריך**, ונשתארו מגולים. ונודע כי רגלי אריך מסתיימים בסוף עולם האצילות, ונמצא אותן תרין פרקין תתאין דנצח והוד דעתיק למטה למטה בעולם הבריאה, מגולים בלא לבוש, ואלו נחברו יחד ונתלבשו במלכות דאריך, **ונעשו שם אצלה שני דדים בשני צדדים, ואלו הן סוד דדי בהמה**, שהם למטה ברגלים, ומהם היו יונקים המלכים שירדו בבריאה קודם שנתקנו במקומם באריך, ובאו"א, ובזעיר, ובנוקבא, וגם אחרי שהיו נולדים כל פרצוף ופרצוף, היו יורדים תחלה שם, ויונקים משם, ואחר כך עולים למקומם כנזכר לעיל בפרק א'.

שמועה ג'. ע"ח שי"ג פ"ז מ"ב דס"ד ע"ד – ונחזור לענין, כי שבעה תחתונות דעתיק, אף על פי שאמרנו שהם מתלבשין בשבעה דגלגלתא דא"א, עם כל זה, בהכרח הוא שיתפשטו בכל קומת א"א, ועיקר מה שהם ברישא דא"א, אינם אלא שנים, שהם חסד וגבורה, חסד ברישא בגלגלתא, גבורה במוחא, כי גלגלתא ומוחא הם תרין רישין תתאין, והם שרשים לכל מציאת רישא. אבל שאר המתגלין בשבעה דרישא, אינם רק הארה בעלמא. אך עיקר התלבשותם למטה בשאר שיעור קומה דא"א. כיצד, תפארת בבינה דא"א, שהוא גולגלתא דאו"א, נצח הוד בחסד גבורה דא"א, שהם מוחין לאו"א. ואחר כך מהיסוד מתפשט הארה בתפארת ונה"י דא"א. כי כבר ידעת כי לעולם כל נה"י הם באים מסוד תוספת, ואינם עיקרין, לכן הם באים תמיד בדרך הוספה ולא שורש ועיקר. לכן מסוד יסוד עתיק מתפשטין נה"י דא"א, וכן הענין בכל נה"י דאצילות.

מבוא שערים ש"ג ח"ב פ"ב דכ"ב ע"ב – ופעם אחרת שמעתי ממורי זלה"ה באופן אחר, כי משתי פרקין עילאין דנצח והוד דעתיק, נעשה חסד דאריך. משתי פרקין דהוד, גבורה דאריך. ומשתי פרקין דיסוד, תפארת דאריך. נשתארו שלוש פרקין תתאין דנה"י דעתיק, ונעשו נה"י לאריך.
212

הגהות ובאורים)ג(– א"ה עיין תחילת שער א"א ושער ז"א פ"א.
213

בית לחם יהודה ש"א פ"ד ד"ד ע"ב – איך נולד ויצא. כל זה מבואר בפרק א' דשער י"ג, ובפרק ב' דשער י"ג, ובפרק א' דשער י"ז.
214

ע"ח שי"ז מ"ב פ"א דפ"ג ע"ד – אמנם רגלי עתיק, השתי פרקין תחתונים שבו, שהוא פרק תחתון דנצח, ופרק תחתון דהוד דעתיק, אלו נכנסים יותר למטה, **ועומדים בגבול עולם הבריאה**, אשר הוא למטה מעולם אצילות, ועומדין שם בבחינת דדי בהמה, כנזכר לעיל באורך.
215

עוֹלָם הַבְּרִיאָה כדי[216] להשפיע למלכים דמיתו עד זמן התיקון הפרטי שלהם, כַּנִּזְכָּר שָׁם[217]. וְאֶפְשָׁר לוֹמַר כִּי לֹא הָיָה זה בפרקין התתאין דעתיק יומין כָּךְ אֶלָּא קוֹדֶם תִּיקוּן אֲצִילוּת, וְאַחַר הַתִּיקוּן לֹא הוּצְרַךְ לְזֶה, שֶׁחָזַר הָעַתִּיק לֶאֱסוֹף רַגְלָיו לְמַעְלָה[218] בסוד - ויאסוף רגליו אל המיטה, בְּהַשְׁוָאָה[219] אַזֹת עִם רַגְלֵי א"א אַחֲרֵי[220] התיקון, וְצָרִיךְ עִיּוּן.

בית לחם יהודה ש"א פ"ד ד"ד ע"ב - והם נכנסים בגבול הבריאה. כלומר ואחר כך, היכי אמרינן לעיל שרגלי כולם שוים עד עגולי א"א ולא יותר. ועיין בפרק ז' דשער א"א ד"ה נצח והוד וכו', שכתבנו שם שהם שלוש שמעות יעו"ש. ועיין בשער הקדמות דף י' ריש ע"ד. וגם בסוף אותו עמוד שהקשה דמהכא משמע דשלושה עולמות בי"ע הם למטה מרגלי א"א, כי הם עומדים בעובי עגולי א"א מצד מטה, ולעיל אמרנו כי בי"ע הם באמצע כל העולמות כגרעין בתוך התמרה, יעו"ש. והיא קושיית השמ"ש ז"ל בפרקין, דהכא וכבר ישבנו זה לעיל בד"ה - ואור מקיף דיושר דנוקבא דז"א, יעו"ש.
216

כרם שלמה ש"א ענף ד' סימן כ"ד - ומה שכתב אחר כך, וְצָרִיךְ עִיּוּן פירושו הוא, מבואר בשער ההקדמות בדף י' סול ע"ג, ששמע מרבו **שגם אחר תיקון העולמות גם כן נשארו שם בעולם הבריאה, כדי לתקן שאר סיגי שבעת המלכים של בי"ע**. להתברר עד ביאת המשיח בע"ה, ולכן גם שני פירקין נצח והוד עומדים תמיד שם בראש הבריאה, להאיר בהם, לכשיתבררו עד תכלית וכו'. וזהו הפירוש של צריך עיון שלו בכאן, והתירוץ הוא זכרוני שבדברי שלום תירץ במקום אחר משמו או משם מר זקנו הרש"ש, והאמת כך הוא כי מה שכתב במקום אחר שרגלי א"א עתיק שרגלי שווים עם רגלי א"א שהוא בסיום עולם האצילות הוא על בחינת החלקים של נצח והוד דעתיק יומין, אשר נתקנו ולא הוצרכו להשאר שם, **ומה שכתב שעדיין שם הם הוא על שאר החלקים אשר עדיין לא נתקנו, ובכל יום ויום נתקנים קצת מהם ועולים ומשתווים עם רגלי א"א שהוא בסיום עולם האצילות**, וכן על דרך זה עד ביאת הגואל, יסתיימו רגלין ברגלין, כדין אתי משיחא.
כרם שלמה ש"י פ"ב סימן ד' - מה שכתב **בירר מהנקודות מה שיוכל לברר**, שמשמע כי לא כולם נתקנו, מפני שפשוט שבאלו המלכים דב"ן כשנאצלו בתחילת אצילותם, אף על פי שלא נאצלו כי אם בחינת מלכויות של כל הספירות, של משך כל השָׁשֶׁה אלפין שנה דהוי עלמא, **וכל חלק מאלו יש לו זמן קצוב, אימתי יגיע זמנו כדי להתקן**, ובאותו זמן אז יוצא שיעור אחד משם מ"ה החדש, כנגד אותו החלק דשם ב"ן, אשר הגיע זמנו להיתקן, ומברר אותו בירור הראוי לו, ומחברו עמו ומתקנו, ולכן בזמן מעשה בראשית, שהוא בעת התחלת התיקון דשם ב"ן על ידי שם זה המ"ה החדש. אז יצא משם מ"ה החדש שיעור אחד, הראוי ומספיק לזמן ההוא של מעשה בראשית, ולכן בירר משם הס"ג שהוא הב"ן, שיעור אחד שהוא כנגדו, ולא יותר מן הראוי לו, וכל שכן שלא בירר בירורו כולו, **אלא שיעור אחד המספיק לאותו זמן דמעשה בראשית**, כי שאר חלקי הב"ן עדיין לא הגיע זמנו להתקן, ולכן לא יצא גם כן כנגדו שם מ"ה החדש, אלא יצא שיעור אחד הראוי ומספיק לאותו זמן.
217

תרשים ד – ל"ט.
218

בראשית ל"א ל"ג - ויכל יעקב לצוות את בניו **ויאסוף רגליו** אל המיטה ויגוע וייאסף אל עמיו.
219

תרשים ד – מ.
220

בית לחם יהודה ש"א פ"ד ד"ד ע"ג - שחזר העתיק לאסוף רגליו. דקדק לומר **שחזר**, לפי שכתב במבוא שערים דף י"ג ע"ג שקודם שיצא היושר דעתיק, קדמו לצאת עגולי א"א, ומסיבה זו לא יכלו היושר דעתיק להתפשט יותר למטה עד רגלי עתיק עצמו, ועמדו רגליו על גבי עגולי א"א, יעו"ש. רק בזמן תיקון דא"א, הוצרכו רגלי עתיק להתפשט לפי שעה יותר למטה, לצורך א"א ואו"א וזו"ן, ואחר תיקונם חזר עתיק לאסוף רגליו, והעלם למקומם הראשון.

65

לסיכום – כאשר קרה מקרה המלכים דימתו, ועולם הנקודים נשבר, כותב הרב ז"ל כי[221] שבעה תחתונות של עולם הנקודים נשברו ומתו, מבחינת הפנים והאחור שלהם, והכלים[222] שלהם ירדו לבי"ע. האחוריים של או"א נפלו, אבל נשארו בעולם האצילות. גם נגרם פגם בכתר שהוא א"א דעולם הנקודים. **בעומק העניין** גם בחינות של עתיק יומין, שהם בחינת הנה"י שלו נותנים מוחין לא"א, וא"א הנותנים מהמוחין לאו"א, ואו"א הנותנים מוחין לזו"ן, כולם ירדו לבי"ע. יוצא מזה שחלקי מוחין של עתיק יומין, וא"א, ואו"א נמצאים בתוך זו"ן. וכאשר נשברו זו"ן וירדו לבי"ע, גם חלקי המוחין ירדו לשם. וכאשר[223] האדם היהודי עובד את השם יתברך, על ידי עשיית מצות, תפילה ובעיקר על ידי

221

ע"ח ש"ח פ"ג מ"ת דל"ז ע"ג - והנה הבלים הראוין למלכים אלו שבעה, יצאו דרך צפורני רגלים, ואף על פי שהצפורנים הם עשר, והנקודות שנשברו אינן אלא שבעה תחתונות לבד כנזכר לעיל. העניין הוא כי גם יש שתי מיני **אחוריים דאו"א שנשברו**, הרי הם תשעה בחינות. והעשירית הוא כי גם מן **הכתר היה בו קצת פגם**, כמו שנבאר לקמן בע"ה. **והוא בחינת נה"י שלו, שנכנסו והיו בסוד מוחין לאו"א**, וגם הם נשברו. הרי הם עשר בחינות, כנגד עשר הבלים שיצאו מצפורני רגליו.

222

ע"ח ש"ט פ"ז מ"ב דמ"ו ע"ב – והנה כאשר יצאו כל האצילות מבחינת ב"ן לבד, והיה כולל עתיק, וא"א, ואו"א, וזו"ן. ואז יצאו תחלה כל הכלים שלהם זה תחת זה עד סיום עולם האצילות, ואחר כך יצאו אורות דב"ן כל פרטי אצילות, ויצא תחלה כתר דעתיק דאצילות, שבו נכללין כל האורות, ונתקיים, ואחר כך יצאה חכמה דעתיק בכלי שלו, ובו היו כלולים כל שאר האורות ונתקיים, ואחר כך יצאה בינה דעתיק, ובו כלולין כל שאר האורות ונתקיים, ואחר כך יצאו שבעה תחתונות דעתיק,)נ"א דדעת(הדעת למטה כל אחד כלול בכלי שלו, ובו כלולים כל שאר האורות, והיה נשבר, **וירד פנימיות הכלי לבריאה, וחיצוניות הכלי ירד ביצירה, וחיצוניות של חיצוניות בעשייה**, ואחר כך האור ההוא נשאר בלי כלי, ושאר האורות ירדו בכלי השני של השבעה תחתונות, וגם הוא נשבר על דרך הנזכר לעיל,)נ"א נשאר ע"ד הנ"ל(והאור שלו נשאר בלי לבוש, ושאר האורות ירדו לכלי שלמטה ממנו, וכן על דרך זה עד שנגמרו שבעה תחתונות שלו, ואחר כך נכנס הכתר דאריך אנפין בכלי שלו.............

נהר שלום דכ"ד ע"ד – והנה ידוע כי מיתת המלכים היתה בזו"ן דפרטות, ר"ל בזו"ן דעתיק, ובזו"ן דא"א, ובזו"ן דאבא, ובזו"ן דאימא, ובזו"ן דז"א, ובזו"ן דנוקבא, וכל פרצוף מאלו הפרצופים כלול מכל הפרצופים הנזכרים. וזה היה בפרט האחרון דפרטי פרטות, וכמבואר לעיל בהקדמה, וזה היה בפנימיות וחיצוניות דפנימיות, ובחיצוניות ופנימיות דחיצוניות, דפנים ודאחור. **והכלים עם הרפ"ח ניצוצות דמלכים דעתיק דעתיק נפלו לעתיק דבי"ע, ודא"א לא"א דבי"ע, ודאו"א לאו"א דבי"ע, ודזו"ן לזו"ן דבי"ע. באופן זה כי הכלים הפנימיים דמלכים הנזכרים נפלו לפרצופי הבריאה. והכלים האמצעיים ליצירה. וכלים החיצוניים שלהם לעשיה**. ונתבאר בשער השמות ובכמה מקומות, כי כדי לברור הכלים ושארית הרפ"ח דכל פרט, יורדים כל הפרצופים העליונים דאצילות בימי החול בסוד גלות השכינה, ומתלבשים בפרצופים שכנגדם למטה בבי"ע. עתיק דאצילות בעתיק דבי"ע, וא"א בא"א, ואו"א באו"א, וזו"ן בזו"ן. כלים פנימיים שלהם בבריאה, ואמצעיים ביצירה, וחיצוניים בעשיה. ובי"ע הנזכר מתלבשים בבי"ע דחול, וזה לצורך בירורי כלים ואורות דמלכים דזו"ן דעתיק, וא"א, ואו"א, וזו"ן דאצילות שנפלו לבי"ע על סדר הנזכר. **כי הכלים הפנימים של מלכי עתיק, וא"א, ואו"א, וזו"ן דאצילות נפלו לבריאה. וכלים האמצעיים של המלכים הנזכרים ליצירה. וכלים החיצוניים שלהם לעשיה**, כנודע. ועל כן בימי החול יורדים הכלים דפרצופים העליונים דאצילות על דרך הנז"ל, לברר בחינותיהם שנשארו בבי"ע.

רחובות הנהר ד"ב ע"ב – ובהגיע האור לגבול האצילות, אירע בהם ענין ביטול המלכים, ונפלו כלים **פנימי אמצעי וחיצון** עם אורות דרפ"ח, **לבי"ע התחתונים** דאותה הספירה.

223

רחובות הנהר ד"ג ע"ג – אמנם תיקון כולם עליונים ותחתונים תלוי בתיקון זו"ן דאצילות, **ותיקון זו"ן דאצילות תלוי ביד ישראל, הנקראים בנים לזו"ן דאצילות. ועל ידי התפלות של ישראל** מתבררים מבירורי המלכים דזו"ן, מבחינת העולמות, ומבחינת הנשמות, שיעור קצוב בכל תפלה ותפלה, ומעלים אותם למ"ן, **וכפי גודל כונתם וזכותם ומעשיהם וזכות הזמן שבו נאמרה התפלה ההיא**, כך גודל תיקונם להעלות ניצוצות רבים דמ"ן, אם בכמות אם באיכות, **ובכל יום מעלים ניצוצות חדשות מחדש**, ואין יום דומה

תלמוד תורה, הוא מתקן את חלקי זו"ן הנמצאים בתוך עולמות בי"ע דאותה בחינה באותו יום, ומעלה אותם לעולם האצילות, וכל בחינה מתוקנת בזמן שקבע לה המאציל, ובמקום שקבע לה המאציל, ועל ידי אדם שקבע המאציל, וזה סוד בחינת **עש"ן** שהם בחינות **מקום זמן נפש**, כאשר עולם הוא בחינת מקום, שנה היא בחינת זמן, נפש בחינת האדם. ואם האדם עומד בניסיון, ומקיים את המצווה, או תפילה, או תלמוד תורה, את הוא זוכה לעלות את ניצוצי הקדושה השייכים לאותה בחינה, וכל פרצוף ופרצוף מיתקן, מכל בחינת שש הפרצופים הכללים, וזה הוא באמת סוד קבלת מוחין. וכאשר האדם לא עומד בניסיון, או עובר על מצות לא תעשה מדאורייתא או מדרבנן, גורם לסילוק המוחין מהבחינה שהייתה צריכה להתקן. **יוצא שבעת שעולים** ניצוצי זו"ן, עולים ביחד איתם חלקי המוחין מאו"א, וא"א, ועתיק יומין, שניתנו לזו"ן לפני מקרה המלכים. **ובחינת פירקין תתאין דנצח והוד עתיק יומין השיכים לכל בחינה ובחינה שירדו בראש הבריאה**, שהיו מאירים לאותה בחינה, עד זמן שנקבע לבחינה להתקן, ובתיקון אוספים הפרקים התתאין דנצח והוד דעתיק יומין את רגליהם, ועולים לעולם האצילות מבי"ע. ותיקון זה נעשה בכל בחינה ובחינה פרטית, שהחלקים שלה ירדו לבי"ע, והזמן לתיקון כל הבחינות הפרטיות שקצב המאציל העליון שיתוקנו על ידי בני ישראל הוא שש אלף שנה. ותיקונם[224] הוא על ידי חיבור כל הבחינות דשם מ"ה עם כל הבחינות דשם ב"ן, דאותה בחינה של כל ששת הפרצופים.

עוֹד דבר אחד[225] לא נתבאר לנו כי הרב ז"ל לא קיבל הקדמה **בְּעִנְיְנֵי עִגּוּלֵי א"ק**, וּבְיוֹשֶׁר שֶׁלּוֹ, אֵיךְ הֵם מִתְחַבְּרִים יַחַד. אָמְנָם בְּעִנְיַן עַתִּיק יוֹמִין, ולא רק בעתיק יומין, אלה בכל פרצופי האצילות **נִתְבָּאֵר בִּמְקוֹמוֹ**, כִּי אֵלּוּ עֶשֶׂר עִגּוּלִים מצד מעלה שֶׁלּוֹ, כֻּלָּם נִמְשָׁכִים וּמִתְפַּשְׁטִים סָבִיב שָׁלֹשׁ[226] רִאשׁוֹנוֹת שהם כח"ב לְבַד דְיוֹשֶׁר שֶׁלּוֹ עַיֵּן שָׁם. וְאוּלַי[227] אפשר ללמוד מפרצוף עתיק יומין וא"א[228], ולדמות מילתא למילתא, וְכַךְ יִהְיֶה בְּעִנְיְנֵי עִגּוּלֵי וְיוֹשֶׁר של **אָדָם קַדְמוֹן**, וְצָרִיךְ עַיֵּן.

לחבירו, ואין בריה דומה לחבירתה, ואין צדיק דומה לחבירו. וזהו גודל חיוב מצות התפלות והמצות, **וכל אחד מתקן ומעלה כפי בחינה הראויה אליו**, ותתקן החלבנה מה שלא תתקן הלבונה, ולכן הכל צריכים זו לזה, **ולא יוכל שום אחד מישראל לעשות מה שיעשה חבירו**, וכפי גודל הבירור שמתברר ועולה, ניתוסף כח למעלה, ויורד שפע מלמעלה על ידי זווג העליונים להשפיע בתחתונים, ועל ידי השפע היורד, מוסיף כח בתחתונים ללקט ולברר ולהעלות מ"ן, כנזכר כל זה בפרקים הנזכרים לקמן.

224

תרשים ד – מ"א.

225

הגהות ובאורים (ד – עיין שער מ"ג, ובשער ב' סוף ענף ב', ובמו"ש שער ג' פ"ד דל"ה, ובדב"ש דל"א א.

226

תרשים ד – מ"ב.

227

בית לחם יהודה ש"א פ"ד ד"ד ע"ג – ואולי כך יהיה בעניני עגולי א"ק. ולא בעגולי א"ק דווקא, אלא הוא הדין בשאר הפרצופים כולם, דג"ר דכל אחד הם תופסים כל עובי העשר עגולים שלהם, כמו שכתוב בהדיא באמצע פרק א' דשער מ"ג, ובמבוא שערים דף י"ג ע"ד, יעו"ש. ומבואר מדבריו שעשרת העגולים הם מחוברים ודבוקים בכלים דג"ר דיושר ממש. ואין אויר מפסיק ביניהם כלל, שכן כתב בתחילת לשונו, איך הם מהחברים יחד וכו', וכל מקום ממה שמבואר באמצע ענף ב' דלעיל, דקו היושר הוא עצמו מתעגל, וכל העגולים הם הקשורים ודבוקים בו, וגם הוא עצמו מתפשט כיושר, יעוש"ב. כן מבואר באמצע פרק א' דשער מ"ג, יעו"ש, דאי אין העגולים דבוקים וקשורים בג"ר דיושר, אם כן לא יהיה שייכות וקשר לעגולים עם היושר, לא למעלה ולא למטה, מתחת רגלי היושר, ולא מן הצדדין כלל כלל. ולפי זה צריך עיון בענין מקיפי הג"ר דיושר, היכי הוו מקיפין על ג"ר דיושר, מאחר שהעגולים הם דבוקים בכלים דג"ר דיושר, עד אפס מקום פנוי כי הם מתעגלים מכל הצדדים פנים ואחור, ימין ושמאל. ונמצא שכל העשר מקיפין דיושר, הם עומדים בתוך עיגול הפנימי שהוא עיגול המלכות. ויהיו כל עשר מקיפין דיושר במקום השבעה תחתונות דיושר, ואינם

כאן יש הקדמה חשובה מספר שער ההקדמות, והאמת[229] היא שהקדמה זאת היתה צריכה **להיות בתחילת עץ חיים**, והיא מלמדת כי כל הבחינות של הציורים, ושמות אברי הגוף הרומזים לספירות העליונות, הם רק משל בעלמא, כדי[230] לשכך את האוזן, כדי שיובנו דברי קודשו של הרב ז"ל בדרך משל, והמשל פועל בעולמות העליונים בנמשל. הקדמה זאת היא לדעת כי ציור הרוחניות הוא בשתי דרכים, האחת על ידי ציור דמות האדם והאברים דיליה, והשנייה על ידי ציור האותיות של התורה הקדושה.

וז"ל שׁער הַקְדָמוֹת דף ה' ע"א. [28[231] די"ד ע"ג]

וְאָמְנָם[232] דָבָר גָלוּי הוּא כִּי[233] אֵין לְמַעְלָה גּוּף גשמי וְלֹא כֹּחַ גּוּף גשמי זִלְלִלָה, ר"ל כל[234] דבר גשמי נחלק לארבעה בחינות הנקראות ארמ"ע, ר"ל אש רוח מים עפר. **וְכָל**[235] **הַדְמְיוֹנוֹת**

מקיפין על הג"ר כלל. וגם מקיף דחיה דרך שערות הראש, יהיה למעלה מן מקיפי היחידה, שהם העשר מקיפין, וגם למעלה מן העגולים ואור פנימי למעלה, כי כמו שההכלים דג"ר דיושר הם עומדים בתוך עובי העשר עגולים, כמו כן עומדים שם מקיפי היושר, וג"ר שלהם מבפנים לעיגולים, כדמיון אדם המעטף את ראשו עד צוארו בשני טליתות, זה על גבי זה, העליון הם העיגולים, והתחתון הם מקיפי הג"ר, ובהגיעם לחסד הם מתרחבים ומתרחקים מאד מאד מן השבעה תחתונות, ושם עומדים העולמות, כמו שכתוב בדברינו בפרק ג' דשער מ"ה ד"ה אלא שהוא ברחוק מועט, יעו"ש. וכך כתב רז"ל בהדיא באמצע פרק ג' דשער מ"ב, וז"ל - צריך עיון כי הרי העגולים ואורות המקיפין (דיושר) (שעל גבי הלבושים) שהם כלים דמקיפין דיושר הנקראים לבושים), הם סובבים משני קצוות הראש של העולם ההוא וכו', יעו"ש. הרי מבואר להדיא שגם מקיפין דג"ר דיושר, הם סובבים על הג"ר, כדמיון העשר עגולים, אמנם יש פירוש אחר בביאור פרק ג' דשער מ"ב הנזכר, כמו שמבואר בדברינו דהתם, בד"ה כי הרי וכו', ובד"ה אך העניין וכו', יעו"ש. ואם כן אין ראיה מפרק ג' דשער מ"ב הנזכר.
228

ע"ח שט"ז פ"ה דפ"א ע"ג – כי א"ק הוא מציאות א"א.

רחובות הנהר ד"ט ע"ב – ואף על פי ששם לא נזכר כי אם עד בחינת א"א, כבר נודע כי בחינת א"א המוזכר בדברי הרב ז"ל, הוא בחינת א"ק, שהוא א"א הכולל, ודו"ק.
229

כרם שלמה ש"א ענף ד' אות ל' – זאת ההקדמה היה צריך להניחה בהתחלת עץ חיים, אבל מפני שכאן דיבר כל צורת הספירות, בצורת האברים של האדם, לכן הניחה כאן.
230

זוהר פרשת נשא, אידרה רבה דקל"ג ע"א עם באור ותרגום – **תקונא חמישאה** התיקון החמישי. **נפיק אורחא אחרא מתחות פומא** יצא אורח אחר מתחת הפה, והוא האורח השני פני בלי שערות, שעובר ונמשך מתחת לפה, באמצע הסנטר, ויורד עד שיבולת הזקן, **הדא הוא דכתיב** וזהו שכתוב בתיקון הזה, **לא החזיק לעד אפו** ר"ל לא החזיק א"א את אפו לעד את אפו של ז"א. ואמר רבי שמעון לרבי יוסי - **קום רבי יוסי** לפרש את התיקון הזה. **קם רבי יוסי, פתח הקדים ואמר - אשרי העם שככה לו אשרי העם שהשוי"ה** **אלהי"ו, אשרי העם שככה לו,** וקשה **מהו שככה לו. כמה דאת אמר** כמו שנאמר - **וחמת המלך שככה, שכיך מרוגזיה** נרגע מהרוגז. **דבר אחר** פרוש אחר, **שכיך ברוגזיה** נרגע והכעס, לפי שבזה יש בחינת חרון אף, ושכוך וביטול הרוגז דז"א תלוי בתפילה של האדם.
231

הגהות ובאורים)א(– הקדמה זאת היא יקרת הערך, ואנחנו מצאנו עצמנו מחויבים להציגה כאן.
232

כרם שלמה ש"א ענף ד' אות ל' – ואחר שכתב שם הקדמת הספירות בבחינת צורת האיברים של אדם, כמו שכתב כאן בריש הענף הזה, ד"ה **רצוני בענף זה**, קודם שביאר הקדמת צורת האותיות שרומזת להספירות, כתב זה ההקדמה. ור"ל אמת היא שציירנו ציור העשר ספירות בבחינת צורת האברים של האדם, ואמנם דבר גלוי הוא כי אין למעלה גוף, ולא כח גוף חלילה וכו'.

וְהַצִּיּוּרִים הָאֵלוּ ר"ל לדוגמה, כתר נקרא גולגלתא, או חב"ד נקראים מוחין וכו', **לֹא מִפְּנֵי שֶׁהֵם כָּךְ** חַזֹס וְשָׁלוֹם, אלא הם דמיון בעלמא. **אָמְנָם**[236] **לְשַׁכֵּךְ** ר"ל להרגיע[237] **אֶת הָאֹזֶן לִכְשֶׁיּוּכַל** הָאָדָם לְהָבִין הַדְּבָרִים הָעֶלְיוֹנִים הָרוּחָנִיִּים, בִּלְתִּי נִתְפָּסִים וְנִרְשָׁמִים בְּשֵׂכֶל הָאֱנוֹשִׁי, לְכֵן נִתַּן רְשׁוּת לְדַבֵּר בִּבְחִזֹי צִיּוּרִים וּדְמִיוֹנִים, כַּאֲשֶׁר הוּא פָּשׁוּט בְּכָל סִפְרֵי הַזֹּהַר הקדוש.

וְגַם בִּפְסוּקֵי הַתּוֹרָה עַצְמָהּ, כּוּלָם כְּאֶחָד עוֹנִים וְאוֹמְרִים בַּדָּבָר הַזֶּה שֶׁל דְּמִיוֹנוֹת של אברי גוף האדם, כְּמוֹ שֶׁאָמַר הַכָּתוּב, עֵינֵי הוי"ה הֵמָּה מְשׁוֹטְטִים בְּכָל הָאָרֶץ, עֵינֵי הוי"ה אֶל צַדִּיקִים, וַיִּשְׁמַע הוי"ה, וַיִּרַז הוי"ה, וַיְדַבֵּר הוי"ה, וְכָאֵלֶּה רַבּוֹת.

וּגְדוֹלָה מִכּוּלָם מַה שֶּׁאָמַר הַכָּתוּב[238] בתורה וַיִּבְרָא אֱלֹהִ"ם אֶת הָאָדָם בְּצַלְמוֹ, בְּצֶלֶם אֱלֹהִ"ם בָּרָא אוֹתוֹ זָכָר וּנְקֵבָה וְגוֹ'. וְאִם הַתּוֹרָה עַצְמָהּ

233

הָרַמְבַּ"ם, יַד הַחֲזָקָה, הלכות יסודי תורה פ"א הלכה ח' – הרי מפורש בתורה ובנביא, שאין הקדוש ברוך הוא גוף וגוייה, שנאמר - כי הוי"ה אלוהיכ"ם, הוא האלהי"ם בשמים ממעל ועל הארץ מתחת, **והגוף לא יהיה בשני מקומות**. ונאמר - כי לא ראיתם כל תמונה. ונאמר - ואל מי תדמיוני ואשווה. ואילו היה גוף, היה דומה לשאר גופים.

234

ע"ח ח"ב ש"ן פ"ב מ"ב דקי"ד ע"ב – דע כי גוף האדם החומרי נחלק לארבעה חלקים שהם ארמ"ע.... והנה **הארץ** יש לה ארבעה חלקים ארמ"ע, וכולן דומם, וזה הדומם גוף ונפש דדומם המקיים אותם. ויותר למעלה מזה הוא גוף **הצומח**, כלול מארבעה, ובתוכו נפש הצומחת. ולמעלה ממנו הוא גוף **הבעלי חיים**, כלול מארמ"ע, ובתוכו נפש בהמית, ובודאי כי בעליון כלול בו התחתון, נמצא כי הדומם הוא גוף, ונפש הדומם והצומח יש בו חלק גוף ונפש של הדומם, ונוסף עליו בחינת עצמו, שהוא גוף הצומח ונפש הצומחת, ולכן הצומח גדול מהדומם, והדומם נעשה צומח, ואחר כך הבעלי חיים יש בהם גוף ונפש, מדומם וצומח, ונוסף עליהם גוף ונפש הבהמיות, לכן גוף הדומם והצומח ניזונין מהם. וכמו כן **האדם** יש בו דומם, וצומח, ובחינת בעל חי גוף, ונפש, ונוסף עליהן נפש המדברת, נכללת מכולן.

235

כרם שלמה ש"א ענף ד' אות ל' – וכל הדמיונות והציורים אלו לא מפני שהם כך חס ושלום. ר"ל מה שאנחנו אומרים כי כתר הוא גולגלתא, וחב"ד הם שלוש מוחין, וחג"ת הם שני דרועין וגוף. אלו הם דמיון בעלמא, והציורים הם ציור האותיות, ולכן השמות שלהם נקראים כמו שמות הגופניים. וכל זה הוא בכלל דמיונות בעלמא, מה שאנחנו מציירים ומדמים הספירות כך, ולא מפני שהם כך חס ושלום.

236

כרם שלמה ש"א ענף ד' אות ל' – אמנם לשכך את האוזן, לכשיוכל האדם להבין הדברים העליונים הרוחניים, בלתי נתפשים ונרשמים בשכל האנושי, לכן נתן רשות לדבר לדבר בבחינת ציורים ודמיונים.

237

מגילת אסתר ז' י' – ויתלו את המן על העץ אשר הכין למרדכי **וחמת המלך שככה**.
בראשית ח' א' – ויזכר אלהי"ם את נח ואת כל החיה ואת כל הבהמה אשר אתו בתבה ויעבר אלהי"ם רוח על הארץ **וישכו** המים.

238

דברה כך בלשון משל של אברי גוף האדם, **גם אנחנו נוכל לדבר כלשון** התורה, בדרך משל בחכמת הנסתר בלשון **הזה. עם היות שפשוט הוא שאין שם למעלה, אלא**[239] **אורות דקים בתכלית הרוחניות** ולא אורות גשמים כמו שבעולמנו, כי האור הגשמי הוא היקר במוחשים, והאורות הדקים והרוחניים האלו הם **בלתי נתפשים שם כלל, וכמו שאמר הכתוב**[240] - **כי לא ראיתם כל תמונה, וכאלה רבות.**

ואמנם יש עוד דרך של משל לאורות הרוחניים, והיא **דרך אזהרת כדי להמשיך ולצייר בה הדברים העליונים, והם בבזינת כתיבת צורת אותיות** והם בעיקר בהסידור למרן הרש"ש, **כי כל אות ואות מורה על אור פרטי עליון, וגם תמונת זו דבר פשוט הוא, כי אין למעלה לא אות ולא נקודה, וגם זה דרך** של ציור האותיות הוא **משל** בעלמא **וציור** ולהרגיע **את האון** כנזכר.

ולכן נבאר עתה הקדמה הנזכר **על דרך ציור האותיות, גם כן ובבזינת ציורים אלו, הן**[241] **ציור האדם, והן ציור אותיות,** שהזוהר הקדוש ורבינו האר"י ממשילים את הרוחניות לצורת אדם, או צורת וציור האותיות, **שתידן**[242] **מוכרזזים להבין ענין האורות העליונים, כאשר תראה ספרי הזוהר הבנוים על שתי בזינת הציורים האלה** של ציור אברי הגוף וציור האותיות, **עד כאן לשונו.**

בראשית א' כ"ז – ויברא אלוהי"ם את האדם בצלמו בצלם אלוהי"ם ברא אותו זכר ונקבה ברא אותם.
239

שומר אמונים הקדמון, ויכוח שני דל"ג ע"ד – האמנם מה שתמצא בספרי המקובלים **שקוראים בשם אור אל פעולות הא"ס,** והספיר, אינו מפני שהם עצמם אור, רק מפני שקצר מצע שכלינו בעודו מלובש בחומר הגוף, להסיג מהות ועצם הרוחניים. וכן אי אפשר לצייר פעולות הרוחניים היאך הם, כדי לתאר אותם בשם אמיתי. לכן כינו אותם בתואר אור, **כי הוא היקר במוחשים.** ועוד שיש באור סגולות וענינים שהוא מתדמה באם אל הנאצלים.
240

דברים ד' ט"ו – ונשמרתם מאד לנפשתיכם כי לא ראיתם כל תמונה ביום דבר הוי"ה אליכם בחרב מתוך האש.
241

הקדמת תיקוני הזהר, מאמר פתח אליהו די"ז ע"א – חסד דרועא ימינא, גבורה דרועא שמאלא, תפארת גופא, נצח והוד תרין שוקין, ויסוד סיומא דגופא אות ברית קדש, מלכות פה תורה שבעל פה קרינן לה: חכמה מוחא איהו מחשבה מלגאו, בינה לבא ובה הלב מבין, ועל אלין תרין כתיב כתיב הנסתרות לה' אלהינו, כתר עליון איהו כתר מלכות, ועליה אתמר מגיד מראשית אחרית, ואיהו קרקפתא דתפלין.
242

תרשים ד – מ"ג.

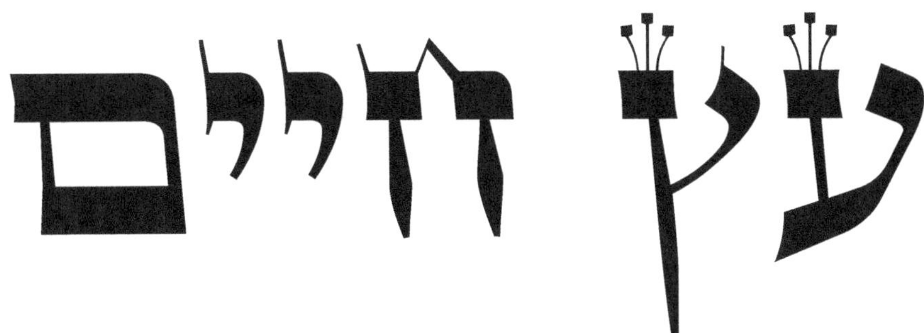

עֵץ חַיִּים

לְרַבֵּינוּ חַיִּים וִיטַאל

שֶׁקִּיבֵּל מִמָרָן הָאֲרִ"י זלה"ה

שַׁעַר א'

שַׁעַר עִגּוּלִים

עָנָף ד'

חֵלֶק הַתַרְשִׁימִים טַבְלָאוֹת וְצִיוּרִים

עֵץ חַיִּים

<u>**הקדמה קצרה**</u>

דע כי כל התרשימים הציורים והטבלאות, הם אך ורק לשכך את האוזן, ולשבר את העין. וכל הציורים הם לא שלמים.

כתב הרי"ח הטוב ברב פעלים ח"ב בסוד ישרים ה' - אך דע לך כי סדר התלבשות המחצבים שכתב מהרח"ו בשערי קדושה עד עולם הזה שאנחנו עומדים בו. וכן סדר התלבשות הפרצופים אשר בכל מחצב ומחצב, וסדר התלבשות העולמות זה בזה, והיושר והעיגולים, לא אית אינש דכיל למנלע רזא דנא, איך היא עשוי, איך הוא עומד, ולא אפשר לשכל אנושי לצייר כל הנזכר על אמיתתם, ועל בורריין מפני כי שכל האנושי בהיותו עצור ומונח בגוף גשמיי, אי אפשר לי להשיג דבר רוחני, והוא זה דומה לאדם סומא מן הבטן שלא ראה מאורות מימיו, דודאי אי אפשר לו לצייר מראות השמש והירח הנראין לעיני הבריות, וכל שכן מה שיש למעלה למעלה.

וכן כתב ברב פעלים ח"א בסוד ישרים א' - סוף דבר הכל נשמע, ה' אחד ושמו אחד, ואין לו גוף ולא דמות הגוף, ואין לו שום ציור, ותמונה ודמיון כלל ועיקר, וגם כל העולמות וספירות הקדושים למעלה אין להם ציור ודמיון של גופים האלה כלל, ואין מי שיוכל לידע איך הוא עמידתם וסדרם, ואיך עומדים עולמות היושר ועולמות העיגולים, ואיך מתחברים זה עם זה, ואיך נמשך השפע מזה לזה, ואיך הוא תוארם ומראיהם, ואיך הוא מהות השפע המחיה אותם, ומקיים אותם, וכמה הוא שיעור אורכם וגובהן ורחבם, ואיך הם נכללים זה בזה, ומלבישים זה לזה, כי בכל זאת אין שום שכל אנושי יוכל לדעת, ולהבין, ולהשיג, כלל ועיקר.

הרב ז"ל כתב בשער אח"פ תחילת פ"א וז"ל - כבר ידעת כי אין בנו כח לעסוק קודם אצילות עשר ספירות, ולא לדמות שום דמיון וצורה כלל ח"ו, אך לשכך האזן, אנו צריכים לדבר דרך משל ודמיון, לכן אף אם נדבר במציאות ציור שם למעלה, אין הדבר רק לשכך האזן. אמנם דע כי עשר ספירות דאצילות הם שתי עניינים. האחד הוא התפשטות הרוחניות, והשני הוא כלים ואברים אשר העצמות מתפשט בהם. והנה צריך שיהיה לכל זה שורש למעלה לשתי בחינות אלו, ולכן צריכין אנו לדבר בסדר המדרגות מראש עד סוף, והנה נתחיל ונאמר כי הלא הא"ס ב"ה אין בו שום ציור כלל ח"ו כמבואר.

הרב ז"ל כתב בשער תנת"א פ"א - והנה אף על פי שאנו מכנים וקוראים כאן כנויים אלו כגון אדם ראש אזנים וכיוצא אינו רק לשכך האזן לשיובינו הדברים לכן אנו מכנים כנויים אלו במקום גבוה, עד כאן לשונו.

וכן הרמ"ק בפרדס רימונים ש"ו פ"א - וציירו להם המקובלים צורות ביריעות גדולות וקראום אילן.

הרב ז"ל כתב בסוף ש"ה פ"ד וז"ל - ואמנם דבר גלוי הוא כי אין למעלה גוף ולא כח גוף חלילה. וכל הדמיונות והציורים אלו לא מפני שהם כך חס ושלום. אמנם לשכך את האוזן לכשיוכל האדם להבין הדברים העליונים הרוחניים בלתי נתפסים ונרשמים בשכל האנושי, לכן ניתן רשות לדבר לדבר בבחינת ציורים ודמיונים, כאשר הוא פשוט בכל ספרי הזוהר. וגם בפסוקי התורה עצמה כולם כאחד עונים ואומרים בדבר הזה כמו שאמר הכתוב עיני ה' המה משוטטים בכל הארץ. וישמע ה'. עיני ה' אל צדיקים. וירח ה'. וידבר ה'. וכאלה רבות וגדולה מכולם מה שאמר הכתוב ויברא אלהים את האדם בצלמו בצלם אלהים ברא אותו זכר ונקבה וגו'. ואם התורה עצמה דברה כך גם אנחנו נוכל לדבר כלשון הזה, עם היות שפשוט הוא שאין שם למעלה אלא אורות דקים, בתכלית הרוחניות, בלתי נתפסים שם כלל, וכמו שאמר הכתוב כי לא ראיתם כל תמונה, וכאלה רבות. ואמנם יש עוד דרך אחרת כדי להמשיך ולצייר בה הדברים העליונים, והם בחינת כתיבת צורת אותיות, כי כל אות ואות מורה על אור פרטי עליון, וגם תמונת זו דבר פשוט הוא כי אין למעלה לא אות, ולא נקודה, וגם זה דרך משל וציור לשכך את האוזן כנזכר. ולכן נבאר עתה הקדמה הנזכר על דרך ציור האותיות גם כן ובבחינת ציורים אלו, הן ציור האדם, והן ציור אותיות, שתיהן מוכרחים להבין ענין האורות העליונים, כאשר תראה ספרי הזוהר בנויים על שתי בחינות הציורים האלה, עד כאן לא.

ולכן גם אנחנו הרשינו לעצמינו לצייר ציורים, תרשימים וטבלאות, אך ורק כדי לשכך את האוזן, ולשבר את העין, כדי להבין את הסוגייה.

אח"י

תרשימים שׁעׁר א' עׁנׁף ד'

סדר שמות שמות ההיכלות והשערים בעץ חיים

שם היכל	שער	שם השער	פרקים														
אדם קדמון	א	עיגולים ויושר	א	ב	ג	ד	ה										
	ב	השתלשלות י"ס דרך עגו'	א	ב	ג												
	ג	סדר אצילות למהרח"ו	א	ב	ג												
	ד	אח"פ	א	ב	ג	ד	ה										
	ה	טנת"א	א	ב	ג	ד	ה	ו	ז								
	ו	עקודים	א	ב	ג	ד	ה	ו	ז	ח							
	ז	מטי ולא מטי	א	ב	ג	ד	ה										
נקודים	ח	דרושי נקודות	א	ב	ג	ד	ה	ו									
	ט	שבירת הכלים	א	ב	ג	ד	ה	ו	ז	ח							
	י	תיקון	א	ב	ג	ד	ה										
	יא	מלכים	א	ב	ג	ד	ה	ו	ז	ח	ט	י					
הכתרים	יב	עתיק	א	ב	ג	ד	ה										
	יג	א"א	א	ב	ג	ד	ה	ו	ז	ח	ט	י	יא	יב	יג	יד	
או"א	יד	או"א	א	ב	ג	ד	ה	ו	ז	ח	ט	י					
	טו	זווגים	א	ב	ג	ד	ה	ו									
	טז	הולדת או"א וזו"ן	א	ב	ג	ד	ה	ו	ז								
ז"א	יז	ז"א	א	ב	ג												
	יח	רפ"ח נצוצין	א	ב	ג	ד	ה	ו									
	יט	אנ"ך	א	ב	ג	ד	ה	ו	ז	ח	ט	י					
	כ	המוחין	א	ב	ג	ד	ה	ו	ז	ח	ט	י	יא	יב			
	כא	לידת המוחין	א	ב	ג												
	כב	מוחין דקטנות	א	ב	ג												
	כג	מוחין דצלם	א	ב	ג	ד	ה	ו	ז	ח							
	כד	פרקי הצלם	א	ב	ג	ד	ה	ו	ז								
	כה	דרושי הצלם	א	ב	ג	ד	ה	ו	ז	ח							
	כו	צלם	א	ב	ג	ד											
	כז	פרטי עי"מ	א	ב	ג	ד											
	כח	עיבורים	א	ב	ג	ד	ה										
	כט	נסירה	א	ב	ג	ד	ה	ו	ז	ח	ט						
	ל	פרצופים	א	ב	ג	ד	ה	ו	ז								
	לא	פרצופי זו"ן	א	ב	ג	ד	ה										
	לב	הארת המוחין	א	ב	ג	ד	ה	ו	ז	ח	ט						
	לג	אונאה	א	ב	ג	ד	ה										
נוק' דז"א	לד	תיקון הנוקבא	א	ב	ג	ד	ה	ו	ז								
	לה	הירח	א	ב	ג	ד	ה										
	לו	מעוט הירח	א	ב	ג	ד											
	לז	יעקב ולאה	א	ב	ג	ד	ה										
	לח	לאה ורחל	א	ב	ג	ד	ה	ו	ז	ח	ט						
	לט	מ"ן ומ"ד	א	ב	ג	ד	ה	ו	ז	ח	ט	י	יא	יב	יג	יד	טו
	מ	פנימיות וחצוניות	א	ב	ג	ד	ה	ו	ז	ח	ט	י	יא	יב	יג	יד	טו
	מא	חשמל	א	ב	ג												
אבי"ע	מב-א	דרושי אבי"ע	א	ב	ג	ד	ה	ו	ז	ח	ט	י	יא	יב			
	מב-ב	כללות אבי"ע	א	ב	ג	ד											
	מג	ציור עולמות אבי"ע	א	ב	ג	ד											
	מד	שמות	א	ב	ג	ד	ה	ו	ז								
	מה	מקיפין	א	ר	ג	ד											
	מו	כסא הכבוד	א	ב	ג	ד	ה	ו									
	מז	סדר אבי"ע	א	ב	ג	ד	ה	ו									
	מח	קליפות	א	ב	ג	ד											
	מט	קליפת נוגה	א	ב	ג	ד	ה	ו	ז	ח	ט						
	נ	קיצור אבי"ע	א	ב	ג	ד	ה	ו	ז	ח	ט	י					

תרשׁימים שׁעׂר א' ענׂף ד'

טבלת ערכים

עשיה	יצירה	בריאה	אצילות	אדם קדמון	עולמות
נוקבא	ז"א	אמא	אבא	ע"י וא"א	פרצופים
מלכות	חג"ת נה"י	בינה	חכמה	כתר	ספירות
ה	ו	ה	י	קוץ של י'	הוי"ה
נפש	רוח	נשמה	חיה	יחידה	אורות
ב"ן - יוד הה ור הה	מ"ה - יוד הא ואו הא	ס"ג - יוד הי ואו הי	ע"ב - יוד הי ויו הי	שורש הוי"ה	מלוי
אותיות	תגין	נקודות	טעמים	שורשים	טנת"א
אין ניקוד	סגול, שוה, חולם חיריק, קבוץ, שורוק	צרי	פתח	קמץ	נקודות
עטרת היסוד	גוף וברית	מוח שמאל	מוח ימין	גולגולתא	אדם
כבד	לב	מוח	ל - מקיף, חיה	מ - מקיף, יחידה	מל"ץ
היכל	לבוש	גוף	נשמה	שורש	שנגל"ה
יער"ר	זו"ן	ישסו"ת	או"א עלאין	עו"נ ואו"ן	י"ב פרצופים
כלים	לבושים	צלמים	מוחין	אורות	כל צמא
עור	בשר	גידין	עצמות	מוח	אברים
דיבור	ריח	שמיעה	ראיה	מוח	חושים
חושך	מלאכים	נשמות	ספירות	א"ס	מחצבים
צ' כבד	צ' לב	צ' מוח	ל' מקיף א'	מ' מקיף ב'	צלם
דומם	צומח	חי	מדבר	אלוקות	דהצ"מ
עפר	רוח	אש	מים	יולי	יסודות
וילון	מכון, מעון, זבול שחקים, רקיע	ערבות	ערבות	ערבות	רקיעים
לבנה	ככבים	מזלות	גלגל היומי	גלגל השכל	גלגלים
לבנת הספיר	אהבה, זכות, רצון, עצם השמים, לבנת הספיר	קודש קודשים	קודש קודשים	קודש קודשים	היכלות
כו - וד ה ו ה	יט - וד א או א	לז - וד י או י	מו - וד יוי י		מלוי הוי"ה
קנ"א - אלף הה יוד הה	קמ"ג - אלף הא יוד הא	קס"א - אלף הי יוד הי	קס"א - אלף הי יוד הי	קס"א - אלף הי יוד הי	אהי"ה

תרשים זה מתוך הספר הקדוש "ספר אילן הגדול"

סימן א'   אור האין סוף שהוציא בעל הרצון ע"י הרושם

[א"ה. כאן נכתב בכתר ללנות השמות ע"ב ס"ג מ"ה ב"ן וניכר הספירות האותיות בפרט. (וכודוע שהם רק עשר וגם י"א. וכשנחשב דעת. לא הכתר הוא רק כבחינת שורש העש"ט,מי' מפני חסרון אך כס' שערי בן עדן כתוב באופן אחר ע"ש בהמפלמו כדרך אמת ודרך כ']

[א"ה. מה שכתב נל"ו לם לומר בכוונתו. כי מ"ל כ"ס כ"ב פנים ואחור הם מ"ל מותיות. וד' אחזיות הוי' הרי מ"ח אותיות. וחלל בין אות לאות מ"ח הרי בסה"כ ל"ו כנגימטרי' א"ל אדני' ועי' כ"ה בכוונות האילן בהם ע"נב ידישות. לחשב מ"ע ידישה כ"ח ע"ב]

ספירות

של עולם המלבוש

רל"א שערים אחור | רל"א שערים פנים

מ"ה	ב"ן	לא	כתר		בתר	אל	ע"ב	ס"ג
י	י	מב	חכמה		חכמה.	בב	י	י
ו	ו	נג	בינה		בינה.	גן	י	ו
ד	ד	סד	דעה		דעת	דס	ד	ל
ת	ה	עה	חסד		חסד	הע	ה	ה
א	ה	פו	גבורה		גבורה	ופ	י	י
ו	ו	צז	תפארת		תפארת	דז'	ו	ו
א	ו	קח	נצח		נצח	הק	י	א
ו	ה	רט	הוד		דוד	כר	ו	ו
ה	ת	שי	יסוד		יסוד	יט'	ה	ה
א	תב	מלכות	ל'		מלכות. כת.	י	י
	צ"ן ני' אל אדני				פ"ן ני' אלהים		

[א"ה. מה שכתב הרלשבוש שכאן לא נמלא בכפר זן חיים ודק מקורם בספרי יהר תלמידי האר"י ז"ל. ומי כאן לו רק בספר הזה"ח ויכל להתחיל לגמוד מסימן ד' והלאה]

[א"ה. מה שכתב כאן פ"ז ני' אלקים. גמלא בכוונתו כמ"ש בס' ע' ע"ב ידיעות להרמ"ע ז"ל ידישה כ"ה. בהטרמוטין פ"ז. כי ד' שמות. ע"ב. ס"ג. מ"ה. ב"ן. דם ל"ע לימוד. וד' אותיות של הוי' הם בהם בטריקן סה"כ מ"ל אותיות. וחלל בין הם לחות בד"ל פ"י. בני' אלקים פ"ן]

סימן ב'   עולם המלבוש בזמן שהי' מקפל את לבושו תציו בחציו וזהו צמצום הוא מקום פנוי הנקרא אויר קדמון

[א"ה. המ"ל הנ"ל הפ' והל' פשוטים כמו התמ"ל והנ"ן בזה פשוטים. ויתמלא ברל"א שערים גם כל באומיות מנגלת', ולם"ו אחפר שידו' ניחא נ"ל מה שלמו קורין מנלפין דסף לחתין. והוא באמין כמספר [וגם הוא נחסד ס' ע"ח בער תיקן הירם פרק ה'] אך הואל שבל מך אחרין. כרל"א שערים אחור. לכן נקרא אחר לחתין. ומה שלמו קורין קמוד הל' נ"ג קום הפ'. הוא מצני שנבם מלמין הל' יור. לכן קורין קודם עמיד הל' קודם הפ'. הואיל בהם כליא שלא כסדר כל"נ רק לפי לם כתיהום ובמ"ל:]

תרשים ד - ב

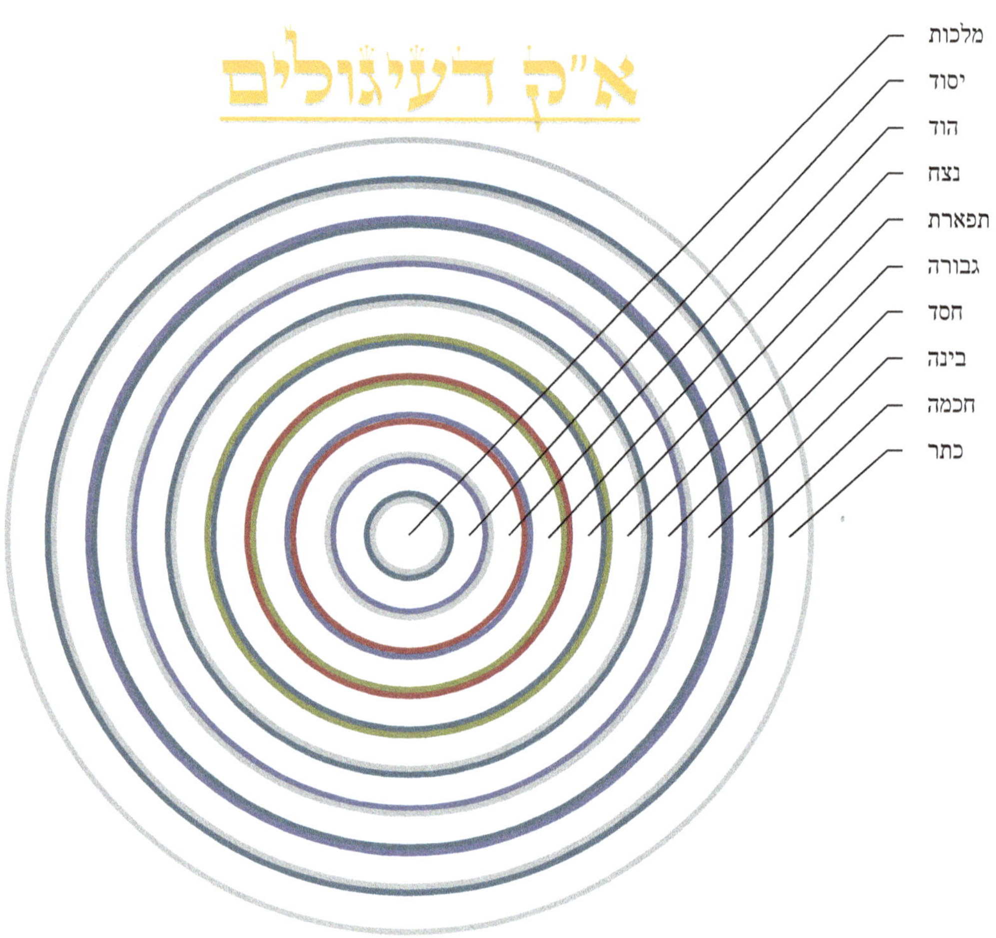

תרשים ד - ג

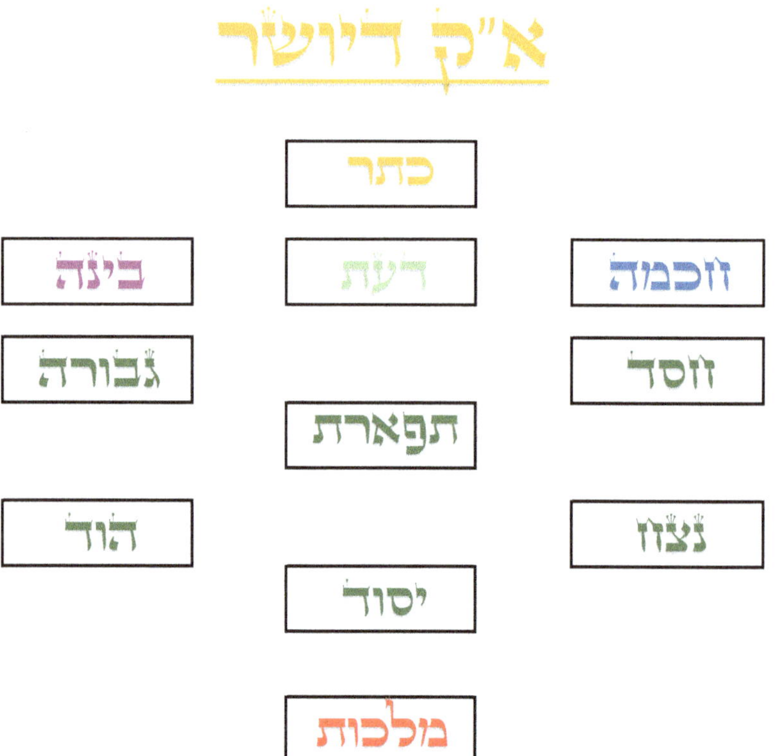

תרשים ד - ד

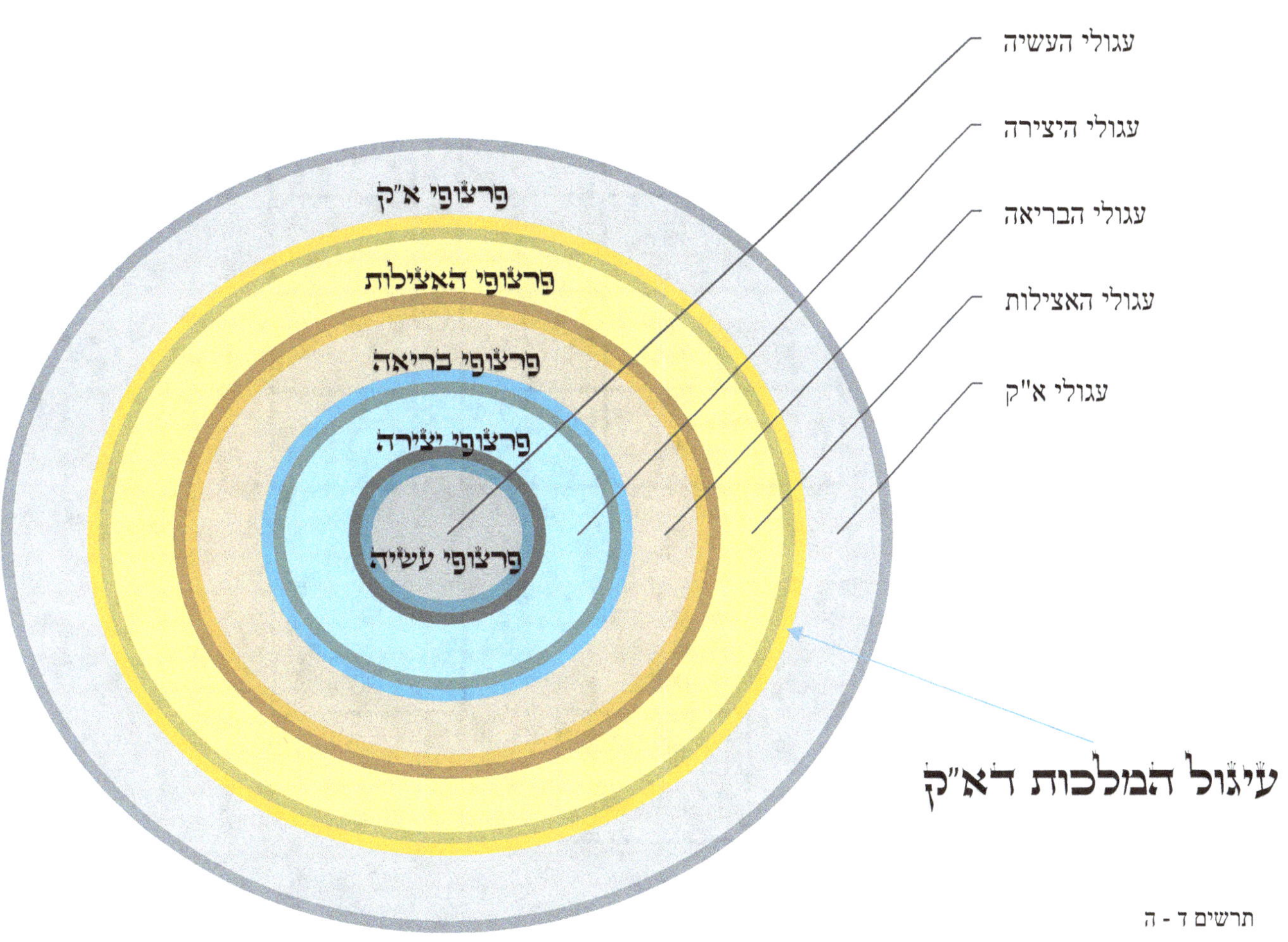

תרשים ד - ה

	אריך אנפין	
	אבא	
עיגולי פרצופי א"ק	אימא	א"ק
	ז"א	
	נוקבא	
	אריך אנפין	
	אבא	
עיגולי פרצופי עולם האצילות	אימא	אצילות
	ז"א	
	נוקבא	
	אריך אנפין	
	אבא	
עיגולי פרצופי עולם הבריאה	אימא	בריאה
	ז"א	
	נוקבא	
	אריך אנפין	
	אבא	
עיגולי פרצופי עולם היצירה	אימא	יצירה
	ז"א	
	נוקבא	
	אריך אנפין	
	אבא	
עיגולי פרצופי עולם העשיה	אימא	עשיה
	ז"א	
	נוקבא	

תרשימים שער א' ענף ד'

אצבעות	ץ	אזה"ע	גרון	בינה
זרועות	ן	גיכ"ק	חיך	חכמה
ידים	ר	דטלנ"ט	לשון	דהח"י
חוטם	ם	זסשר"ץ	שיניים	חזו"ג
פה	ף	בומ"ף	שפתים	נ"ה

בינה
גיכ"ק

חכמה
אזה"ע

דעת
שורש הלשון
דטל נ"ת

חסד
שיניים עליונות
זסשר"ץ

גבורה
שיניים התחתונות
זסשר"ץ

תפארת
אורך הלשון
דטל נ"ת

נצח
שפה עליונה
בומ"ף

הוד
שפה תחתונה
בומ"ף

יסוד
סיום הלשון
דטל נ"ת

מלכות
חלל הפה

תרשימים שער א' ענף ד'

י	א"ק	א"ק	א"א	כתר	–	–
		אצילות	אבא	חכמה	ע"ב	יו"ד ה"י וי"ו ה"י
		בריאה	אימא	בינה	ס"ג	יו"ד ה"י וא"ו ה"י
		יצירה	ז"א	זו"גדתנה"י	מ"ה	יו"ד ה"א וא"ו ה"א
		עשיה	נוקבא	מלכות	בן	יו"ד ה"ה ו"ו ה"ה

קוץ של י

י	אצילות	א"ק	א"א	כתר	–	–
ע"ב		אצילות	אבא	חכמה	ע"ב	יו"ד ה"י וי"ו ה"י
		בריאה	אימא	בינה	ס"ג	יו"ד ה"י וא"ו ה"י
		יצירה	ז"א	זו"גדתנה"י	מ"ה	יו"ד ה"א וא"ו ה"א
		עשיה	נוקבא	מלכות	בן	יו"ד ה"ה ו"ו ה"ה

ה	בריאה	א"ק	א"א	כתר	–	–
ס"ג		אצילות	אבא	חכמה	ע"ב	יו"ד ה"י וי"ו ה"י
		בריאה	אימא	בינה	ס"ג	יו"ד ה"י וא"ו ה"י
		יצירה	ז"א	זו"גדתנה"י	מ"ה	יו"ד ה"א וא"ו ה"א
		עשיה	נוקבא	מלכות	בן	יו"ד ה"ה ו"ו ה"ה

ו	יצירה	א"ק	א"א	כתר	–	–
מ"ה		אצילות	אבא	חכמה	ע"ב	יו"ד ה"י וי"ו ה"י
		בריאה	אימא	בינה	ס"ג	יו"ד ה"י וא"ו ה"י
		יצירה	ז"א	זו"גדתנה"י	מ"ה	יו"ד ה"א וא"ו ה"א
		עשיה	נוקבא	מלכות	בן	יו"ד ה"ה ו"ו ה"ה

ה	עשיה	א"ק	א"א	כתר	–	–
ב"ן		אצילות	אבא	חכמה	ע"ב	יו"ד ה"י וי"ו ה"י
		בריאה	אימא	בינה	ס"ג	יו"ד ה"י וא"ו ה"י
		יצירה	ז"א	זו"גדתנה"י	מ"ה	יו"ד ה"א וא"ו ה"א
		עשיה	נוקבא	מלכות	בן	יו"ד ה"ה ו"ו ה"ה

תרשים ד - ט

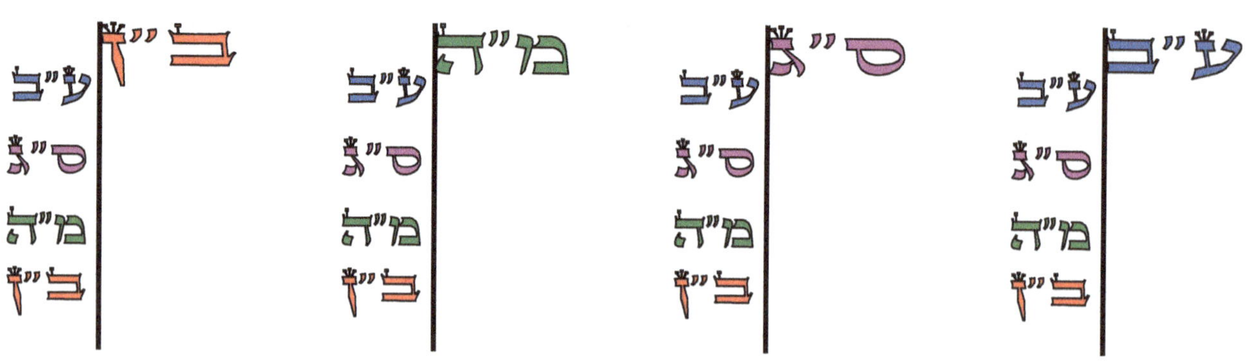

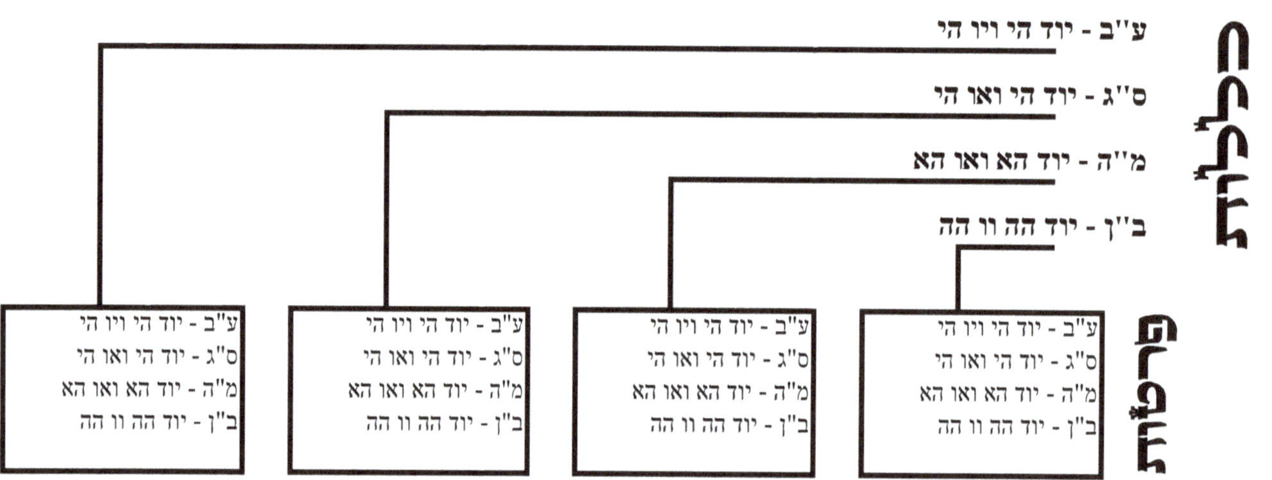

תרשים ד - י

ט"ז בחינות

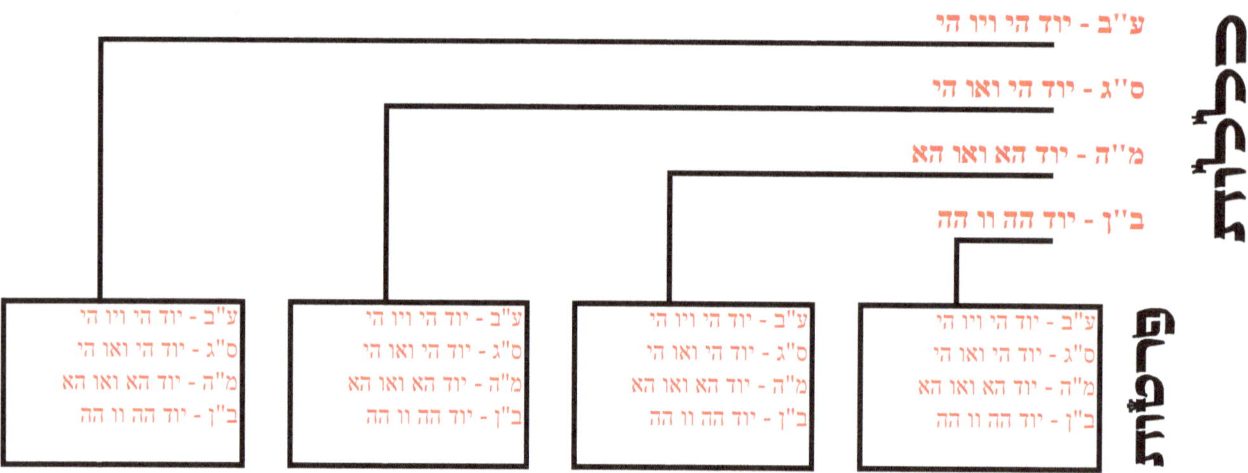

לפי דעה זאת הבחינות שיצאו הם:
ע"ב דע"ב, ס"ג דע"ב, מ"ה דע"ב, ב"ן דע"ב.
ע"ב דס"ג, ס"ג דס"ג, מ"ה דס"ג, ב"ן דס"ג.
ע"ב דמ"ה, ס"ג דמ"ה, מ"ה דמ"ה, ב"ן דמ"ה.
ע"ב דב"ן, ס"ג דב"ן, מ"ה דב"ן, ב"ן דב"ן.
והם ט"ז בחינות.

תרשימים שער א' ענף ד'

ז' בחינות

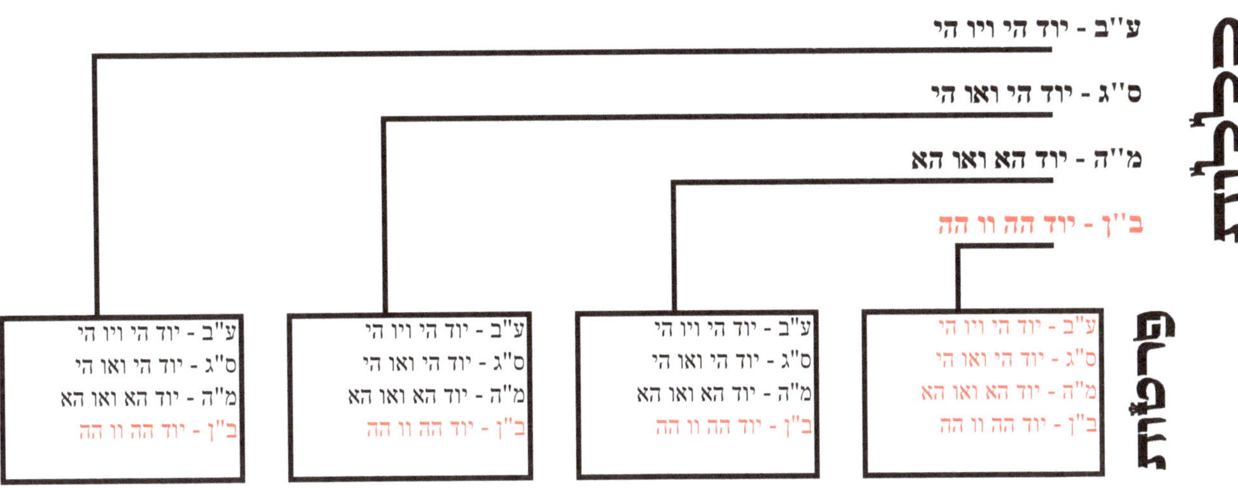

לפי דעה זאת הבחינות שיצאו הם:

ב"ן דע"ב.

ב"ן דס"ג.

ב"ן דמ"ה.

ע"ב דב"ן, ס"ג דב"ן, מ"ה דב"ן, ב"ן דב"ן.

והם שבעה בחינות.

י"ב בחינות

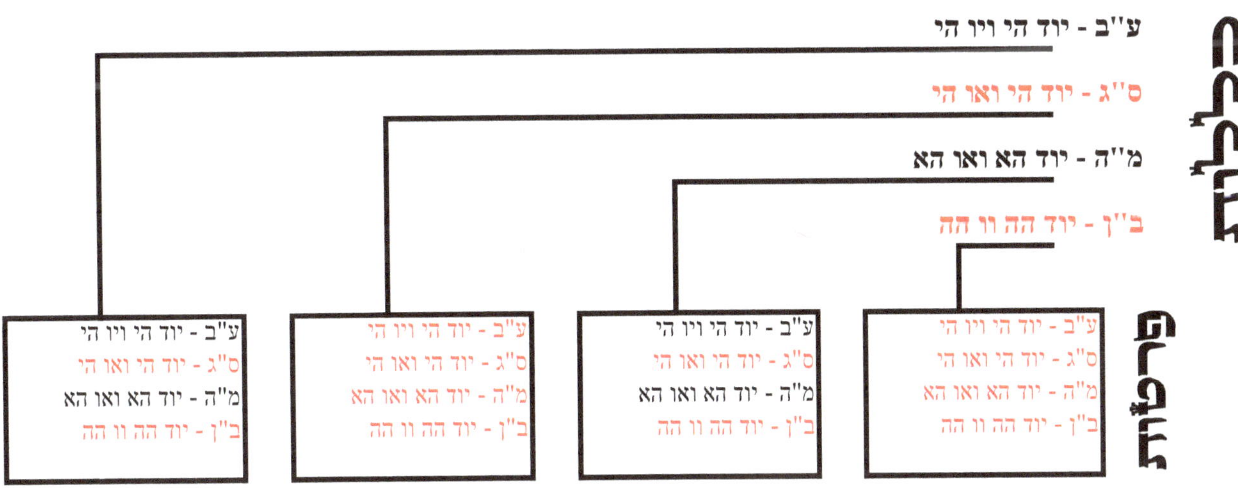

לפי דעה זאת הבחינות שיצאו הם:

ס"ג דע"ב.

ב"ן דע"ב.

ע"ב דס"ג, ס"ג דס"ג, מ"ה דס"ג, ב"ן דס"ג.

ב"ן דמ"ה.

ס"ג דמ"ה.

ע"ב דב"ן, ס"ג דב"ן, מ"ה דב"ן, ב"ן דב"ן.

והם י"ב בחינות.

תרשים ד - י"ג

נקבה	זכר
אימא	**אבא**
יו"ד ה"י וא"ו ה"י	יו"ד ה"י וי"ו ה"י
נוקבא	**ז"א**
יו"ד ה"ה ו"ו ה"ה	יו"ד ה"א וא"ו ה"א

תרשים ד - י"ד

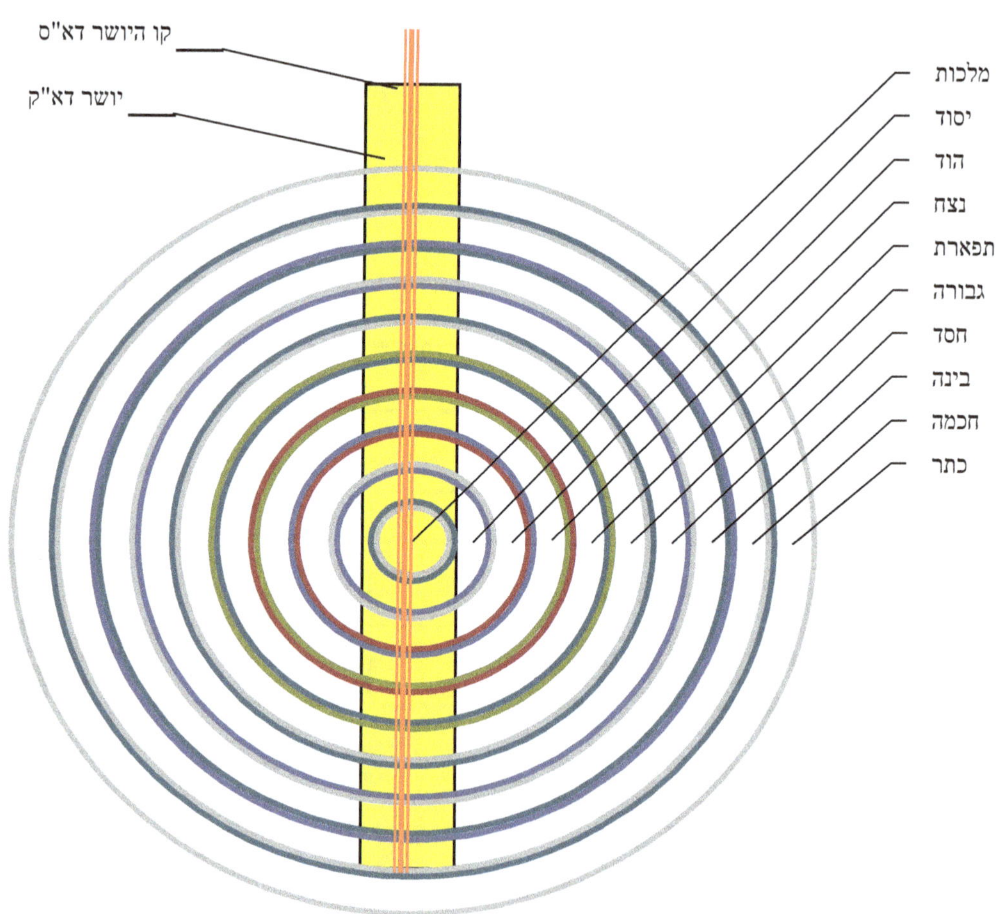

א"ק דיושר

שורשי מוחין

כתר

מוחין

מוח שמאל
בינה

מוח ימין
חכמה

מוח אמצעי
דעת

חסדים	גבורות

חג"ת

יד שמאל
גבורה

יד ימין
חסד

גוף
תפארת

נה"י

רגל שמאל
הוד

רגל ימין
נצח

ברית קודש
יסוד

עטרת היסוד
מלכות

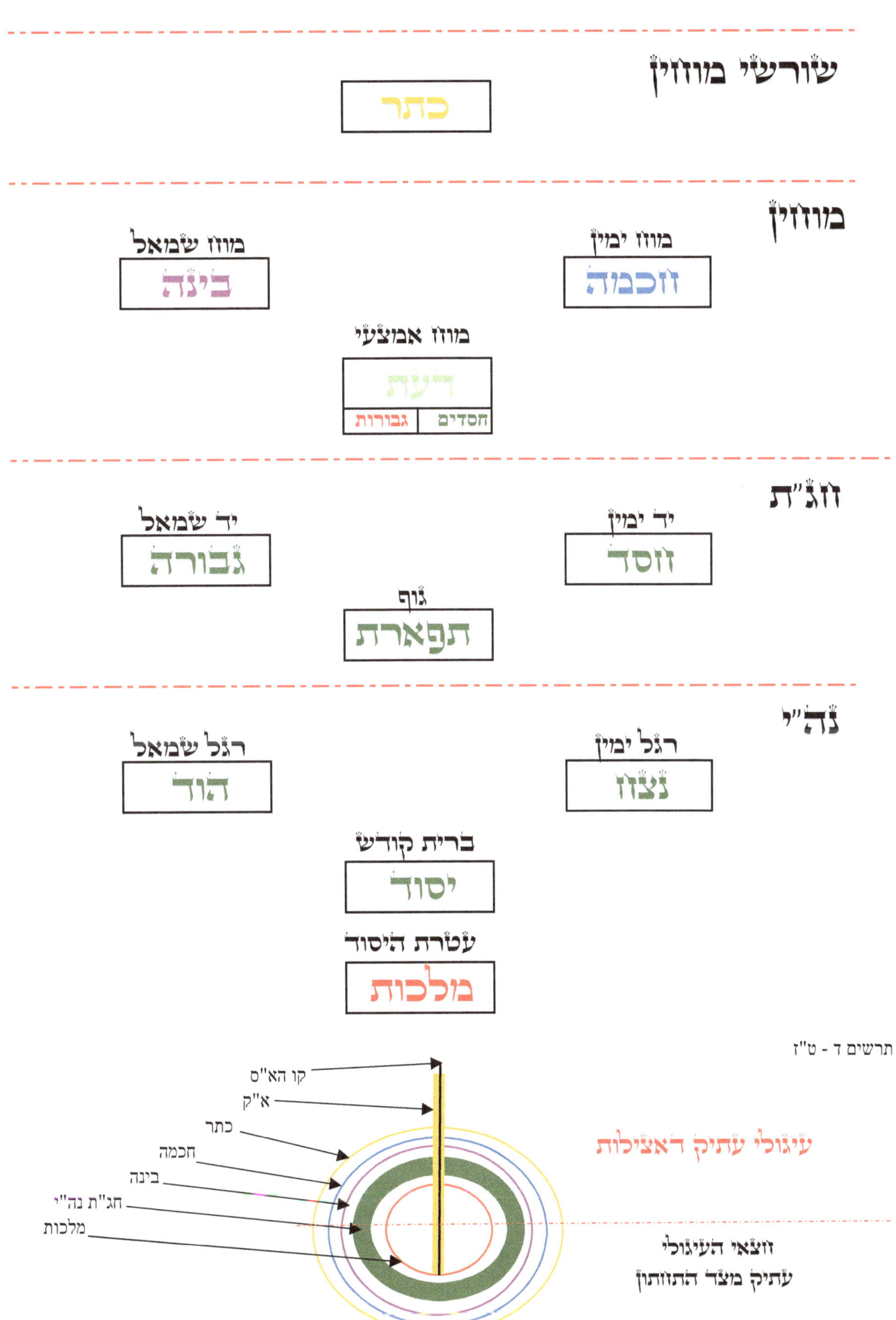

עיגולי עתיק דאצילות

יוצאי העיגולי
עתיק מצד התחתון

תרשימים שער א' ענף ד'

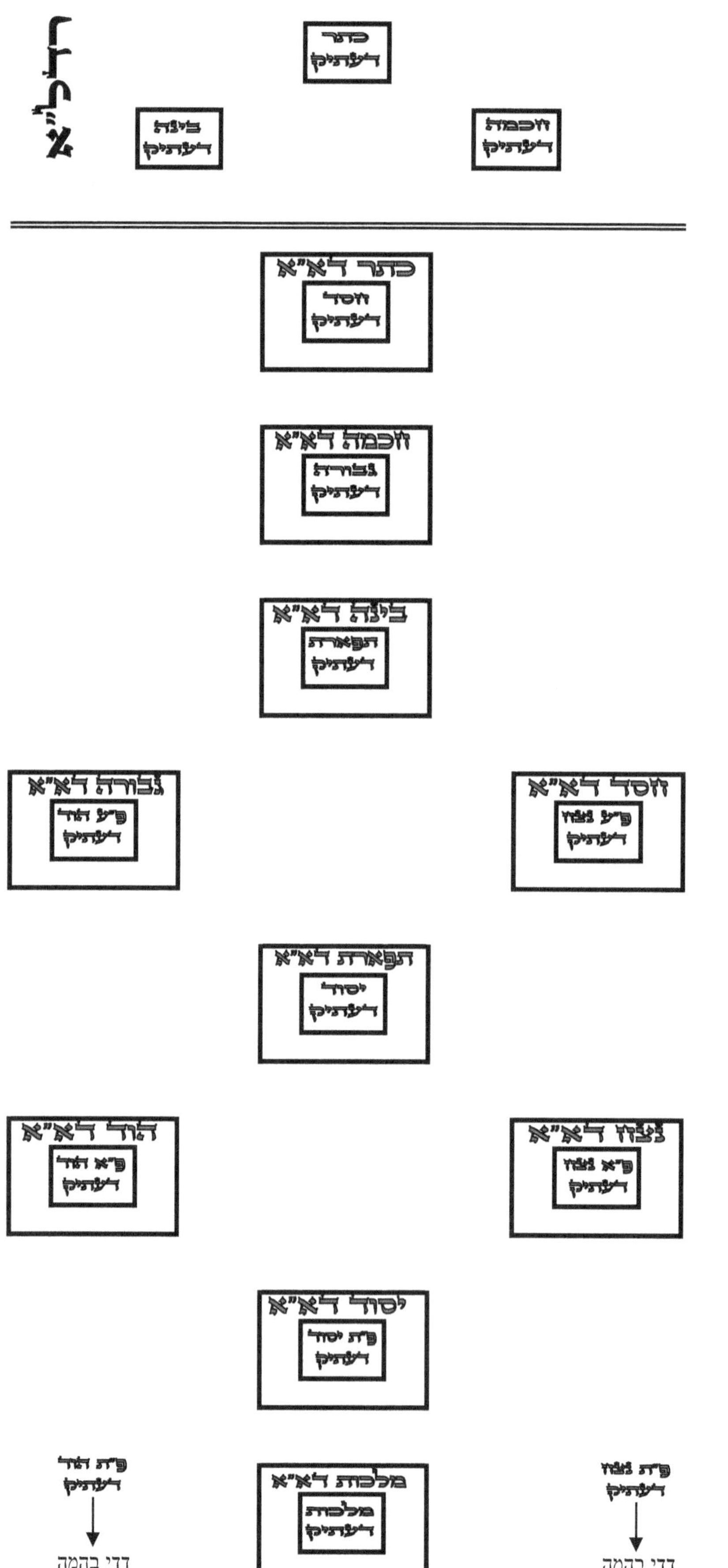

הטעמים דס"ג שיצאו מא"ק דרך האוז"פ

עולם	הוי"ה	אורות אזו"פ	יצאו דרך	רשר"ד	ספירות	פרצופים	מגיעים עד
א"ק	קוץ י'	–	–	–	כתר	א"א	–
אצילות	י'	ע"ב דע"ב דס"ג	לא יצאו	ראיה	חכמה	אבא	–
בריאה	ה	ס"ג דע"ב דס"ג	אוזן	שמיעה	בינה	אימא	שבולת הזקן
יצירה	ו	מ"ה דע"ב דס"ג	חוטם	ריח	הגתנה"י	ז"א	החזה
עשיה	ה	ב"ן דע"ב דס"ג	פה	דיבור	מלכות	נוקבא	הטבור

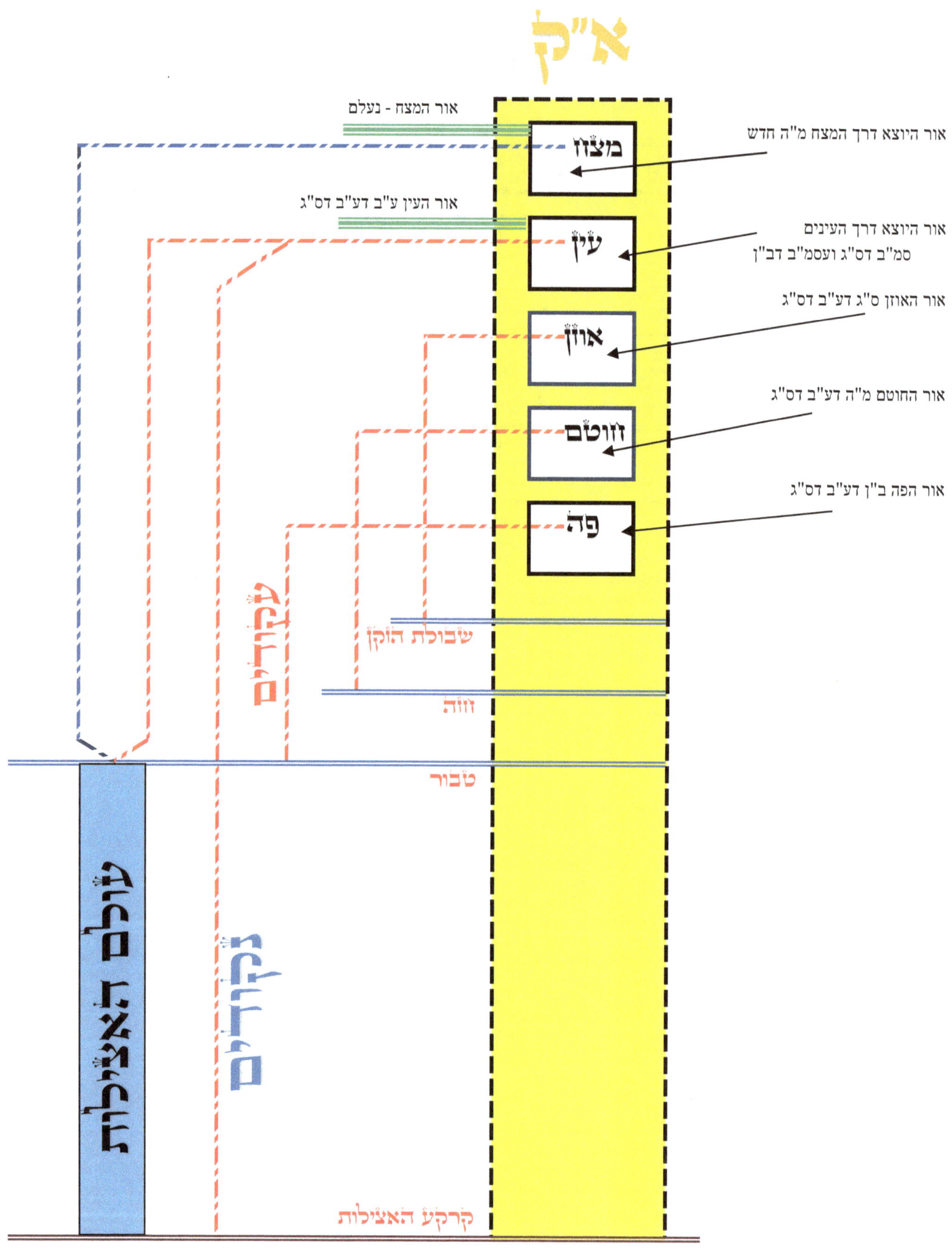
א"ק
אור המצח - נעלם
אור היוצא דרך המצח מ"ה חדש
מצח
אור העין ע"ב דע"ב דס"ג
אור היוצא דרך העינים סמ"ב דס"ג ועסמ"ב דב"ן
עין
אור האוזן ס"ג דע"ב דס"ג
אוזן
אור החוטם מ"ה דע"ב דס"ג
חוטם
אור הפה ב"ן דע"ב דס"ג
פה
עקודים
שבולת הזקן
חזה
טבור
נקודים
עולם האצילות
קרקע האצילות

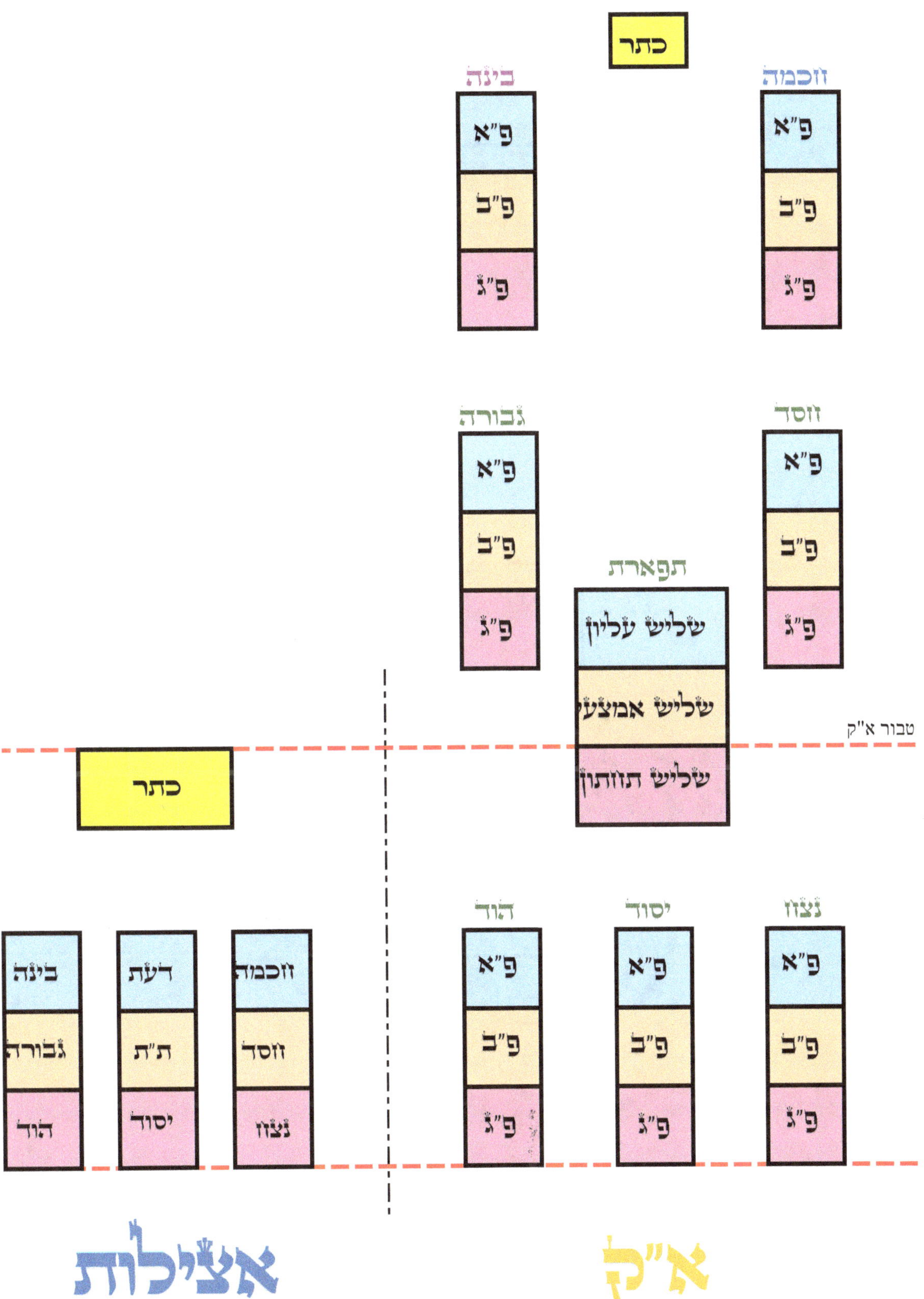
כתר
בינה
חכמה
פ"א
פ"ב
פ"ג
פ"א
פ"ב
פ"ג
גבורה
חסד
פ"א
פ"ב
פ"ג
פ"א
פ"ב
פ"ג
תפארת
שליש עליון
שליש אמצעי
שליש תחתון
טבור א"ק
כתר
בינה
דעת
חכמה
גבורה
ת"ת
חסד
הוד
יסוד
נצח
הוד
יסוד
נצח
פ"א
פ"ב
פ"ג
פ"א
פ"ב
פ"ג
פ"א
פ"ב
פ"ג
אצילות
א"ק

א"ק

כתר
בינה
חכמה
גבורה
חסד
תפארת
טבור דא"ק
הוד
נצח
יסוד
מלכות
מלכות דנקודים
יסוד דנקודים
הוד דנקודים
נצח דנקודים
תפארת דנקודים
גבורה דנקודים
חסד דנקודים
בינה דנקודים
חכמה דנקודים
כתר דנקודים

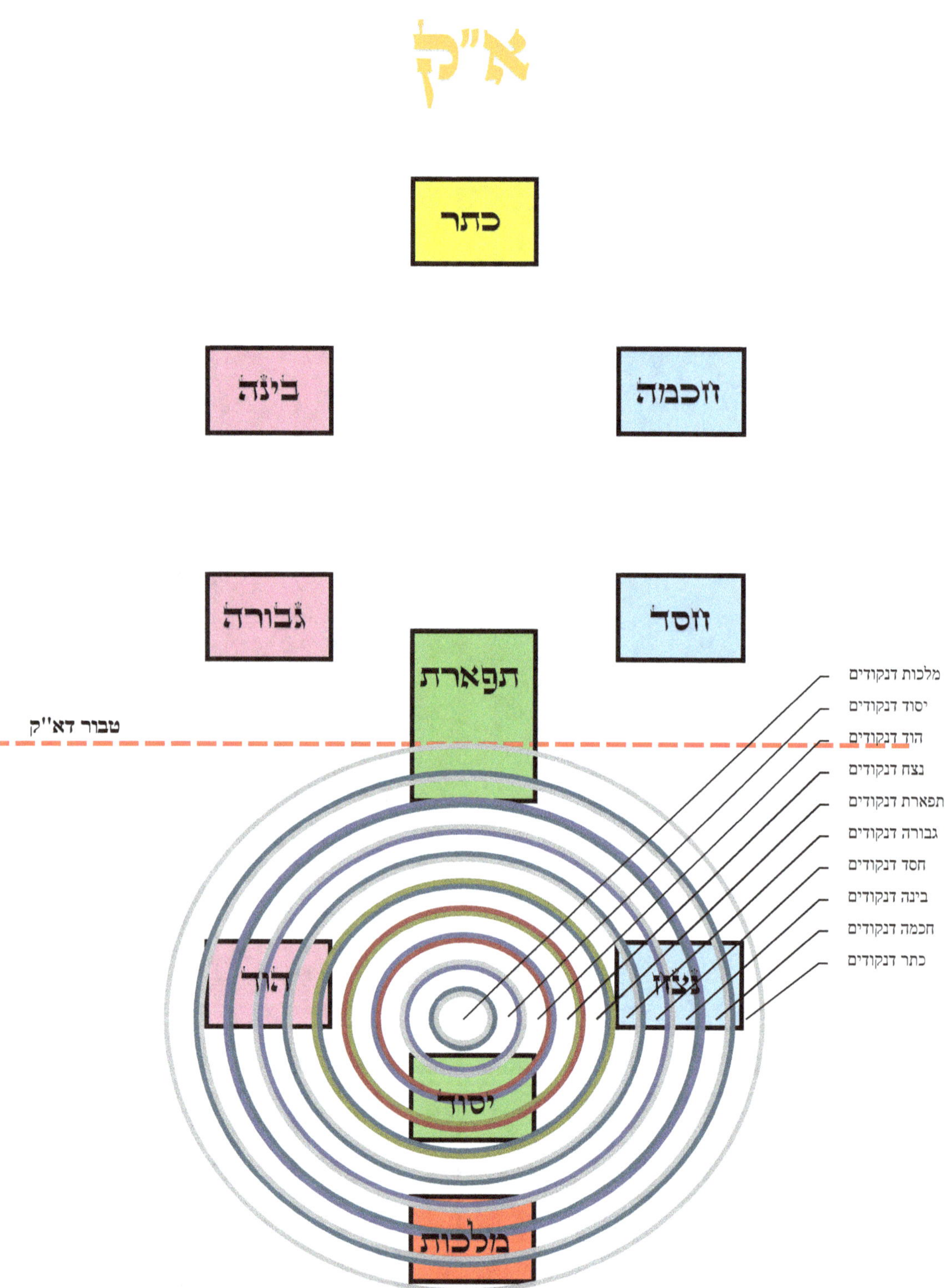

תרשים ד - כ"ג

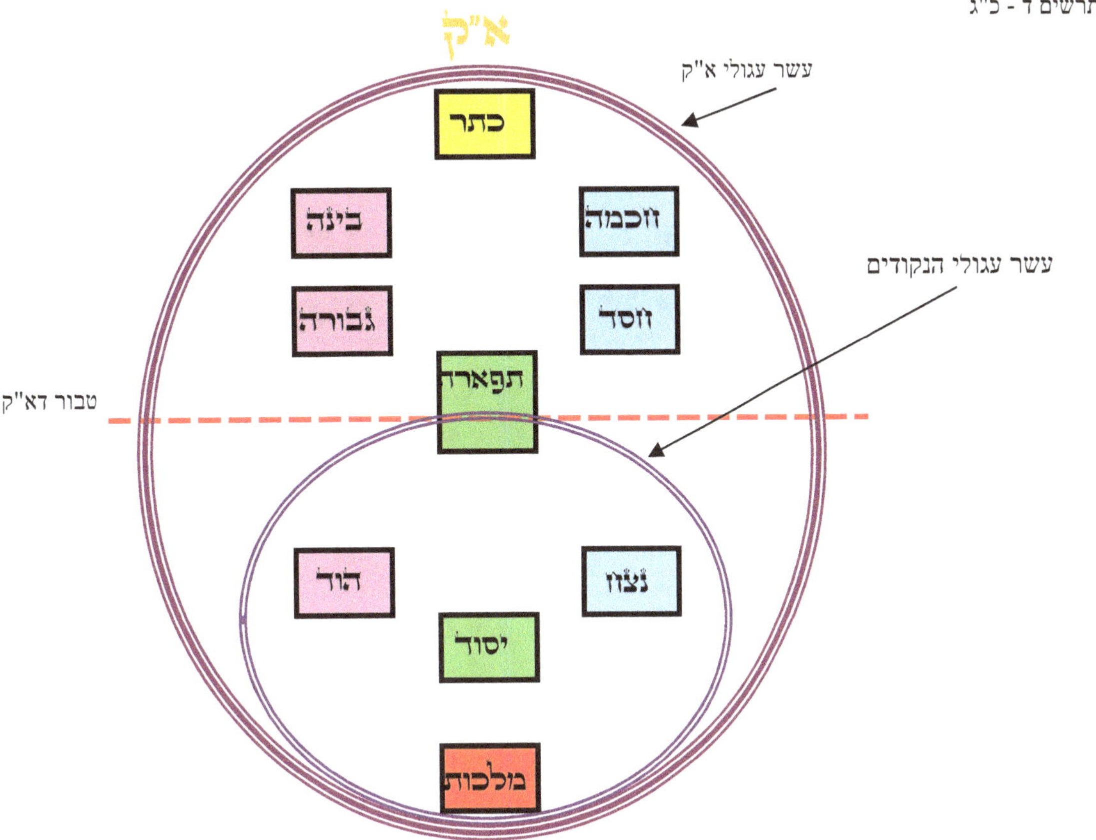
א"ק
כתר
בינה
גבורה
חכמה
חסד
תפארת
עשר עגולי א"ק
עשר עגולי הנקודים
טבור דא"ק
הוד
נצח
יסוד
מלכות

תרשים ד - כ"ד

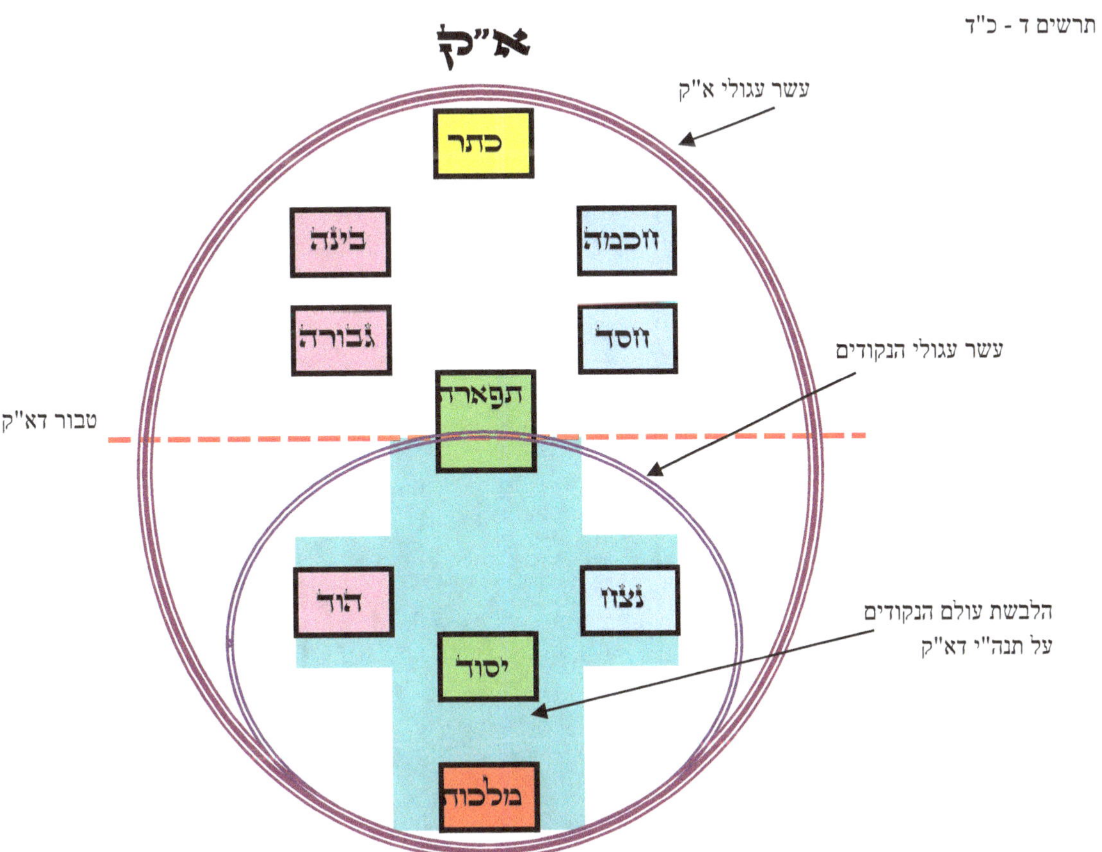
א"ק
כתר
בינה
גבורה
חכמה
חסד
תפארת
עשר עגולי א"ק
עשר עגולי הנקודים
טבור דא"ק
הוד
נצח
יסוד
מלכות
הלבשת עולם הנקודים
על תנה"י דא"ק

תרשימים שער א' ענף ד'

ששה פרצופי האצילות בעובי

נוקבא	ז"א	אימא	אבא	א"א	עתיק
כ	כ	כ	כ	כ	כ
זו ב	זו ב	זו ב	זו ב	זו ב	זו ב
זו ג	זו ג	זו ג	זו ג	זו ג	זו ג
ת	ת	ת	ת	ת	ת
נ ה	נ ה	נ ה	נ ה	נ ה	נ ה
י	י	י	י	י	י
מ	מ	מ	מ	מ	מ

אצילות

עולמות א"ק ואבי"ע בעובי

עשיה	יצירה	בריאה	אצילות	א"ק
עתיק	עתיק	עתיק	עתיק	עתיק
א"א	א"א	א"א	א"א	א"א
אבא	אבא	אבא	אבא	אבא
אימא	אימא	אימא	אימא	אימא
ז"א	ז"א	ז"א	ז"א	ז"א
נוקבא	נוקבא	נוקבא	נוקבא	נוקבא

אבי"ע א"ק

שש פרצופי האצילות באורך

עולמות א"ק ואבי"ע באורך

תרשים ד - כ"ח

י"ב פרצופי האצילות בפרטות

יעקב ורחל		ז"א ונוקבא		ישסו"ת		או"א עילאין		א"א ונוקבא		עתיק ונוקבא	
ב"ן	מ"ה	ב"ן	מ"ה	ב"ן	מ"ה	ב"ן	מ"ה	ב"ן	מ"ה	ב"ן	מ"ה

תרשים ד - כ"ט

י"ב פרצופי האצילות על פי דרוש הדעת

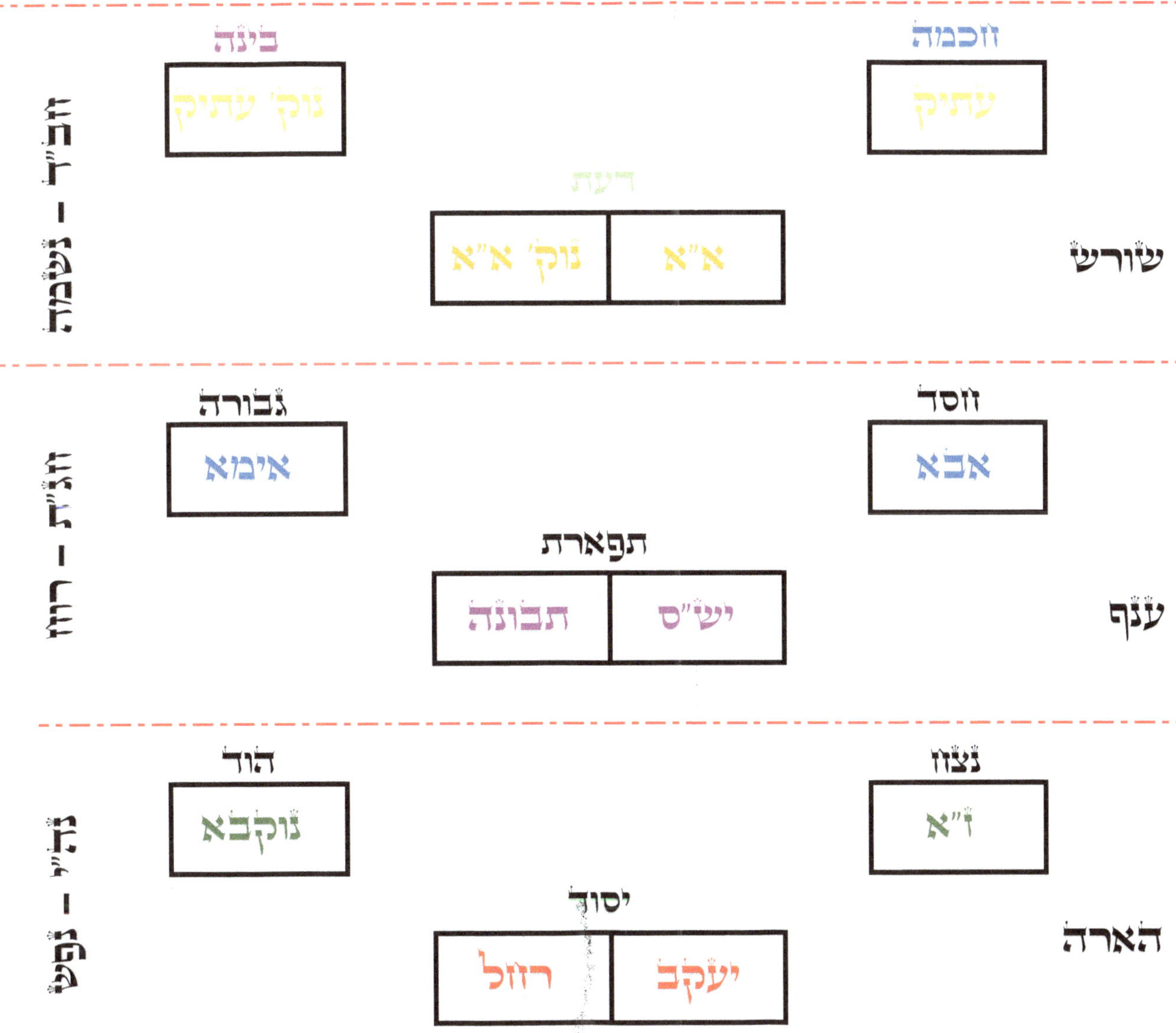

יתלבשות קַו הָא"ס בָעָלָמוֹת

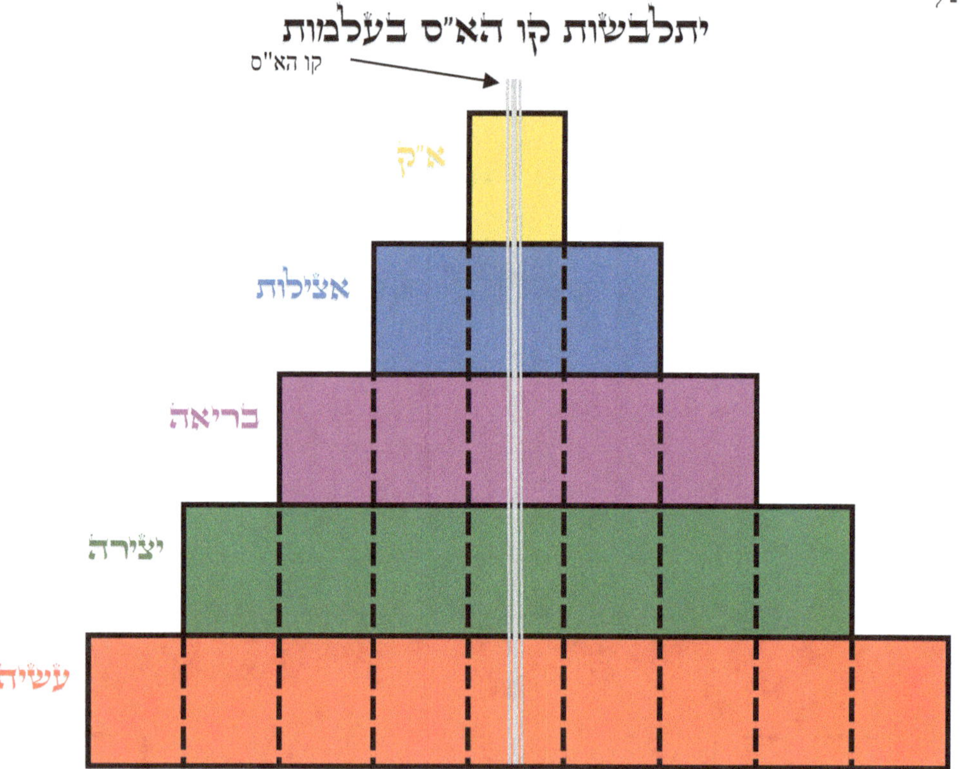

יתלבשות קַו הָא"ס בָפָרצוֹפִים

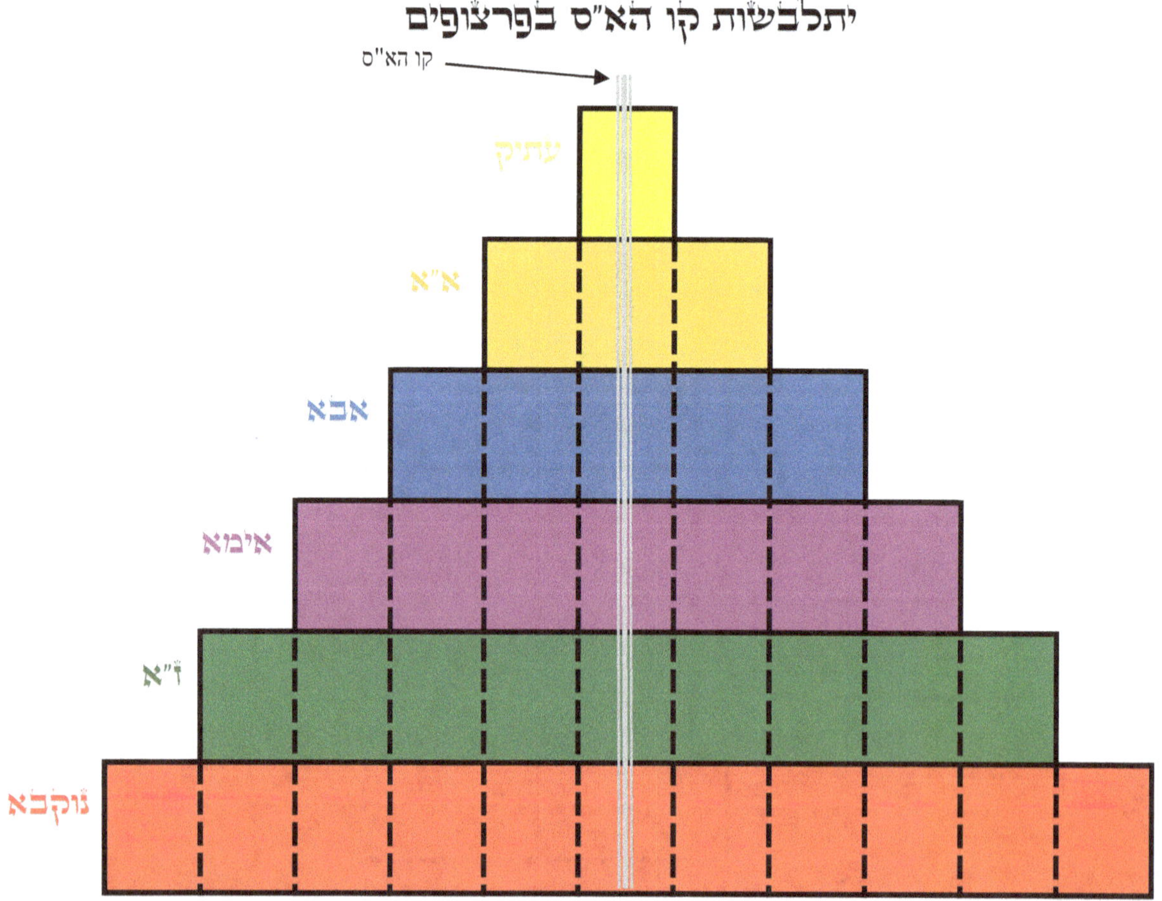

תרשים ד - ל"ב

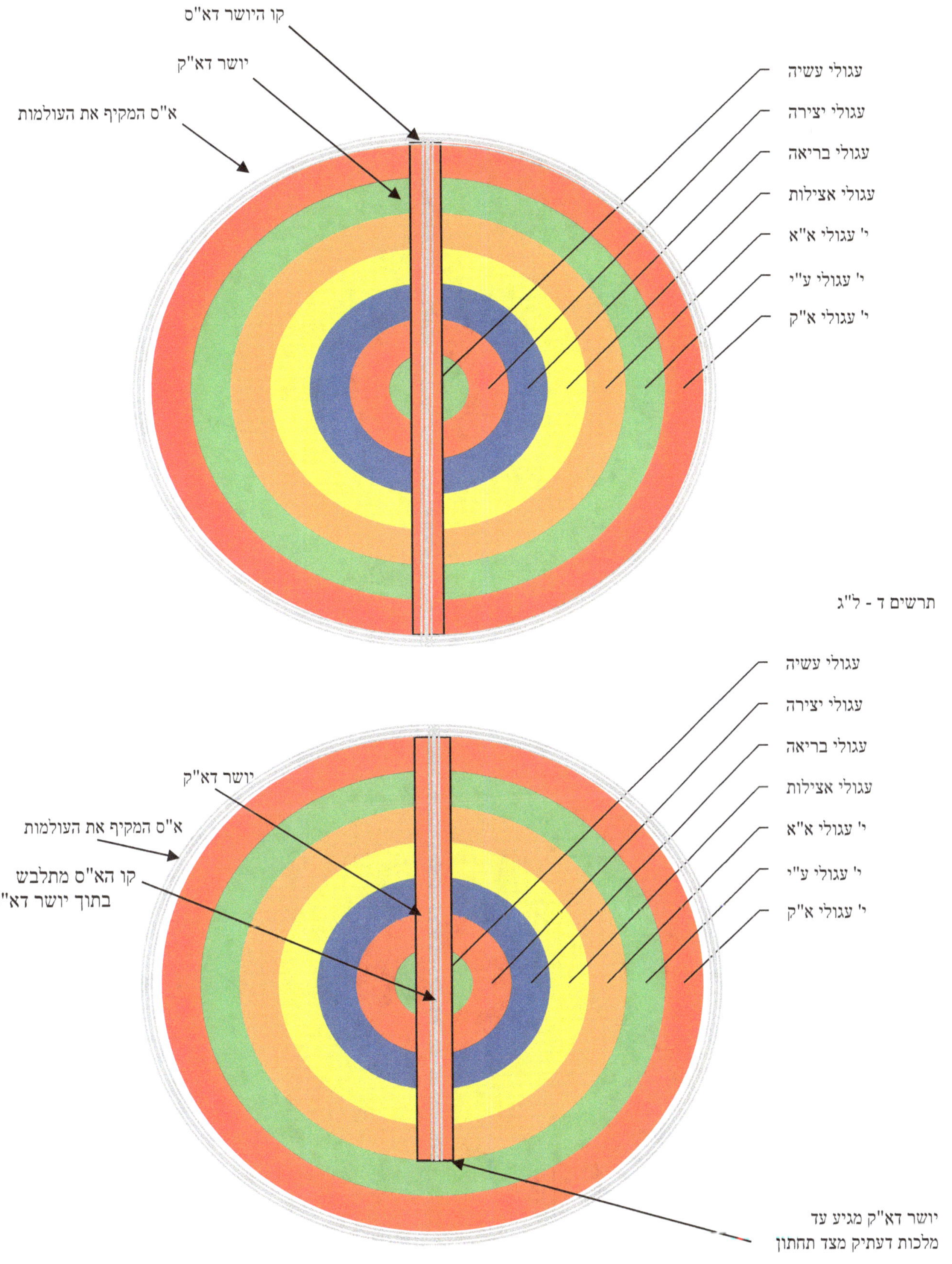

תרשים ד - ל"ג

תרשימים שער א' ענף ד'

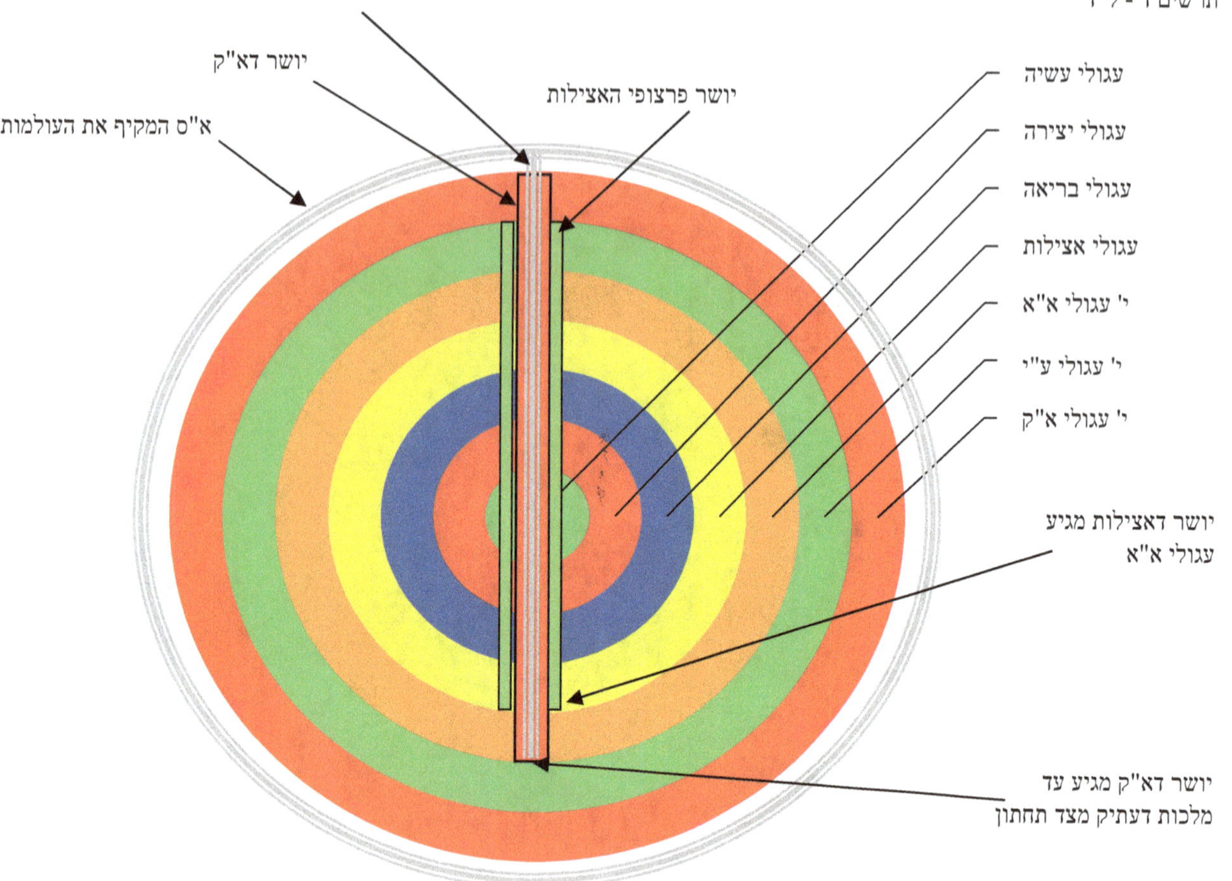

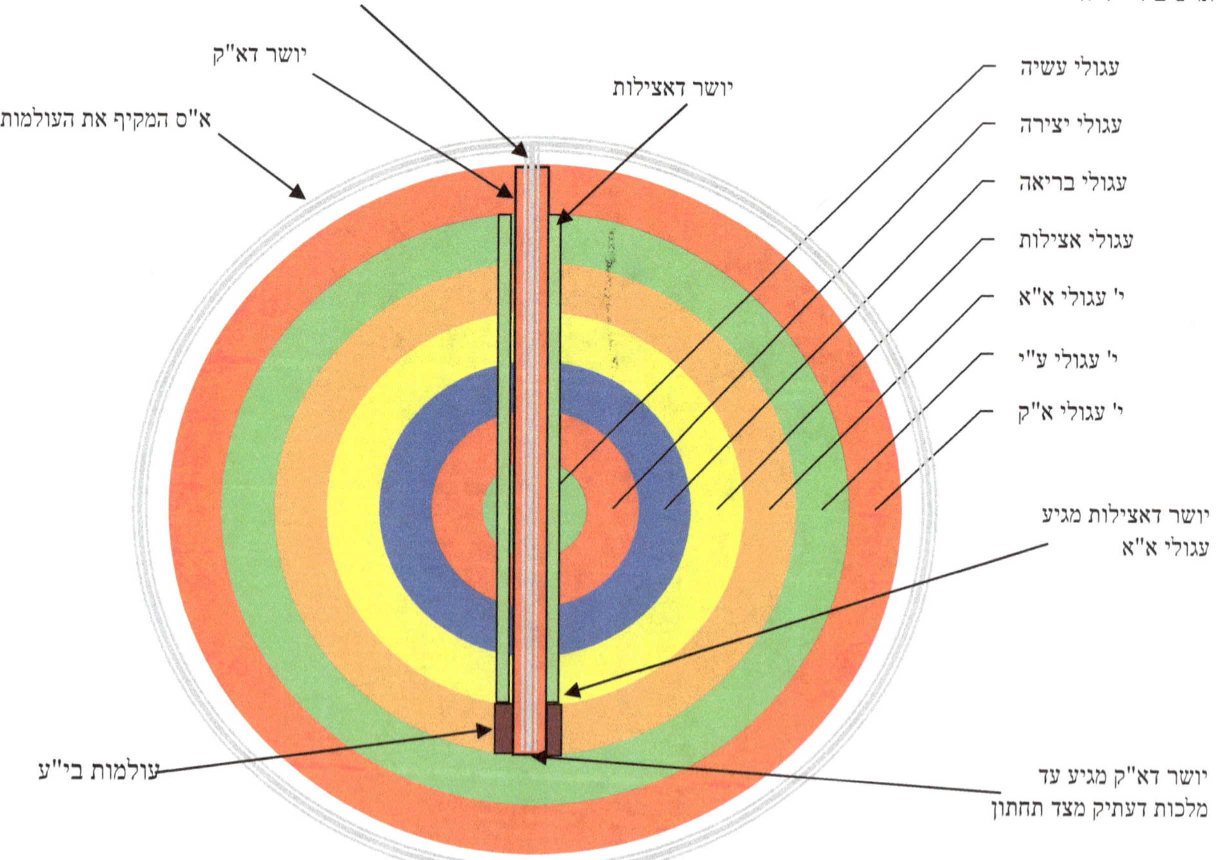

תרשימים שער א' ענף ד'

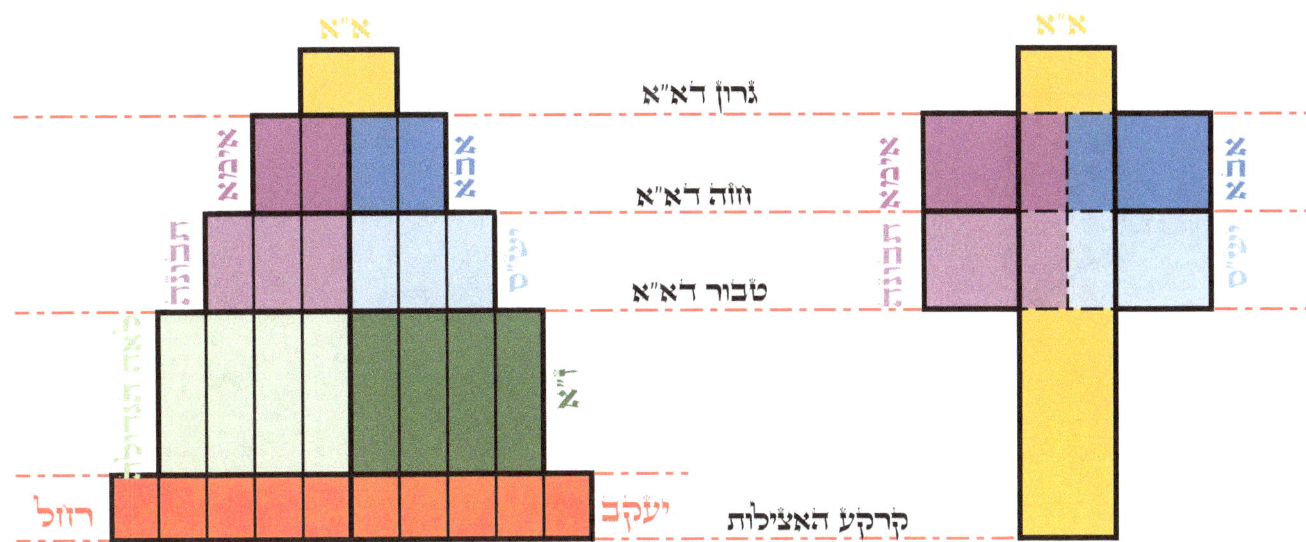

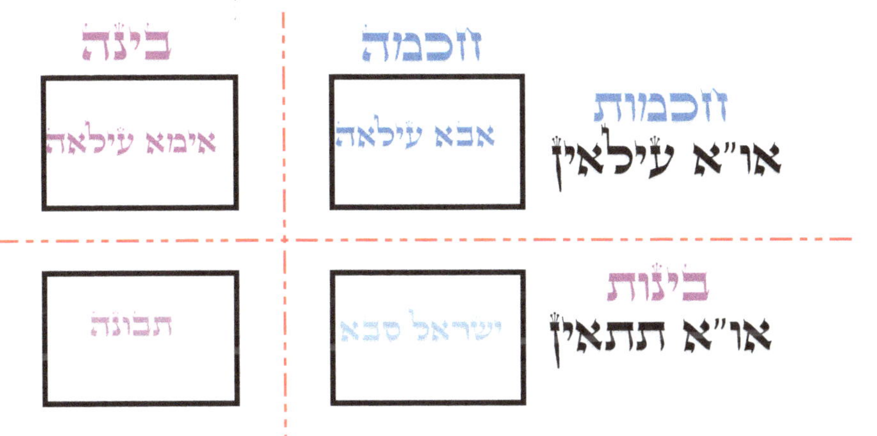

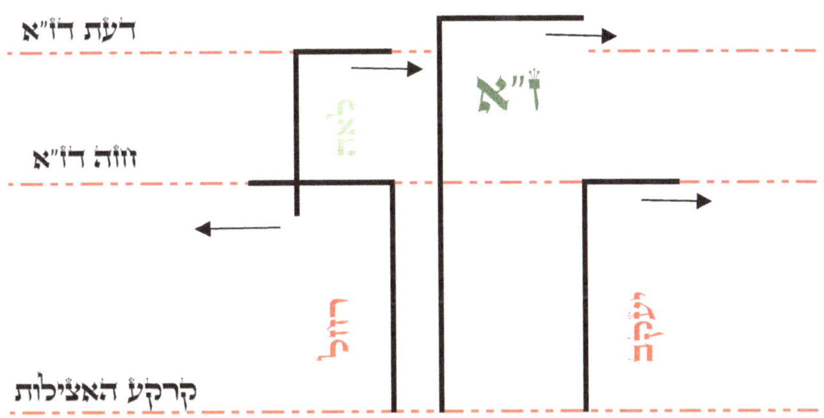

תרשימים שער א' ענף ד'

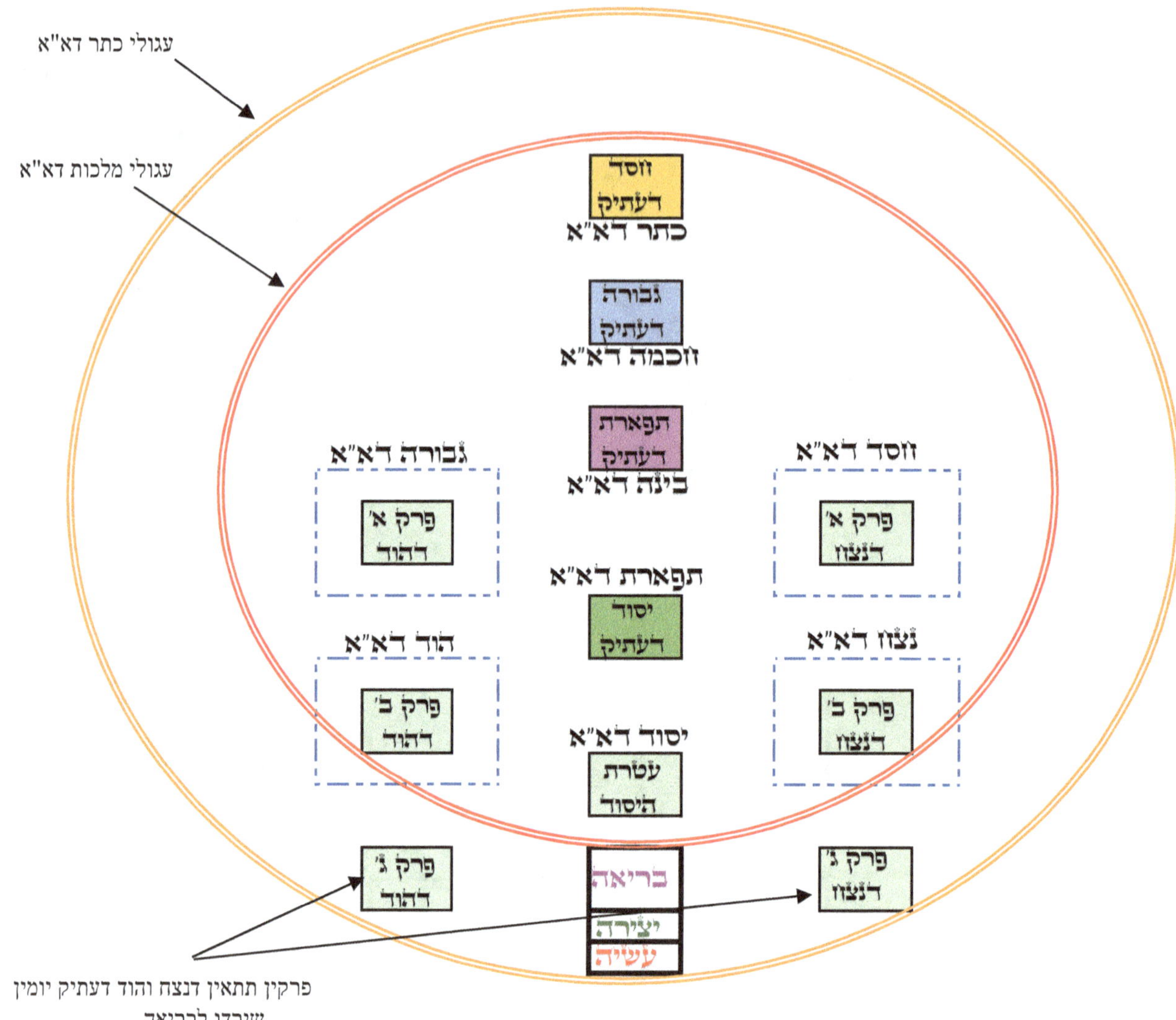

פרצופי האצילות בפרטות בחלוקת מ"ה וב"ן

נוקבא		ז"א		בינה		או"א		א"א		עתיק	
ב"ן	מ"ה	ב"ן	מ"ה	ב"ן	מ"ה	ב"ן	מ"ה	ב"ן	מ"ה	ב"ן	מ"ה

מ"ה

כתר	חכמה	בינה	חסד	גבורה	תפארת	נצח	הוד	יסוד	מלכות
כתר	כתר	כתר	כתר	כתר	כתר	כתר	כתר	כתר	כתר
חכמה	חכמה	חכמה	חכמה	חכמה	חכמה	חכמה	חכמה	חכמה	חכמה
בינה	בינה	בינה	בינה	בינה	בינה	בינה	בינה	בינה	בינה
חסד	חסד	חסד	חסד	חסד	חסד	חסד	חסד	חסד	חסד
גבורה	גבורה	גבורה	גבורה	גבורה	גבורה	גבורה	גבורה	גבורה	גבורה
תפארת	תפארת	תפארת	תפארת	תפארת	תפארת	תפארת	תפארת	תפארת	תפארת
נצח	נצח	נצח	נצח	נצח	נצח	נצח	נצח	נצח	נצח
הוד	הוד	הוד	הוד	הוד	הוד	הוד	הוד	הוד	הוד
יסוד	יסוד	יסוד	יסוד	יסוד	יסוד	יסוד	יסוד	יסוד	יסוד
מלכות	מלכות	מלכות	מלכות	מלכות	מלכות	מלכות	מלכות	מלכות	מלכות

ב"ן

כתר	חכמה	בינה	חסד	גבורה	תפארת	נצח	הוד	יסוד	מלכות
כתר	כתר	כתר	כתר	כתר	כתר	כתר	כתר	כתר	כתר
חכמה	חכמה	חכמה	חכמה	חכמה	חכמה	חכמה	חכמה	חכמה	חכמה
בינה	בינה	בינה	בינה	בינה	בינה	בינה	בינה	בינה	בינה
חסד	חסד	חסד	חסד	חסד	חסד	חסד	חסד	חסד	חסד
גבורה	גבורה	גבורה	גבורה	גבורה	גבורה	גבורה	גבורה	גבורה	גבורה
תפארת	תפארת	תפארת	תפארת	תפארת	תפארת	תפארת	תפארת	תפארת	תפארת
נצח	נצח	נצח	נצח	נצח	נצח	נצח	נצח	נצח	נצח
הוד	הוד	הוד	הוד	הוד	הוד	הוד	הוד	הוד	הוד
יסוד	יסוד	יסוד	יסוד	יסוד	יסוד	יסוד	יסוד	יסוד	יסוד
מלכות	מלכות	מלכות	מלכות	מלכות	מלכות	מלכות	מלכות	מלכות	מלכות

פרצופי האצילות בפרטות בחלוקת מ"ה וב"ן

ב"ן		מ"ה
ה"ר דכתר דב"ן, ג"ר דחכמה, וד"ר דבינה, וז' כתרים דו' תחתונות	**עֲתִיק**	י' ספירות דכתר דמ"ה
ה"ת דכתר דב"ן	**א"א**	י' ספירות דחכמה דמ"ה
ז"ת דחכמה דב"ן	**אבא**	ה"ר דבינה דמ"ה
ו"ת דבינה דמ"ה	**אימא**	ה"ת דבינה דמ"ה
כללות ט"ס תחתונות דו"ק דב"ן	**ז"א**	כללות ו"ק דמ"ה
ט' ספירות תחתונות דמלכות דב"ן	**נוקבא**	י' ספירות דמלכות דמ"ה

תרשים ד - מ"ב

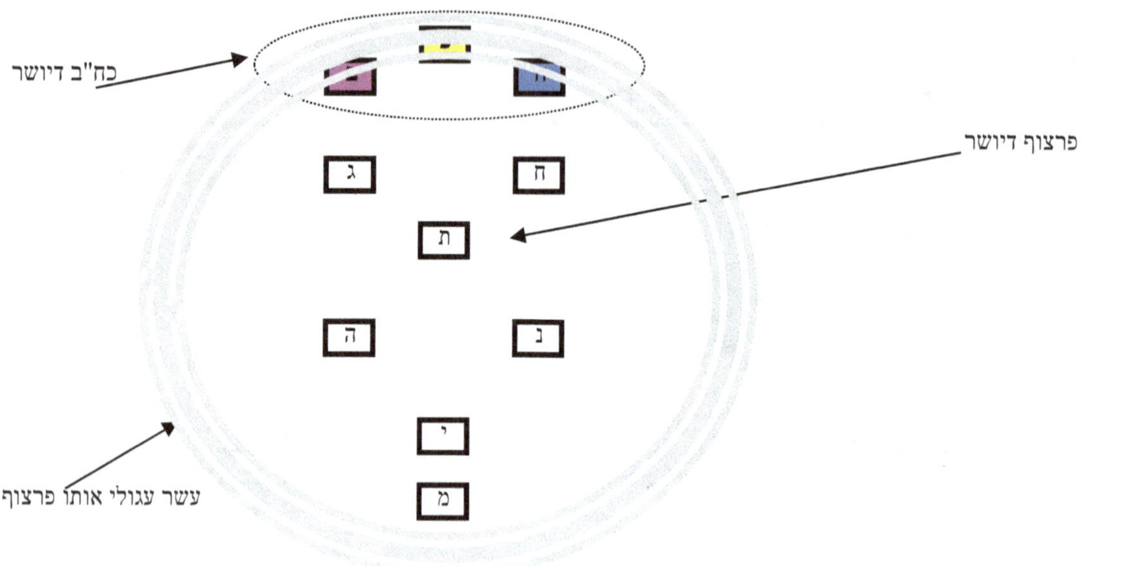

תרשים ד - מ"ג

צורת אדם

כתר - גולגולת.
חכמה - מוח ימין.
בינה - מוח שמאל.
דעת - מוח אמצעי.
חסד - יד ימין.
גבורה - יד שמאל.
תפארת - גוף.
נצח - רגל ימין.
הוד - רגל שמאל.
יסוד - הברית.
מלכות - העטרה שעל הברית.

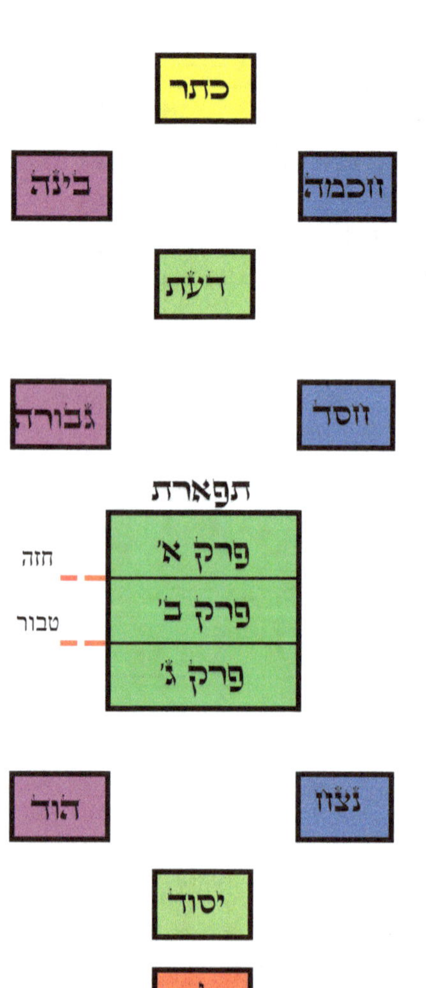

צורת אותיות

א ב ג ד ה ו ז ח ט

י כ מ נ ס ע פ צ

ק ר ש ת ר ם ן ף ץ